NOUVELLE ANATOMIE ARTISTIQUE
DU CORPS HUMAIN

VI

COURS SUPÉRIEUR *(Suite)*

LE NU DANS L'ART

★ ★ ★

L'ART CHRÉTIEN
DEPUIS LES ORIGINES JUSQU'A LA RENAISSANCE

(6)

DU MÊME AUTEUR

CHEZ LE MÊME ÉDITEUR :

ANATOMIE ARTISTIQUE

Description des formes extérieures du corps humain au repos et dans les principaux mouvements. Ouvrage accompagné de 110 planches, renfermant plus de 300 figures dessinées par l'auteur. Deux volumes in-4° jésus dans un portefeuille *(En réimpression).*

(Ouvrage couronné par l'Académie des Sciences, prix Montyon, et par l'Académie des Beaux-Arts, prix Bordin,)

NOUVELLE ANATOMIE ARTISTIQUE DU CORPS HUMAIN

I. *Cours pratique. Éléments d'anatomie.* — **L'HOMME.** Un volume in-8° écu, 50 planches et 29 figures dans le texte.

II. *Cours supérieur. Morphologie.* — **LA FEMME.** Un volume in-8° écu, 61 planches et 61 figures dans le texte, comprenant ensemble plus de 500 dessins originaux.

III. *Cours supérieur. Physiologie.* — **ATTITUDES ET MOUVEMENTS.** Un volume in-8° écu avec 64 planches et 125 figures dans le texte.

IV. *Cours supérieur.* **LE NU DANS L'ART.** *Les arts de l'Orient classique** : *Égypte-Chaldée-Assyrie.* Un volume in-8° écu abondamment illustré.

V. *Cours supérieur.* **LE NU DANS L'ART.** ** **L'art grec.** Un volume in-8° écu abondamment illustré.

NOUVELLE ANATOMIE ARTISTIQUE — LES ANIMAUX

I. **LE CHEVAL.** Un volume in-8° écu illustré de 18 planches et de figures.

CHEZ D'AUTRES ÉDITEURS :

Physiologie artistique de l'homme en mouvement. Un volume in-8° de 350 pages avec 123 figures dans le texte, dessinées par l'auteur, et 6 planches en phototypie.

Canon des proportions du corps humain. Un volume in-8° de 90 pages avec figures dans le texte. Ouvrage accompagné d'une statue en plâtre des proportions du corps humain. (Hauteur : 1 mètre.)

Introduction à l'étude de la figure humaine. Un volume in-8° de 190 pages.

L'Art et la Médecine. Un volume in-4° de 562 pages, illustré de 345 reproductions d'œuvres d'art.

(Ouvrage couronné par l'Académie des Beaux-Arts, prix Bordin.)

Ce volume a été déposé à la Bibliothèque Nationale en 1929.

NOUVELLE ANATOMIE ARTISTIQUE
DU CORPS HUMAIN

VI

COURS SUPÉRIEUR *(Suite)*

LE NU DANS L'ART

★ ★ ★

L'ART CHRÉTIEN
DEPUIS LES ORIGINES JUSQU'A LA RENAISSANCE

PAR

LE Dr PAUL RICHER
MEMBRE DE L'INSTITUT

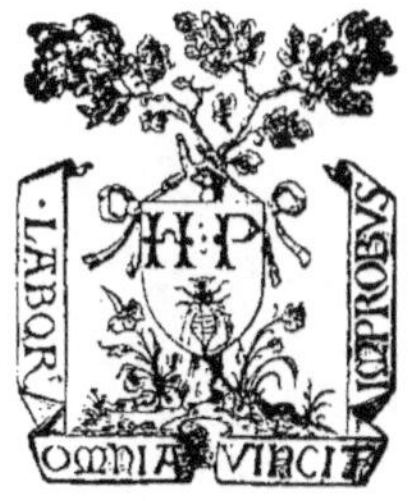

PARIS
LIBRAIRIE PLON
LES PETITS-FILS DE PLON ET NOURRIT
IMPRIMEURS-ÉDITEURS — 8, RUE GARANCIÈRE, 6e
1929

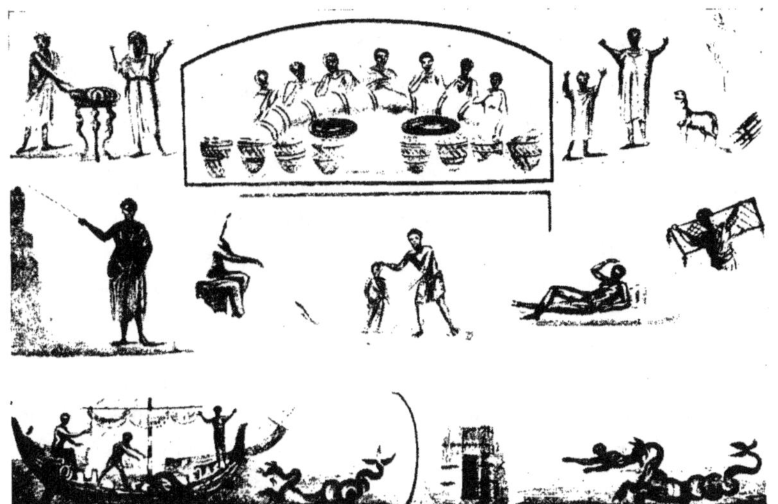

Fig. 1. — Fresques d'une paroi d'un cubiculum d'un cimetière de Callixte.
(D'après Rossi, *Roma Sotterranea*, Tav. XVI. T. II.)
On y distingue en haut la multiplication des pains, plusieurs petites figures avec le geste de l'Orant; au milieu le baptême du Christ, à gauche Moïse frappant le rocher, à droite Jonas sous la pergola, le paralytique avec son grabat; en bas l'histoire de Jonas.

AVANT-PROPOS

Nous avons vu, au précédent volume, l'art grec, se renouvelant sans cesse de siècle en siècle, parcourir sa magnifique et prodigieuse carrière : au sixième siècle, les progrès si rapides de l'archaïsme ; au cinquième, l'apogée avec Phidias ; au quatrième Praxitèle et Scopas y font entrer toutes les nuances du sentiment; enfin au troisième siècle et aux siècles suivants l'art hellénistique né du contact avec l'Orient transforme et renouvelle la face de l'art classique; mais ce n'est pas tout. Lorsque apparaît le Christianisme, le génie grec n'a pas épuisé sa force d'expansion et c'est encore son rayonnement que l'on perçoit sous les manifestations variées de l'art chrétien : c'est lui qui, après des alternatives diverses, des éclipses même plus ou moins longues, après treize ou quatorze siècles d'attente triomphera à l'époque glorieuse de la Renaissance, scellant définitivement la paix avec l'art chrétien.

C'est l'histoire de ces variations qui va faire l'objet de ce nouveau volume.

Nous n'avons pas la prétention d'entreprendre ici l'histoire détaillée et complète de l'art qu'a vu naître et se développer le Christianisme. Nous procéderons plutôt par épisodes que nous rattacherons à quatre grandes phases sous les désignations suivantes :

1° L'art chrétien primitif;
2° L'art byzantin;
3° L'art roman;
4° L'art ogival ou gothique.

J'ai réuni dans une première partie l'art chrétien primitif et l'art byzantin, parce que les limites entre les deux sont indécises et que, malgré un idéal morphologique essentiellement différent, il est difficile de les séparer nettement et de dire quand l'un finit et quand l'autre commence.

Une deuxième partie groupera l'art roman et l'art ogival, parce que le second est la suite logique du premier et que, malgré des caractéristiques morphologiques différentes, des liens étroits les unissent. On a l'habitude d'ailleurs de les réunir sous le nom d'art médiéval.

Comme les précédents, ce volume est abondamment illustré. Je n'ai pas omis de signaler l'origine de toutes les figures. Lorsque cette marque de provenance n'existe pas, c'est que j'ai exécuté moi-même, dans les musées, les clichés qui ont servi aux reproductions.

Je dois mes remerciements à M. G. Millet, directeur des archives de l'art chrétien à la Sorbonne, qui m'a permis de mettre à contribution son savoir et tout particulièrement à mon éminent confrère M. Omont, membre de l'Académie des Inscriptions et Belles-Lettres, directeur du département des manuscrits à la Bibliothèque nationale. Il a bien voulu guider mes recherches et m'aider de sa vaste érudition.

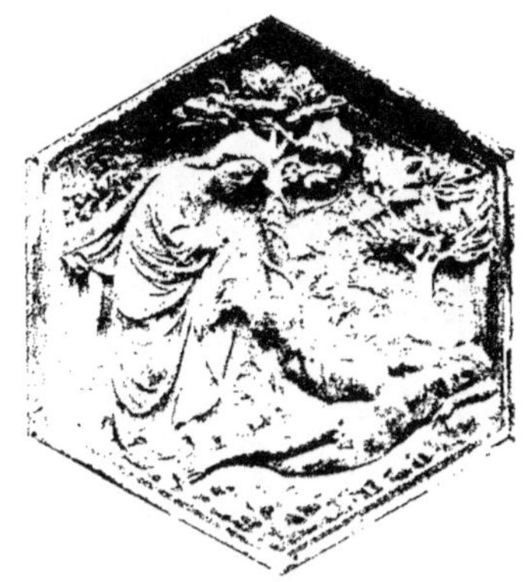

FIG. 2. — CRÉATION D'ÈVE, par GIOTTO. CAMPANILE DE FLORENCE.
(Phot. Alinari.)
Forme antique du torse.

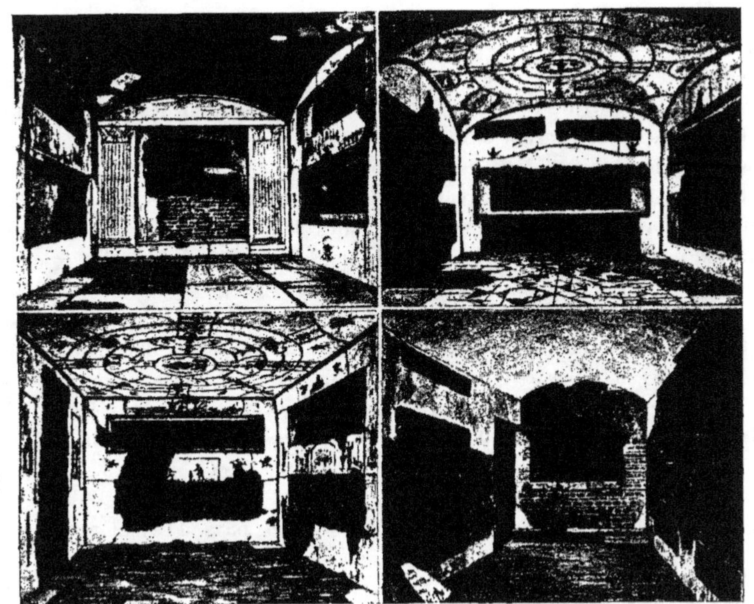

Fig. 3. — Plusieurs exemples de chambres funéraires du cimetière de Callixte. (D'après Rossi, *Roma Sotterranea*, Tav. XIII, T. II.)

Elles sont décorées de fresques variées au plafond et sur les parois où sont creusées des excavations destinées à recevoir des sarcophages.

PREMIÈRE PARTIE

ART CHRÉTIEN PRIMITIF

Pendant longtemps, les catacombes romaines ont été considérées comme le berceau de l'art chrétien. Rome avait vu la religion nouvelle s'implanter dans ses murs et, dès le premier siècle, y faire de nombreux adeptes dans tous les rangs de la société. L'on savait que, suivant en cela l'exemple du Christ, les premiers chrétiens inhumaient leurs morts en des caveaux souterrains et qu'ils avaient creusé, à cet effet, d'immenses hypogées qui plus tard, lorsque survinrent les persécutions, leur servirent de refuge. L'on découvrit sur les parois de ces retraites cachées qui avaient servi de chapelles et de lieux de réunion, des peintures représentant des personnages et des motifs de décoration offrant les plus grandes analogies avec l'art gréco-romain des maisons et des colombaires (fig. 3). On y vit les premières manifestations de l'art nouveau qui devenait ainsi un dérivé naturel de l'art déjà existant et l'on ne songeait guère au rôle qu'avaient pu jouer, dans sa formation, les pays lointains illustrés par le Christ et les milieux où le drame évangélique s'était déroulé.

Il est vrai que l'Orient se taisait et, de ce côté, c'était la nuit mystérieuse, pendant que Rome voyait mettre au jour d'innombrables documents dans les peintures et les sarcophages sculptés découverts aux catacombes. Ainsi s'amassaient les témoignages racontant les dramatiques péripéties de la lutte que le paganisme soutenait contre les incessants progrès de la religion nouvelle. Les arènes de Rome rougies du sang des martyrs faisaient oublier les lieux saints.

Aujourd'hui, les découvertes réalisées dans les pays d'Orient et les travaux entrepris depuis la fin du siècle dernier ont renouvelé entièrement la question des origines de l'art chrétien. L'on sait, à n'en pas douter, qu'un art est né, dès les premiers siècles de l'ère chrétienne, dans les pays qu'illustra le Christ, en Palestine et en Syrie et aussi dans les grandes villes d'Asie Mineure, Antioche, Éphèse, Alexandrie, villes des discussions théologiques, des premières hérésies, des grands conciles, qui définirent le dogme et d'autre part, villes où l'art hellénistique brillait d'un vif éclat et tout imprégnées du génie grec qui marqua de son empreinte ce premier art chrétien. Il a même été démontré que l'art des catacombes romaines lui-même (peintures et bas-reliefs des sarcophages) était originaire de l'Orient. Ainsi le rôle de Rome seule initiatrice s'efface et diminue, pendant que l'Orient prend de son côté la place légitime qui lui est due.

Il convient de rappeler que l'empire avait su relier entre elles les contrées les plus éloignées par les liens d'une puissante concentration. Rien ne se faisait en un point quelconque qui n'eût son retentissement obligé au centre et aux extrémités. Ce qui se passait en Orient était imité à Rome et réciproquement. C'est pourquoi au quatrième siècle la distinction est difficile à établir entre ce qu'on a appelé l'art chrétien d'Occident ou art chrétien romain et l'art chrétien d'Orient ou art byzantin, surtout depuis qu'il a été démontré tout ce que l'art des catacombes romaines et des basiliques d'Occident devait à l'Orient. Nous n'avons pas à entrer ici dans des discussions qui ne sont pas encore éteintes. Mais pour l'instant, pendant les premiers siècles, le rôle aujourd'hui incontesté de l'Orient ne permet guère de distinguer entre l'art qui s'est développé à Rome et en Italie et celui que virent naître les lointains pays d'Orient.

Cette période primitive s'étend du début de l'ère chrétienne jusqu'aux environs du cinquième ou du sixième siècle, que les manifestations de l'art aient lieu en Orient ou en Occident; on pourrait même reculer ces limites jusqu'au dixième ou onzième siècle. Et nous étudierons successivement les formes variées sous lesquelles il se montra : peintures, fresques, miniatures, mosaïques; sculptures, sarcophages, ivoires.

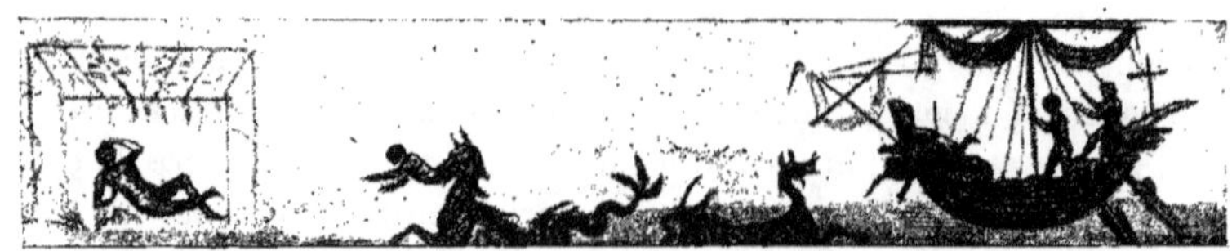

Fig. 4. — Fresques d'un cubiculum du cimetière de Callixte.
Détail : Histoire de Jonas.
D'après Rossi, *Roma Sotterranea*, Tav. XIV. T. II.)

PEINTURES, FRESQUES

C'est aux catacombes qu'il faut descendre pour connaître la peinture des premiers siècles qui fut un art essentiellement funéraire. Et il n'y a pas qu'à Rome qu'existaient des catacombes. On en a découvert à Naples, à Syracuse, dans l'Afrique du Nord, en Asie Mineure, en Égypte, à Alexandrie, à Antioche, jusqu'en Gaule. Mais celles de Rome sont sans contredit les plus importantes et les mieux connues.

Elles offrent, en effet, un développement considérable et toute une Rome souterraine, cité silencieuse des morts, part de l'enceinte de la cité vivante pour s'étendre au loin sous la campagne, jusqu'à des limites qu'on ne connaîtra jamais entièrement (1). Si l'on songe à la vaste étendue des surfaces couvertes de peintures qui pendant les trois premiers siècles furent la principale manifestation de l'art chrétien, on comprendra toute l'importance qu'elles acquièrent dans la formation de cet art qui, de son refuge souterrain, devait, après la délivrance de l'Église, gagner les murs et les coupoles des basiliques pour s'y répandre en fresques grandioses ou en éblouissantes mosaïques. Sous ces expressions somptueuses, la marque d'origine persiste.

Mais, comme je l'ai déjà dit, l'art des catacombes chrétiennes n'est que l'art païen funéraire prolongé. Pour s'exprimer, l'artiste chrétien se sert des formes qu'il a en main et qu'il reproduit couramment dans les hypogées ou les villas romaines et il ne se gêne pas pour introduire aux catacombes des motifs païens qu'il adapte à la religion nouvelle.

(1) A. Peraté, *l'Archéologie chrétienne*, p. 15.

En cela l'art chrétien ne rompit point avec les traditions. Il est vrai qu'avant l'ère chrétienne, la pratique orientale de l'inhumation s'était déjà répandue et avec elle l'usage de sarcophages remplaçant les urnes funéraires. D'où le nombres considérable de sarcophages gréco-romains arrivés jusqu'à nous. Or ces hypogées, à l'instar de celles de l'ancienne Égypte où passe le souffle de la croyance en la survie humaine après la mort, étaient décorées de fresques ou de sculptures symboliques traduisant l'immortalité de l'âme.

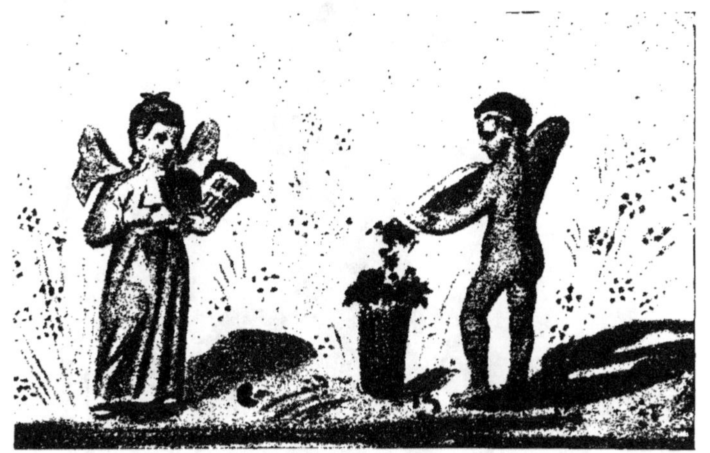

Fig. 5. — L'Amour et Psyché. Fresque d'un cubiculum du cimetière de Domitille.
(D'après Grazio Marucchi, *Roma Sotterranea cristina*, Nouvelle série, Pl. XII. T. I.)
Ce sujet se retrouve tel que dans les columbaria païens.

Les motifs adoptés, d'un sens parfois mystérieux, d'autres fois parfaitement clair, pouvaient être les mêmes dans les deux cas.

La religion chrétienne n'en demandait pas moins à l'art de traduire des aspirations, des prières, des croyances diamètralement opposées à celles qui avaient fait la force et la gloire de l'art païen. Elle proscrivait les anciens dieux et leurs images de marbre, filles de l'ancienne Grèce, adoptées et répandues par l'empire romain jusque dans ses plus lointaines provinces, étaient déclarées sacrilèges, condamnées et détruites. Le règne de la forme humaine déifiée par le paganisme était fini. Pour le chrétien, la beauté morale seule comptait, et la rupture entre la Société chrétienne et la beauté physique fut complète. Le « nu » n'en fut pas moins représenté, lorsque les sujets l'exigeaient. Mais la plastique qui avait été la préoccupation première de l'Antiquité fut reléguée au second plan et la beauté des formes qui avait brillé avec la Grèce d'un si vif éclat s'éteignit peu à peu au fur et à

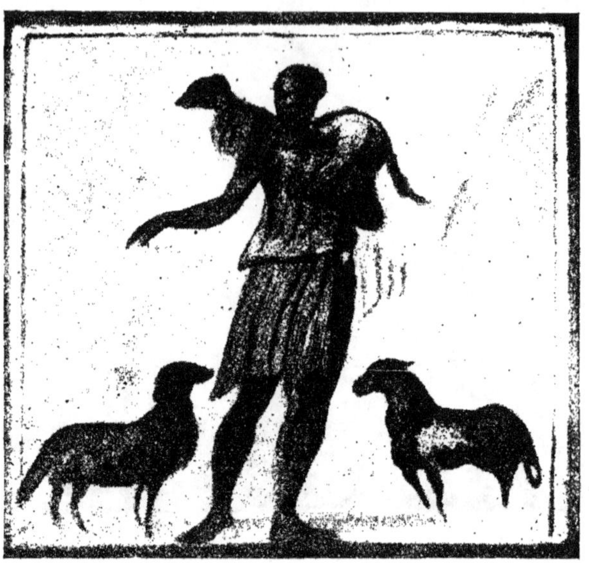

FIG. 6. — LE BON PASTEUR. FRESQUE D'UN ARCOSOLIUM DU CIMETIÈRE DE CALLIXTE.
(D'après ROSSI, *Roma Sotterranea*, Tav. VIII. T. III.)
Dessin hardiment campé d'après les formules gréco-romaines.

mesure que s'éloignait l'influence hellénique, pour disparaître entièrement.

Les sujets qui ornent les murs des catacombes ou les parois des sarcophages de la même époque peuvent être résumés de la façon suivante :

C'est d'abord des motifs de pure ornementation sans aucune signification religieuse, rinceaux de feuillage, architectures irréelles, scènes champêtres avec de petits amours comme acteurs, puis les saisons, etc., en somme le décor de Pompéi mis à la mode par l'art alexandrin.

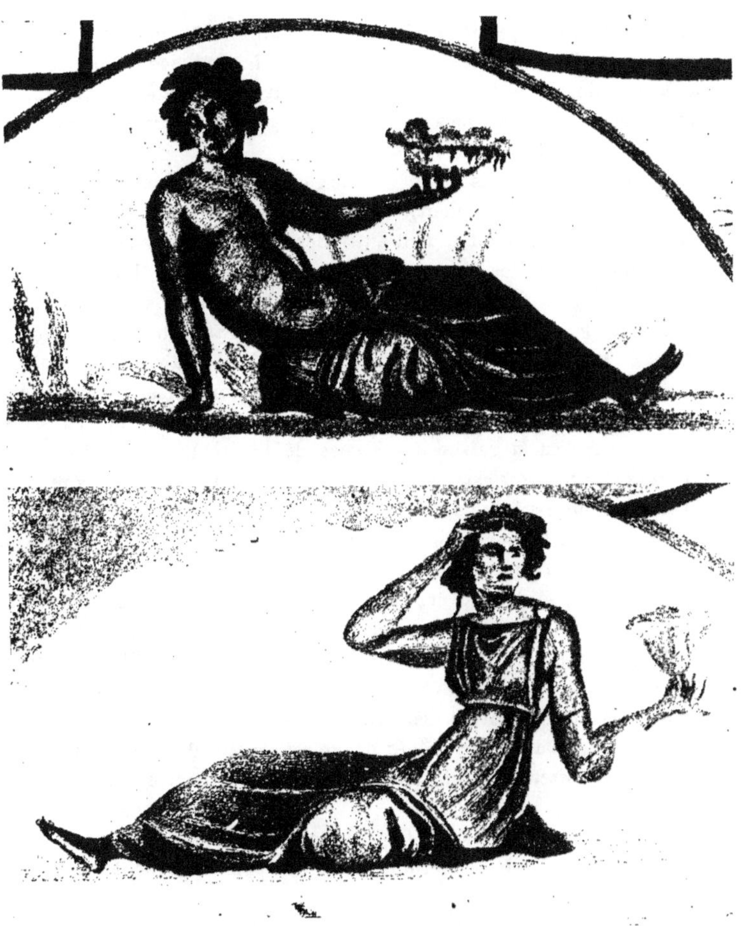

FIG. 7 et 8. — FRESQUES DU CIMETIÈRE DE CALLIXTE.
Détails : A. l'Automne ; B. le Printemps.
(D'après Rossi, *Roma Sotterranea*, Tav. XXV, T. II.)
Forme féminine pompéienne épurée.

Plusieurs mythes païens ont été retenus par les chrétiens à cause de leur signification aisément applicable à la religion nouvelle : celui d'Orphée, de Phèdre et Hippolyte, de Diane et Endymion, de Prométhée, de l'Amour et Psyché (fig. 5). Puis, en outre des ceps de vigne et des animaux comme le paon, la colombe et le poisson, adoptés par le décorateur chrétien, deux figures aisément symboliques ont joui d'une grande faveur, l'Orante (fig. 40) et le bon Pasteur (fig. 6).

Quant aux autres sujets qu'on voit aux catacombes se rattachant au Nouveau et à l'Ancien Testament, ils ont leur origine dans les prières des agonisants qui deviennent le lien entre des sujets aussi disparates que ceux qui décorent parfois les chambres souterraines. « Père, disait-on, délivre son âme comme tu as délivré Jonas du monstre marin, les jeunes Hébreux de la fournaise, Daniel de la fosse aux lions, Suzanne des mains des vieillards... » Voilà pour l'Ancien Testament. Mais on ajoutait : « Toi aussi, fils de Dieu, je te prie, toi qui as fait de si grands miracles, toi qui as ouvert les yeux de l'aveugle, les oreilles du sourd, guéri le paralytique, ressuscité Lazare... » Et c'est la raison des scènes de l'Évangile. Ce qui fait le vif intérêt de cette prière c'est qu'elle vient d'Orient, qu'elle a été composée à la fin du douzième siècle par saint Cyprien d'Antioche (1), et qu'il y a tout lieu de croire que les scènes peintes aux catacombes de Rome, l'ont été pour la première fois en Orient.

Il est de plus aisé de relever, ainsi que l'a fait M. Mâle, le caractère purement grec de l'art des catacombes romaines. « Le monstre de Jonas ressemble au monstre d'Andromède ; l'arche de Noé est pareille au singulier coffre carré des monnaies d'Apamée ; Jésus-Christ est vêtu non de la toge romaine, mais de l'himation des Grecs. » (2).

Et l'on ne sera pas surpris alors de voir l'artiste, dans le nu des figures qu'il dessine, imiter l'art alexandrin et subir l'influence du génie hellénique.

Parmi les très nombreuses figures dont les motifs que nous venons d'énumérer exigent l'intervention, il en est peu qui soient entièrement nues.

Sans parler de la nudité enfantine des génies et des amours, de ces petites figures qui se jouent parmi les fleurs et les oiseaux, quelques figures des saisons offrent une demi-nudité qui mérite d'attirer l'attention, mais c'est

(1) Male, *l'Art religieux du douzième siècle*, p. 49.
(2) Male, *loc. cit.* p. 49.

surtout la nudité obligée de certains personnages bibliques qui peut nous offrir d'intéressants spécimens, Adam et Ève (fig. 9) par exemple, Daniel dans la fosse aux lions, Jonas englouti ou rejeté par le monstre et se reposant sous la pergola aux courges (fig. 1, 4), Isaac dans la scène du sacrifice, Tobie s'emparant du poisson. Il faut signaler aussi Jésus enfant et Jésus baptisé qui sont toujours nus (fig. 1).

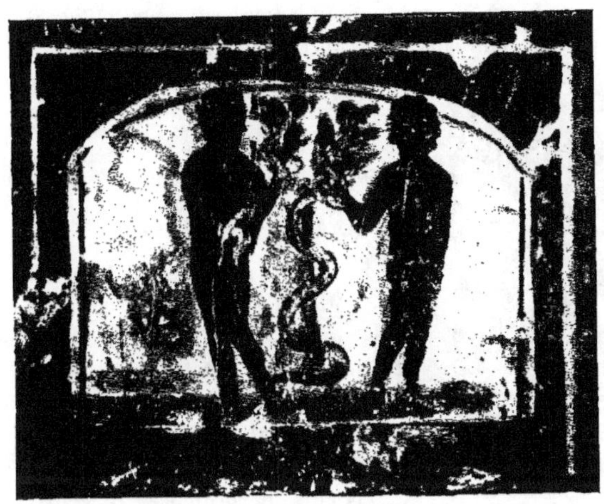

FIG. 9. — ADAM ET ÈVE. FRESQUE DES CATACOMBES DE DOMITILLE (Deuxième moitié du IVe siècle.)
(D'après WILPERT.)
Presque toutes les figures d'Adam et Ève ont ce caractère sommaire.

La crucifixion n'était pas encore figurée et, au début, le Christ sur la croix était vêtu d'une longue robe quelquefois avec manches.

Mais ces spécimens, surtout ceux d'Adam et Ève (fig. 9), de Jonas (fig. 14) et de Daniel, les plus fréquemment reproduits, sont suffisants pour montrer l'influence hellénistique. C'est en somme le nu des fresques de Pompéi simplifié et comme épuré, sans les outrances charnues de certaines figures féminines.

En voici quelques exemples. Une figure demi-couchée représentant l'automne montre tout le torse entièrement découvert grassement et fort habilement modelé. L'artiste chrétien s'est juste arrêté en deçà des formes outrageusement développées que montrent certaines figures de Pompéi, mais l'on sent que le même pinceau aurait pu aller aisément jusqu'aux exagérations voluptueuses de l'art hellénistique. Cet exemple de nu, rare d'ailleurs dans l'art des catacombes, montre le soin que l'art chrétien, à ses débuts, tout en puisant ses modèles dans l'art antique, a mis à éviter ce qui pouvait être indécent ou même simplement voluptueux (fig. 8).

Sur le même panneau, une autre saison représentant le printemps, montre sous la légère draperie qui les couvre des formes sèches et anguleuses qui ne devaient avoir rien d'aimable.

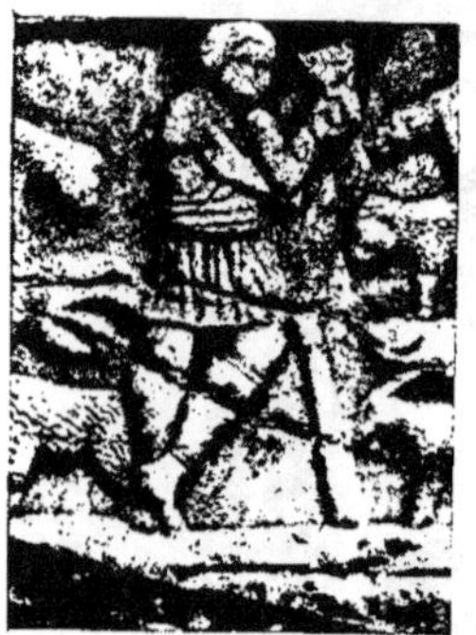

FIG. 10. — BERGER.
Détail d'un petit côté d'un sarcophage.
(D'après Ed. LE BLANT. *Sarcophages chrétiens de la Gaule*, Pl. XXXVIII.)

Quant aux personnages entièrement nus, comme Adam et Ève, Jonas, Daniel, Isaac..., ils sont en général traités trop sommairement pour que le détail des formes soit indiqué. Mais en général aussi ils sont dessinés avec une véritable maîtrise qui témoigne de l'habileté de l'artiste; le bon Pasteur du cimetière de Saint-Sotère (fig. 6) en est un bel exemple. En somme les artistes des catacombes n'étaient guère peintres de figures. Excellents décorateurs, ils ont montré une habileté peu commune pour exécuter les motifs d'ornement, rinceaux, feuillages, fleurs, fruits, petits animaux et génies ailés, etc... Toutefois les personnages nus ou habillés, très vraisemblablement dessinés d'après des poncifs, étaient en général habilement et spirituellement peints. Mais beaucoup ont fait preuve d'une grande inexpérience, et tous, même ceux qui ont habilement traité le nu, se sont montrés incapables de dessiner correctement la tête et les extrémités, mains et pieds. Peut-être ces défauts étaient-ils le résultat d'une négligence voulue.

Le détail n'était pas le fait de l'art chrétien: pas plus que le soin de rendre la forme plus précise et plus aimable. Si le symbole qu'il trace plus ou moins sommairement était compris, le but était atteint. Car l'art des catacombes était, ainsi qu'on l'a dit, un véritable langage plus ou moins mystérieux et abstrait destiné à être compris par les initiés.

Il résulte de ce qui précède qu'aux fresques des catacombes l'influence de l'hellénisme sur l'art qui s'y développe est dominante. Et aux preuves déjà données, il convient d'ajouter celles qu'on peut tirer de l'étude des personnages et des quelques morceaux de nu qui s'y trouvent.

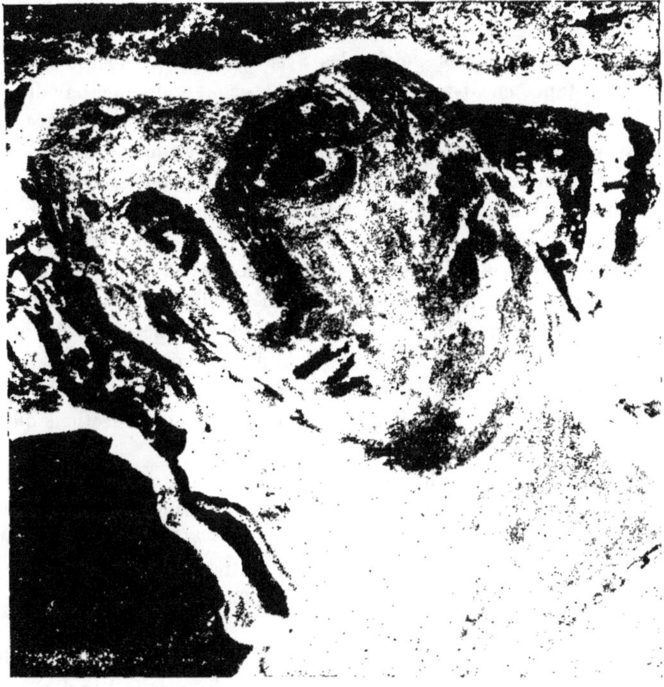

Fig. 11 — Tête de l'ange de l'Annonciation. Fresque de l'Église de Santa Maria a Rome. VIe siècle.

(D'après Wilpert, *Die Römischen Mosaiken und Malereien*... IV, p. 135.)

Toute cette tête rappelle de façon étonnante les traits typiques de la face grecque.

L'art chrétien primitif resta confiné dans les catacombes jusqu'à ce grand fait historique désigné par les historiens sous le nom de paix de l'Église. Ce n'est, en effet, qu'après la reconnaissance officielle du Christianisme par Constantin en 313, qu'il sortit de l'ombre et construisit aux quatrième et cinquième siècles les premières basiliques romaines, Sainte-Constance, Sainte-Pudentienne, Sainte-Marie Majeure, etc., couvertes à l'intérieur de peintures, et de mosaïques. La décoration intérieure de ces premières églises a de grandes analogies avec celles des catacombes et l'aspect en est parfois tout pompéien. C'est ainsi qu'aux murs de la basilique Saint-Jean et Saint-Paul (quatrième siècle) se développent, au milieu d'emblèmes relatifs aux vendanges, de longues guirlandes avec des génies, des oiseaux et des fleurs. De distance en distance, ces guirlandes sont soutenues par de grands jeunes hommes, souples et élégants, déployant des draperies derrière eux (1). Leurs formes, entièrement nues, sont modelées à l'antique et ils sont un des plus beaux exemples que l'on puisse donner de la persistance du nu gréco-romain dans la décoration des édifices consacrés à la religion chrétienne.

Nous permettra-t-on de relever dans ces pastorales le type du berger au repos appuyé sur un long bâton placé sous l'aisselle et les jambes croisées? On trouve ce type dans les peintures des catacombes (fig. 12), et aussi dans celles du baptistère du Latran (2), ainsi que dans les mosaïques de l'église Saint-Jean à Naples (deuxième moitié du quatrième siècle) (3).

Il n'est pas jusque dans les bas-reliefs de sarcophages chrétiens qu'on ne trouve ce type (fig. 10).

Or nous avons vu, dans le volume précédent, l'art grec reproduire dans les stèles funéraires (Vol. V, fig. 510 à 512.) et jusqu'au Parthénon cette attitude familière qu'il semble avoir empruntée à l'art égyptien (Vol. IV, fig. 234 à 240). N'est-il pas curieux, par cette survivance, de voir l'art chrétien plonger ses racines jusqu'à la période la plus lointaine de l'art égyptien?

Et voici qu'aux murs d'une autre église, un personnage sacré de la religion nouvelle s'efforce à reproduire dans les traits du visage l'ancien type de beauté consacré par l'antiquité, effort passager du reste ainsi que nous le verrons par la suite.

Sur une fresque de Santa Maria antiqua (sixième siècle), représentant l'Annonciation, la tête de l'ange, aux grands yeux bien ouverts, montre un nez droit petit, au dessus d'une bouche minuscule dont le modelé des

(1) WILPERT, *Die Römischen Mosaïken*, I. p. 256).
(2) WILPERT, *loc. cit.* Texte I, p. 256.
(3) WILPERT, *loc. cit.* Planche I, p. 37.

lèvres bien marqué rappelle le type grec des Vénus de la belle époque (fig. 11).

Sur la même fresque, des figures d'homme ont le même nez droit, long et mince avec de grands yeux.

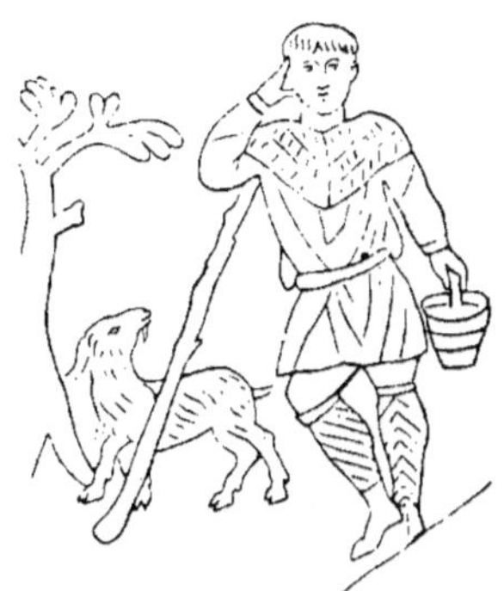

FIG. 12. — DESSIN DU CIMETIÈRE DE CALLIXTE.
(D'après ROSSI, *Roma Sotterranea*, Tav. XXXIX et XL.)
L'attitude du berger appuyé sur un bâton se retrouve jusqu'en Grèce et en Égypte.

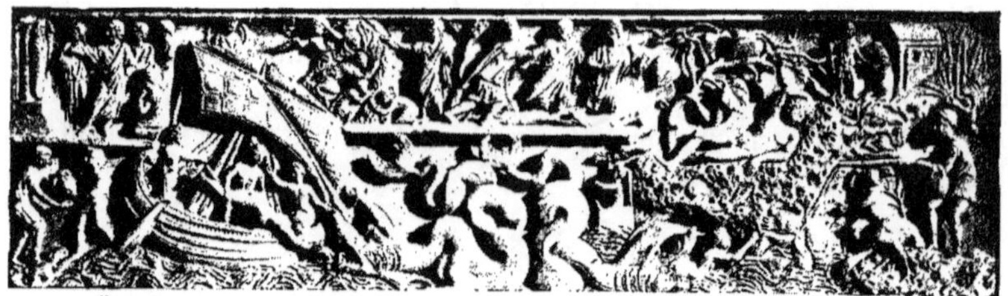

Fig. 13. — Sarcophage chrétien du Musée de Latran.
Histoire de Jonas.
(Alinari, phot.)
Les formes de Jonas sont élégantes, un peu mièvres peut-être, mais conformes au type gréco-romain.

SARCOPHAGES

Les bas-reliefs qui ornent les sarcophages chrétiens reproduisent les mêmes sujets peints aux murs des catacombes, sans parler des motifs de pure décoration, des symboles et des emblèmes qui décorent seuls certains d'entre eux ; le plus grand nombre portent sur leurs flancs, pour la plus grande édification des fidèles et par suite des exigences de la liturgie, le récit sculpté de quelques scènes de l'Ancien et du Nouveau Testament.

Dans ces récits en reliefs parfois fort saillants, le nu a sa place obligée, lorsqu'il faut représenter Adam et Ève, Daniel, Jonas, etc., comme nous l'avons vu dans les peintures. Mais ces figures nues en ronde-bosse le plus souvent permettent à l'étude qu'on en peut faire plus de précision.

Ces personnages revêtent toujours la forme grecque plus ou moins habilement interprétée parfois assez heureusement, d'autres fois assez grossièrement.

L'art gréco-romain fait souvent des figures lourdes et comme tassées, ailleurs toutefois elles ont de la sveltesse et une grande élégance. Mais c'est toujours, au torse par exemple, le plein-cintre thoracique, la saillie des flancs, l'abdomen où se dessinent les plans des muscles droits terminés par le cintre inférieur des aines, une souplesse plus ou moins grande de toute la figure avec, lorsqu'elle est debout, l'inflexion latérale plus ou moins marquée du hanchement.

Tous ces personnages, à commencer par le Christ dans le Jourdain, sont de jeunes héros. Le sexe est discrètement indiqué, parfois même entièrement absent. Ève ne diffère guère le plus souvent de son compagnon que par de petits seins hémisphériques chastement modelés.

Quelques exemples suffiront :

Deux sarcophages du Musée de Latran avec portrait des défunts représentent, en deux registres superposés et divisant également la face antérieure, à peu près les mêmes scènes des Écritures saintes. Le premier montre

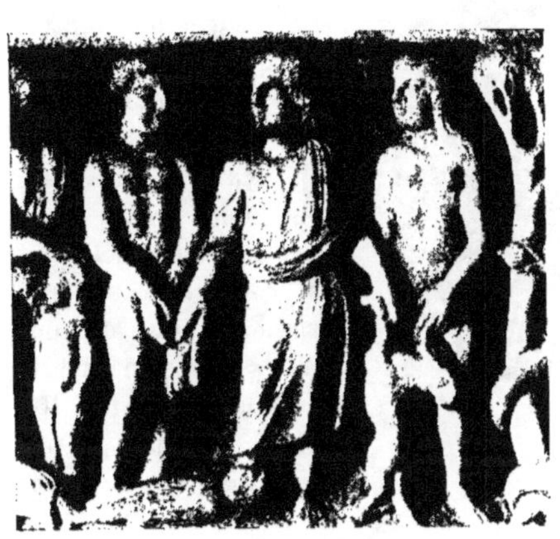

A

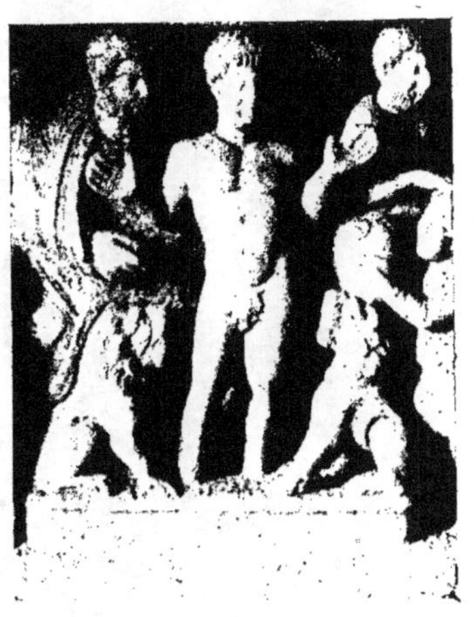

B

Fig. 14. — Sarcophage du Musée de Latran.
Détails : A. Adam et Ève ; B. Daniel entre deux lions.
(Alinari, phot.)
La forme du nu grec est ici bien interprétée.

des nus assez frustes. Le second, au contraire, est d'un faire très soigné, mais n'en montre pas moins les proportions défectueuses et les formes sans délicatesse d'un art décadent, dans les figures d'Adam et d'Ève et de Daniel en orant entre les deux lions (fig. 14 A et B). Un autre sarcophage du même Musée est presque entièrement consacré à l'histoire de Jonas (fig. 13). Deux monstres aux multiples anneaux occupent le centre de la composition. Des deux têtes tournées en sens opposé, l'une reçoit Jonas, l'autre le dépose sur le rivage. Les monstrueux enroulements des deux corps accolés, le pittoresque accumulé dans toutes les parties font songer aux grands et tumultueux bas-reliefs de l'art hellénistique. Les gracieuses petites figures de Jonas nu sont pleines d'élégance avec l'ensellure du bassin. Quant à Jonas étendu sous la pergola dans une pose toute d'abandon, le bras relevé au-dessus de la tête, il ne manque pas d'un certain charme malgré un modelé un peu mou, des pectoraux trop peu saillants et l'étranglement de la taille.

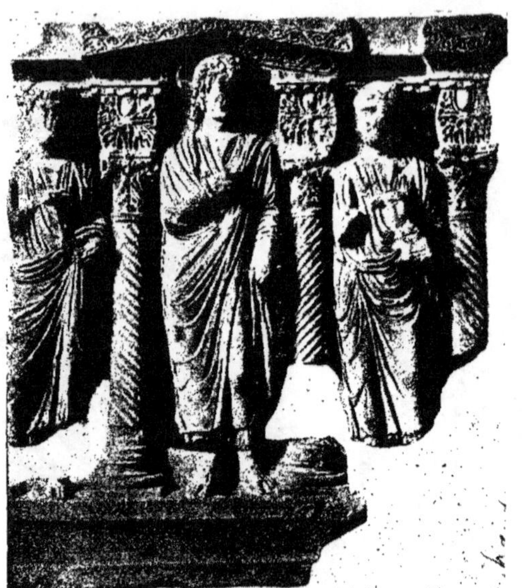

Fig. 15. — Sarcophage chrétien du Musée de Berlin (détail).
(D'après Strzygowski, *Orient oder Rom*, Pl. II.)
Le Christ porte la toge à la manière de la statue bien connue de Sophocle.

Mais un des plus beaux sarcophages au point de vue qui nous occupe est celui de Junius Bassus sur lequel chaque scène représentée est logée sous une arcade d'un long portique. Celle qui est consacrée au péché originel montre des nus traités avec soin selon la formule grecque (fig. 16).

Les quelques sarcophages dont nous venons de parler sont généralement attribués à l'art gréco-romain, mais il en est beaucoup d'autres où l'influence hellénique est encore plus marquée, d'autres où l'Orient a laissé son empreinte évidente. Il me suffira de citer le groupe rassemblé et signalé par M. Strzygowski, remarquable par le caractère oriental de l'ornement, par l'architecture où les archéologues trouvent un mélange d'art grec et d'art romain, et surtout par le type plastique des figures nues ou habillées qui se distinguent par leurs proportions élancées, la correction du dessin, la distinction et la qualité du modelé, la souplesse du mouvement.

D'où proviennent ces sarcophages tous du même type ? Des pays les plus divers. Quatre ont été trouvés en Asie Mineure, quatre en Italie, deux en Bythinie ou à Constantinople, trois en Grèce. C'est dire le rayonnement de cet art dans tout l'empire qui, à cette époque, conservait encore son unité. On les attribue, en effet, à la première moitié du troisième siècle après Jésus-Christ.

Les sujets qui les décorent sont presque tous profanes. Sur un seul la figure du Christ est figurée entre deux apôtres. Il est drapé comme la statue célèbre du poète grec Sophocle (fig. 15). Et l'on s'imagine aisément — ce que peuvent montrer de nouvelles découvertes — comment seraient traitées, suivant les mêmes principes, les figures nues d'Adam et d'Ève, de Daniel, de Jonas ou du Christ baptisé.

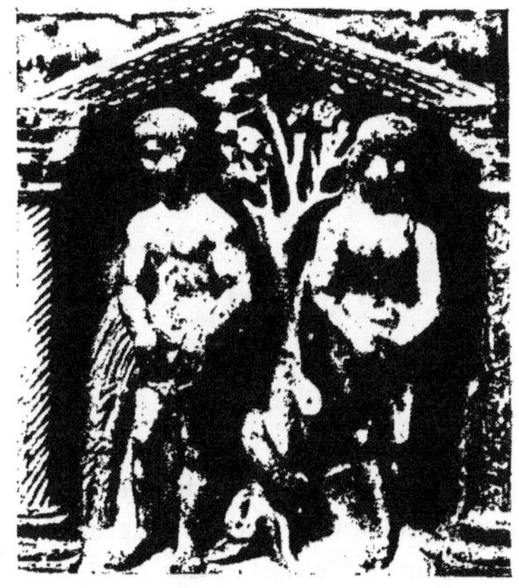

Fig. 16. — Adam et Ève. Sarcophage de Junius Bassus (détail).
(D'après Garucci.)
Formule grecque du nu.

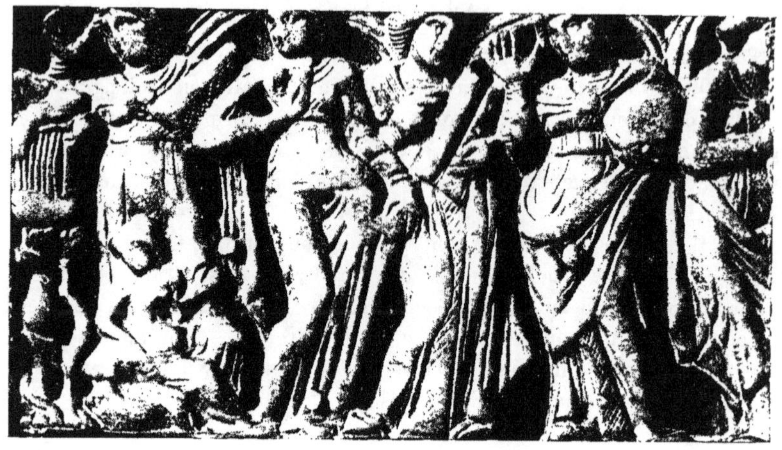

FIG. 17. — IVOIRE. DIPTYQUE DE SAINT-ÉTIENNE DE BOURGES. (DÉTAIL.)
Bibliothèque nationale.
(Giraudon, phot.)
Exagération des formes hellénistiques.

IVOIRES

Comme les sarcophages, les ivoires subissent l'influence hellénique. Ils proviennent d'ailleurs pour la plupart d'Alexandrie ou d'Antioche. Et la plus grande affinité existe entre ces deux productions de l'art de la sculpture, les ivoires ayant influencé les motifs des cuves funéraires et *vice versa*.

Les ivoires travaillés étaient employés à de nombreux usages. Ils servaient, dans la vie civile, à la décoration des meubles, à la fabrication des diptyques, des coffrets, des olifants; dans la vie religieuse, ils décoraient le mobilier liturgique, pyxides, triptyques, couvertures de livres sacrés, etc. Et c'est ce qui explique le grand nombre de pièces parvenues jusqu'à nous, du cinquième aux dixième et douzième siècles. D'ailleurs, leur valeur est fort inégale. Les ivoires les plus remarquables, œuvres de maîtres véritables,

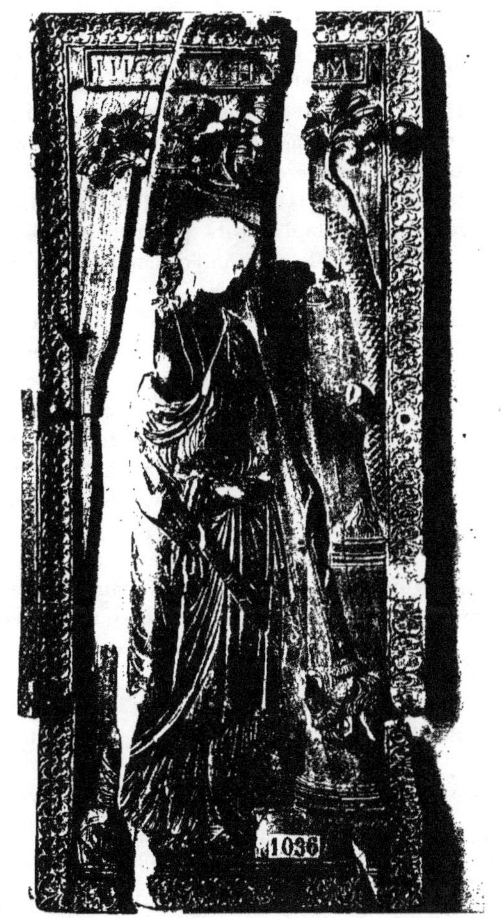

FIG. 18. — DIPTYQUE NUPTIAL. IVOIRE.
Musée de Cluny.
(Giraudon, phot.)
Figure féminine aux formes puissantes rappelant l'art hellénistique.

sont datées du dixième siècle et des siècles suivants (1). Sur tous l'influence de l'hellénisme a été fort justement relevée.

Sur les ivoires plus anciens (du cinquième et du sixième) la tradition hellénique n'est pas moins vivace. Il en est également de fort habiles et de très réussis (2), bien que marqués parfois de défaillances et même de grossières erreurs. Les quelques figures nues qui s'y trouvent confirment toutes la tradition hellénique. Par exemple, le Christ baptisé de la chaire de l'évêque Maximien dans la sacristie du Dôme de Ravenne (fig. 20). Ce Christ, de forme assez fruste d'ailleurs, plongé dans le Jourdain, semble un jeune éphèbe. Derrière lui la personnification du fleuve se profile assise et vue de dos.

Jonas, qu'on voit sur le coffret d'ivoire de Brescia (Musée chrétien), d'abord aux prises avec le monstre marin et couché ensuite sous la pergola aux courges, ressemble aux figures des sarcophages. Il en est de même du Jonas figuré sur le diptyque de Murano au Musée national de Ravenne.

Un diptyque du cinquième ou sixième siècle, du Musée de Brescia, représente Phèdre et Hippolyte. Ce dernier, entièrement nu, est une figure svelte et élancée d'un joli mouvement qu'on rattacherait facilement à l'art grec du quatrième siècle.

Le Musée de Cluny renferme une feuille de diptyque nuptial du quatrième ou cinquième siècle, montrant une femme vêtue et tenant deux flambeaux renversés (fig. 18). Les formes puissantes de cette figure, dont les seins volumineux et écartés sont en partie découverts, semblent porter également la marque de l'art hellénistique.

Il est intéressant de rappeler ici le diptyque votif du Musée de Liverpool représentant Esculape et Hygie. Les formes de ces deux figures sont courtes

(1) La plaque du Cabinet des médailles, « le Christ couronnant Romain et Eudoxie »; le triptyque Harbaville (Musée du Louvre; la plaque des Apôtres du Musée du Palais ducal à Venise; le triptyque d'ivoire du Cabinet des Médailles dont le volet central est consacré à la Crucifixion; nombreux coffrets à sujets profanes ou religieux, etc.

(2) Diptyque du consul Anastase (Paris, Cabinet des médailles).
Diptyque de Magnus, *id.*
Ivoire Barberini (Musée du Louvre).
Lipsanothèque de Brescia.
Ange, volet de diptyque (British Museum).
Chaire en ivoire de Maximien (Ravenne).
Plaque d'ivoire dite de Murano (Musée de Ravenne).

avec de grosses têtes et des extrémités massives. Mais le haut du torse d'Esculape découvert est une heureuse imitation du torse grec. Quant à la déesse, vêtue d'une tunique légère, l'ampleur du bassin la rattache au type du quatrième siècle grec.

Il n'est pas jusqu'aux ivoires les plus grossiers dont les personnages ne révèlent l'influence grecque à des signes indiscutables.

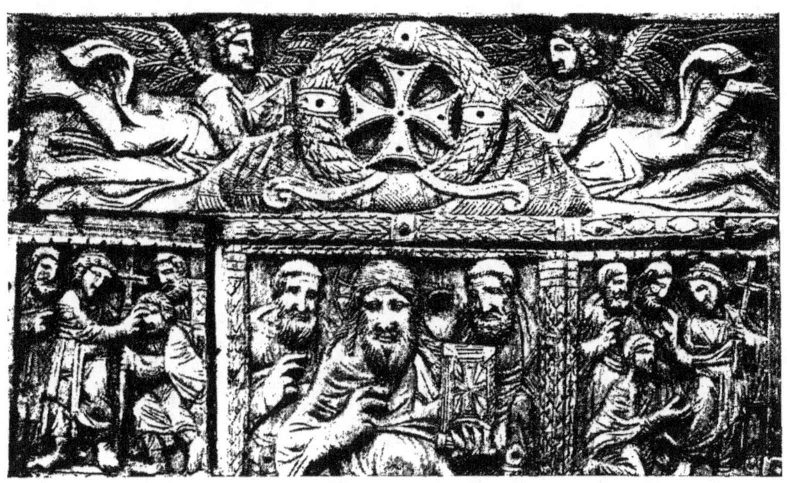

Fig. 19. — Ivoire. Couverture d'Évangéliaire (détail).
Bibliothèque nationale.
(Giraudon, phot.)
Lignes du profil grec.

Un fragment d'une cassette d'ivoire de la Bibliothèque nationale représentant en trois étages superposés Apollon, les Muses, Téléphe et Oreste, etc., en fournit la preuve (fig. 17). Les personnages, tassés les uns contre les autres, sont très sommairement traités. Ils ont des hanchements exagérés et une ampleur du bassin chez les femmes qui, au point de vue des formes et des mouvements, font de ces figures une dégénérescence et comme une caricature de l'art hellénistique.

Enfin une couverture d'Évangéliaire (ivoire du cinquième siècle, Bibliothèque nationale) est d'un faire inhabile, extrêmement grossier : les têtes sont énormes, les extrémités sont mal dessinées, mais malgré ces défauts, la marque d'origine est irrécusable. Toutes les têtes ont le même nez droit se continuant avec le front qui est un des attributs du profil grec de la belle époque (fig. 19).

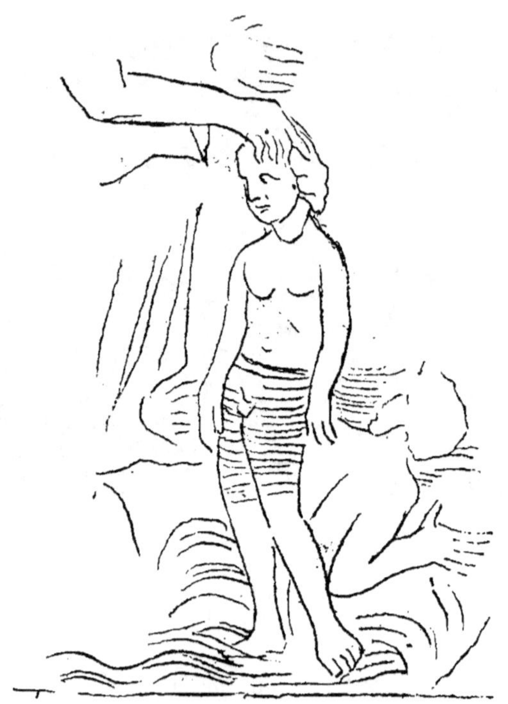

FIG. 20. — BAPTÊME DU CHRIST. IVOIRE. CHAIRE DE MAXIMIEN.
(D'après VENTURI, *loc. cit.*, I, p. 323.)
Le Christ a l'allure d'un jeune héros.

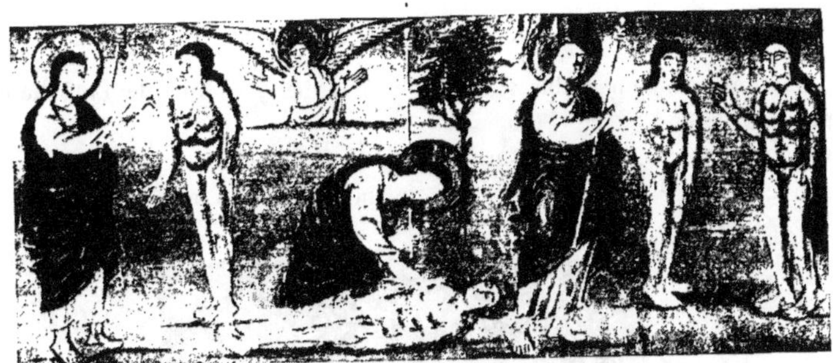

Fig. 21. — Création d'Adam et Ève.
(D'après la Bible de Charles le Chauve. IXe siècle. Ms. lat. 1, f° 10v.)
Forme singulière de l'abdomen (multiplication inconsidérée des plans.)

MANUSCRITS

Les manuscrits les plus anciens parlent dans le même sens, et les miniatures dont sont ornés les bibles, évangéliaires, psautiers, etc.... arrivés jusqu'à nous, suivent les mêmes traditions nées de l'hellénisme. Elles conservent les motifs de l'art antique et en particulier la personnification symbolique des fleuves, des montagnes, de la mer ou des vents, du jour ou de la nuit. Les figures nues qui s'y trouvent découlent de la forme grecque souvent au point de la reproduire fort exactement : d'autres fois, au travers de déviations curieuses et singulières, la filiation n'est pas moins aisée à établir.

Un des plus célèbres parmi ces manuscrits est la Genèse conservée à Vienne. Elle nous montre de bien intéressantes figures. C'est d'abord dès la première planche une Ève qu'au premier abord, sous les injures que le temps lui a fait subir, on éprouve quelque difficulté à apprécier comme il convient. Mais en l'examinant avec soin et surtout en extrayant de cet ensemble si altéré, les seuls traits qui fixent sans conteste les contours, il se dégage une figure féminine qui par l'ampleur des formes, et en particulier par le volume des cuisses opposé au peu de largeur des épaules et du thorax, dans son ensemble se rattache à la belle époque de l'art hellénistique (fig. 22 et 23).

Quelques feuillets plus loin, la source à laquelle puise Rébecca pour abreuver Éliézer est personnifiée, sous la forme la plus classique, par une

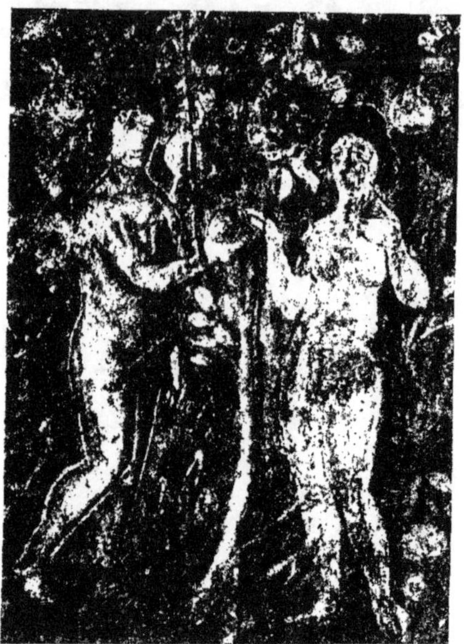

FIG. 22. — ADAM ET EVE. GENÈSE DE VIENNE (DÉTAIL).
(D'après Die Wiener Genesis herausgegeben von Wilhelm Ritter von Hartel und Franz Wickhoff, Wien, 1895, Pl. I.)
Forme féminine grecque.

figure féminine mi-nue avec de petits seins hémisphériques, appuyée du bras droit sur une urne (fig. 24).

A côté de ces réminiscences un peu figées de l'art antique, la vie circule intense dans les scènes multiples qui racontent l'Ancien Testament.

Tous ces petits personnages, qu'ils se meuvent ou se tiennent simplement debout, sont pleins de mouvement et leur rythme n'a rien de nouveau, car il est emprunté à l'art antique (fig. 25). Je n'en prendrai pour preuve que cette forme de marche en flexion si fréquente dans les bas-reliefs et les peintures de vases de la Grèce, marche en flexion fort correcte avec la jambe portée en avant plus ou moins fléchie et le pied resté en arrière n'appuyant plus sur le sol que par la pointe. Mais où l'imitation devient flagrante, c'est lorsqu'elle s'étend jusqu'à cette erreur fréquente qui consiste à tourner la pointe du pied qui est en arrière trop en dehors ou même manifestement en arrière (fig. 25) (à comparer avec les figures 524 à 526 du volume précédent) et ces remarques s'appliquent aux figures des autres miniatures de la même époque ou d'époques postérieures et jusqu'aux grands personnages des mosaïques des basiliques, car cette double figuration de la marche — marche en flexion correcte et même marche défectueuse, passa de l'art païen dans l'art chrétien des diverses époques.

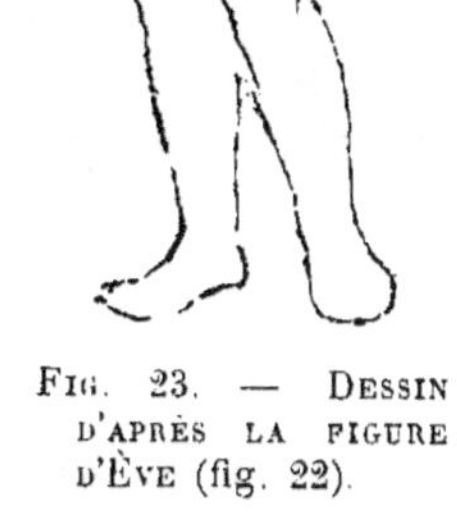

Fig. 23. — Dessin d'après la figure d'Ève (fig. 22).

Quant aux formes du nu des miniatures de cette première époque, elles se rattachent à celles des figures de l'art grec longuement décrites dans le volume précédent, reproduites avec plus ou moins d'habileté. La partie antérieure du torse présente l'aspect si caractéristique que lui donne le modelé des muscles droits de l'abdomen qui fut la grande découverte de l'art grec et resta ignoré de l'Orient, de l'Égypte aussi bien que de l'Assyrie.

Un détail doit être signalé, c'est l'existence, au niveau de l'épigastre, d'une petite saillie nettement circonscrite et rattachée à la région sternale. Cette saillie répond à une forme anatomique, très vraie, l'appendice xyphoïde, mais que les Grecs n'ont jamais figurée avec cette brutalité. Elle résulte d'une interprétation outrée du petit espace triangulaire limité, sur le torse grec, par le sternum en haut et, en bas des deux côtés, le petit bord courbe du premier plan musculaire des grands droits.

Mais cette forme des muscles de l'art grec ne fut pas toujours intelligemment copiée et l'on peut relever une curieuse interprétation.

L'on sait que la première intersection aponévrotique des muscles grands droits (Voy : Vol. I. p. 128. Planches 43 et 44) limite en bas un premier plan musculaire large et assez étroit, raison d'une forme anatomique qui, tout

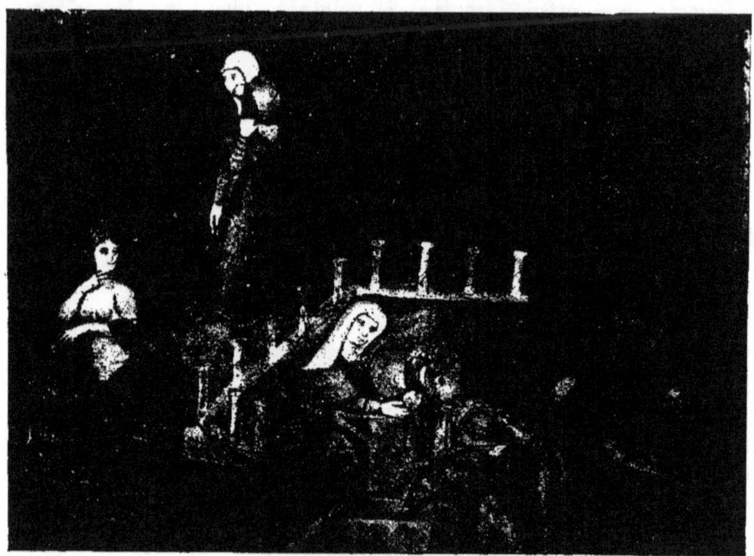

FIG. 24. — ELIEZER ET REBECCA.
(D'après von HARTEL und Franz WICKHOFF, *loc. cit.* Pl. XIII.)
Personnification des formes grecques.

abdominale qu'elle soit, doit être rattachée à la région sous-mammaire (partie interne) faisant partie de la poitrine.

Or, ce premier plan musculaire a été réduit et déformé par le copiste chrétien au point d'exagérer son annexion à la région pectorale et d'en faire comme un redoublement du sillon pectoral qui limite en bas la poitrine. Ne pourrait-on voir là sinon une copie exacte, du moins l'influence de l'art hellénistique dont nous avons relevé les tendances à l'exagération et au dédoublement de certaines formes? C'est ce que nous observons sur les figures de plusieurs manuscrits comme la topographie chrétienne de Cosmas Indicopleutès (sixième siècle) et le fameux psautier de Paris (fig. 26 personnage de Cosmas et fig. 27 allégorie de la montagne, psautier de Paris).

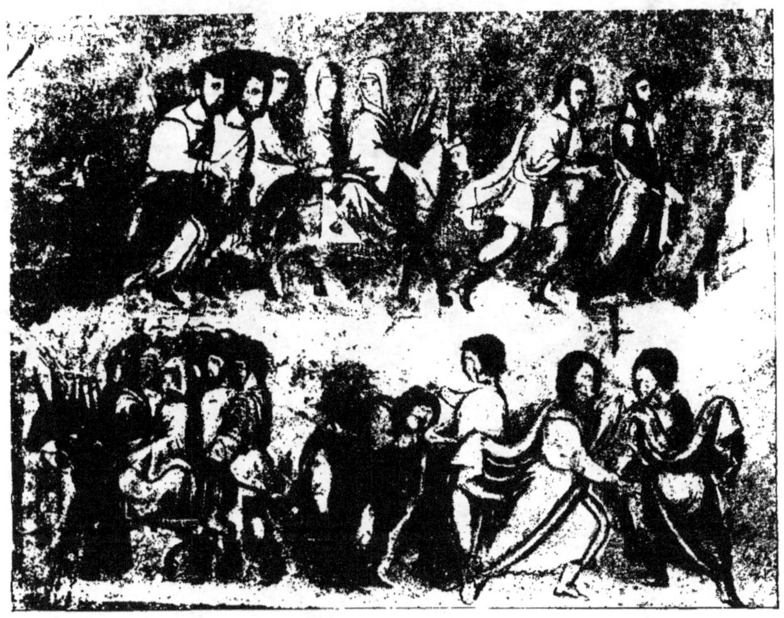

Fig. 25. — Jacob conduit les siens et lutte avec l'Ange.
(D'après von Hartel und Franz Wickhoff, *loc. cit.* Pl. XXII.)
Formes des mouvements empruntées à l'art grec.

Ce dernier manuscrit attribué au neuvième ou dixième siècle est généralement considéré comme se rattachant à un prototype du cinquième ou du sixième.

Il en est de même des Homélies de saint Grégoire de Nazianze qui nous offrent un grand nombre d'exemples de cette même forme précisée au point de devenir un attribut obligé du nu masculin figuré dans ce manuscrit. J'ai réuni les croquis des quelques figures les mieux conservées (fig. 28). J'y joins

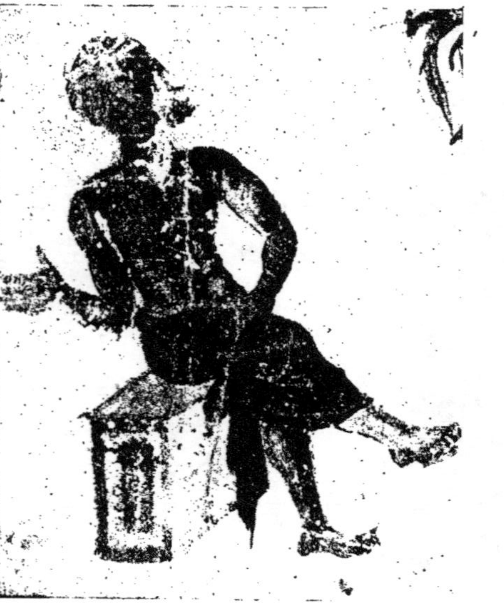

Fig. 26. — Le Démon (détail).

(D'après *Le Miniature della topografia cristiana di Cosma indicopleute. Codice Vaticano greco* 669, Milano, MDCCCCVIII.

Dédoublement du sillon sous-mammaire.

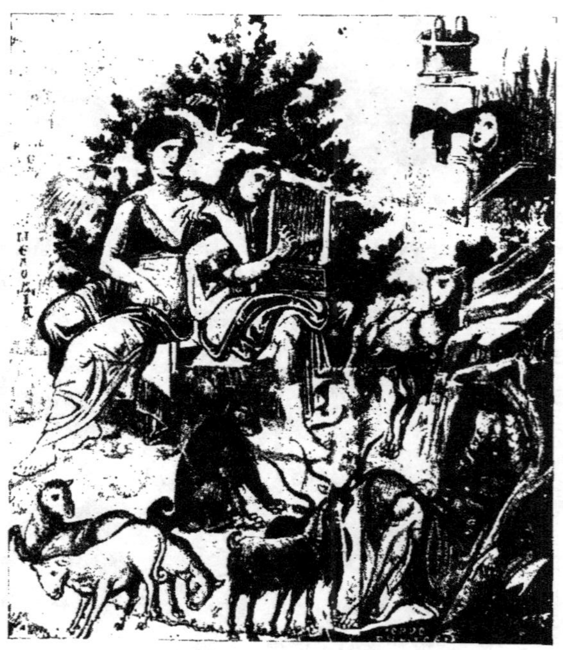

Fig. 27. — David chantant.

(D'après Omont, *Fac-similé des plus anciens Ms de la Bibliothèque nationale, Paris, 1902*, Psautier, Pl. I.)

Sur le personnage allégorique de la Montagne dans le coin droit le dédoublement du sillon mammaire est manifeste.

deux reproductions photographiques, l'une d'Adam (fig. 29), l'autre de Job (fig. 30).

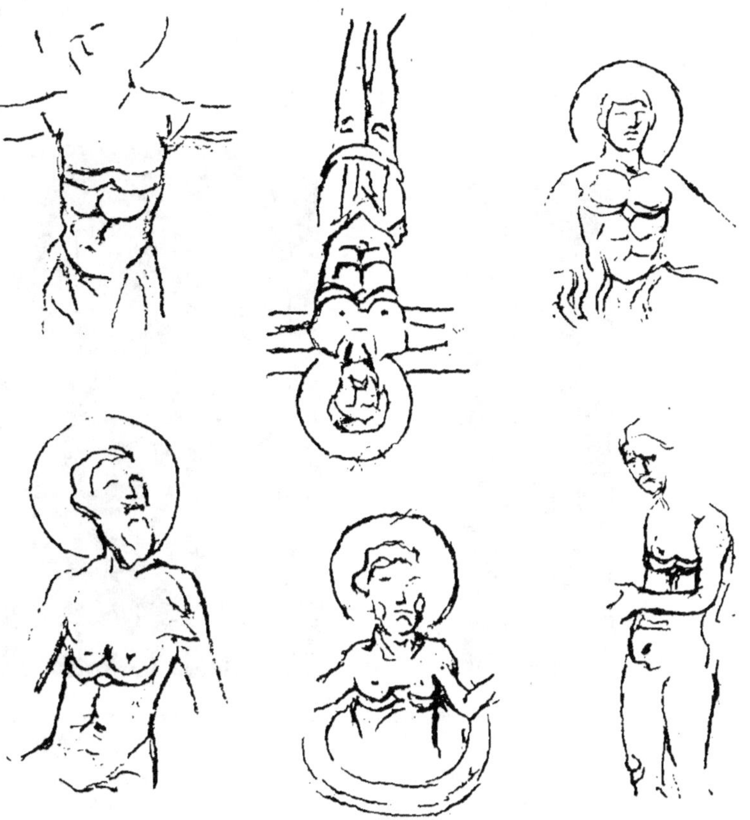

FIG. 28. — QUELQUES CROQUIS D'APRÈS LES HOMÉLIES DE SAINT GRÉGOIRE DE NAZIANZE. Ms. grec 510.
(D'après OMONT, *loc. cit.*)
Plusieurs exemples de dédoublement du sillon pectoral.

Je n'ai pas résisté au plaisir de reproduire ici le torse charmant de la personnification de la mer Rouge (fig. 31) dans la miniature consacrée à la miraculeuse traversée des Hébreux et à l'engloutissement des Égyptiens.

Cette miniature d'ailleurs très détériorée ne laisse apparaître que des détails épars. L'armée égyptienne, le pharaon lui-même, ont presque entièrement disparu sous les injures du temps. Seul, dans l'angle inférieur de droite, un petit torse féminin soigneusement modelé apparaît, *rari nantes*... rare et délicat spécimen de l'hellénisme persistant.

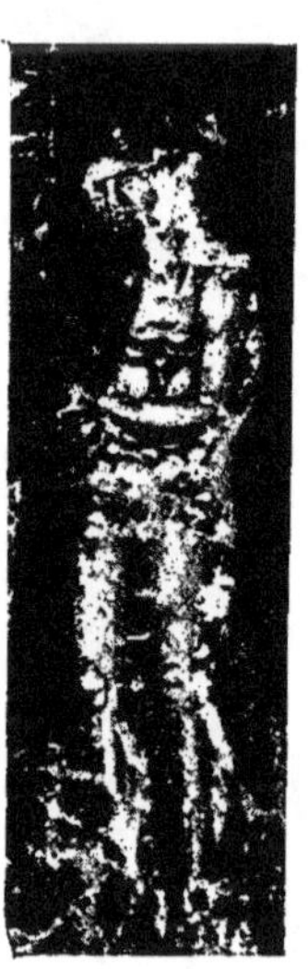

Fig. 29. — Adam et Ève (détail).
Homélies de saint Grégoire de Nazianze,
Ms grec 510, B. N.
(D'après Omont, *loc. cit.* Pl. XXIV.)
Sillon pectoral double.

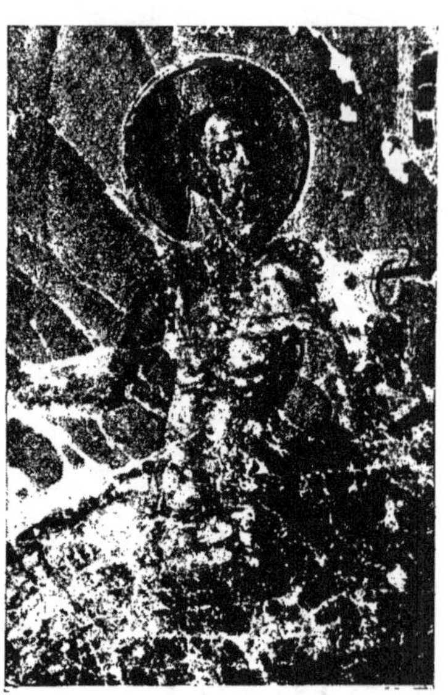

Fig. 30. — Job sur son fumier (détail).
Homélies de saint Grégoire de Nazianze.
Ms. grec 510.
(D'après Omont, *loc. cit.* Pl. XXVII.)
Sillon pectoral double.

Plus tard, à l'époque de l'art carolingien, ne pourrait-on trouver dans la forme singulière dont il vient d'être question la raison d'être de certains abdomens vraiment étranges et bien singuliers? L'artiste ayant tracé le second sillon sous-mammaire, s'est laissé entraîner sans motif et sans raison à répéter cette même forme tout le long de l'abdomen jusqu'à l'ombilic, semblant interpréter de cette façon les différents plans musculaires.

Et nous avons ainsi les figurations d'Adam et d'Ève de la Bible de Charles le Chauve.

Dans le même cadre peuvent entrer l'Adam et l'Ève de la Bible d'Alcuin rattachée à la même époque (fig. 32).

Il est évident que ces formes singulières, sortent en somme de la vérité et même de la vraisemblance. Mais si nous les rappelons ici, c'est qu'elles

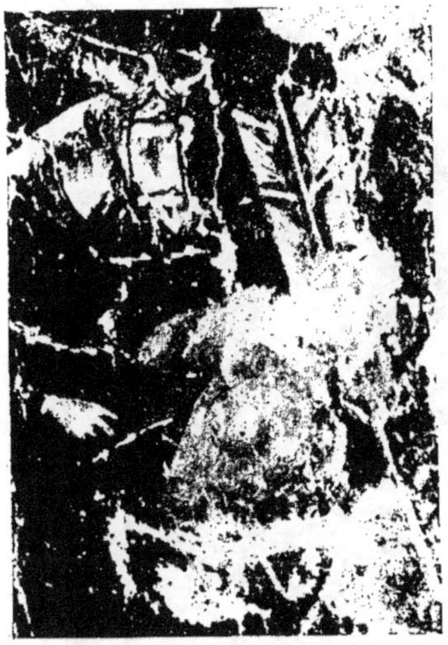

FIG. 31. — PASSAGE DE LA MER ROUGE.
Détail : Personnification de la mer Rouge.
Homélies de saint Grégoire de Nazianze, Ms. grec 510, B. N.
(D'après OMONT, *loc. cit.* Pl. XLII.)
Poitrine selon la formule antique.

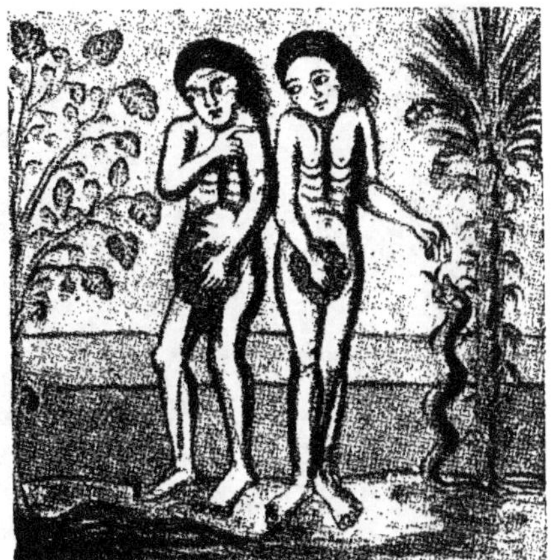

FIG. 32. — ADAM ET ÈVE.
Bible d'Alcuin, British Museum Londres.
Art carolingien. IXe siècle.
Forme singulière de l'abdomen pouvant être rattachée à la forme grecque.

nous semblent témoigner à leur façon de l'influence de l'hellénisme. Les preuves qu'elles apportent, parce qu'elles sont inconscientes pour ainsi dire et comme aveugles, ne sont peut-être pas à dédaigner.

La morphologie du dos est reproduite plus rarement que celle de la partie antérieure. Dans le passage de la mer Rouge du psautier de la Bibliothèque nationale, la personnification de l'abime qui se jette à la tête du Pharaon pour l'entraîner dans le gouffre, a mis l'artiste en présence d'un difficile problème qu'il n'a pu en somme résoudre qu'en partie. Cette figure devait probablement se présenter de trois quart de dos. L'artiste n'a pas su sacrifier entièrement la partie antérieure ainsi que le lui demandait la perspective,

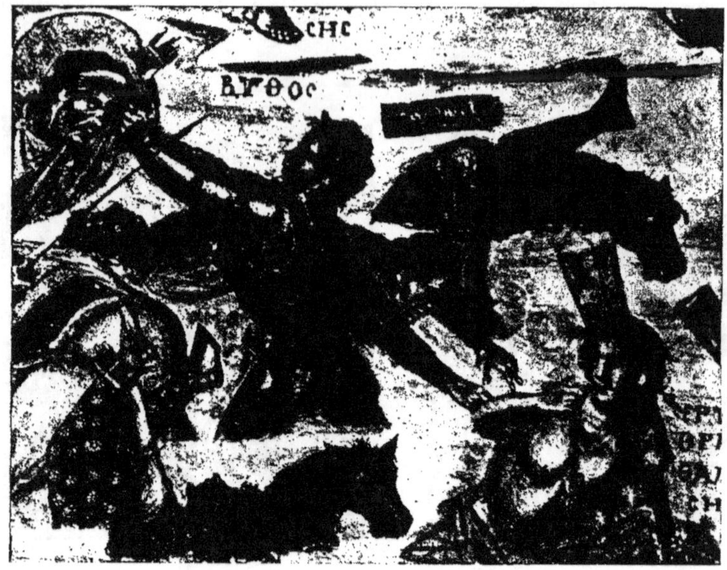

FIG. 33. — PASSAGE DE LA MER ROUGE.
Détail : Personnification de l'abîme.
(D'après OMONT, *loc. cit.* Pl. IX.)
Erreur manifeste de perspective du torse vu de trois quarts.

de telle sorte qu'il a accolé deux vues du torse que l'œil ne peut apercevoir en même temps et que la forme invraisemblable en est résultée (fig. 33).

Un peu plus loin, dans une autre allégorie qui symbolise le Sinaï, le torse nu du personnage assis sur un rocher est vu à peu près de dos. Toutefois un reste de l'inexpérience du dessin précédent subsiste et le profil de droite laisse trop saillante la région pectorale. Quant aux modelés, ils dénotent une ignorance assez profonde des formes qui n'en laisse pas moins deviner les principaux groupes musculaires. La plus lourde erreur est d'origine physiologique. Sur le bras droit qui est levé, le mouvement de bascule de l'omoplate n'est pas indiqué. Le sillon qui limite la région en dedans reste à peu près vertical au lieu d'être fortement oblique en bas et en dehors (1) (fig. 34).

Les lois de la perspective n'étaient point connues du dessinateur chrétien.

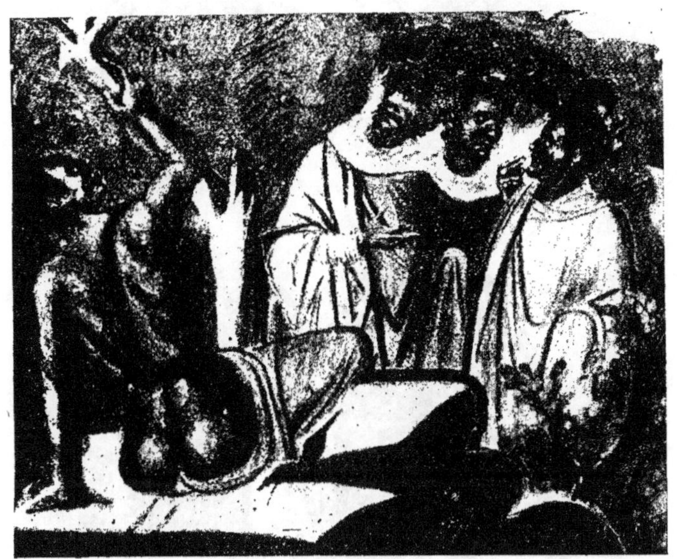

FIG. 34. — MOÏSE AU SINAÏ.
Détail : Allégorie du Sinaï.
(D'après OMONT. *loc. cit.* Pl. X.)
Erreur de modelé du dos dans l'élévation du bras.

Nous venons de voir l'étrange figure à laquelle il était arrivé en voulant représenter un personnage nu vu en arrière et de trois quarts (fig. 33). Mais il y a mieux encore. Lorsque le personnage est vu de dos et lève la tête, la face ne se présente pas en raccourci comme l'exigerait la correction du dessin.

(1) D'ailleurs, nous ne voudrions pas trop incriminer le savoir de l'artiste, car nous verrons plus loin que cette même faute a été commise par un peintre illustre de la Renaissance, Signorelli, qui lui, cependant, connaissait l'anatomie.

C'est que l'art chrétien primitif ignore la perspective et, par un artifice d'une naïveté osée, les traits se développent de face sur le masque renversé (fig. 35), comme si le spectateur pouvait voir en même temps deux plans perpendi-

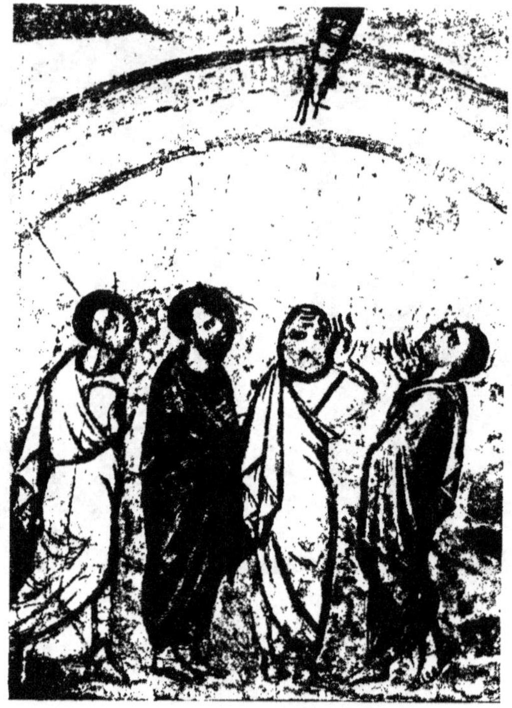

FIG. 35.
TROIS PERSONNAGES DONT L'UN VU DE DOS CONTEMPLE LA MAIN DE DIEU.
(D'après WILHELM RITTER VON HORTEL et FRANZ WICKHOFF, *loc. cit.*)
Étrange erreur de perspective dans le dessin de la tête.

culaires l'un à l'autre, le plan vertical postérieur sur lequel se dessine le dos de la figure et le plan horizontal supérieur où apparaît, sans aucune partie fuyante, le masque de la tête lorsqu'elle regarde en haut. C'est suivant les mêmes procédés enfantins que nous avons vu plus haut le dessin de la vue postérieure du torse comprendre sur le côté une partie de la face antérieure et que certains arts primitifs, l'art égyptien par exemple, lorsqu'ils représentent une maison, dessinent à la fois, pour n'en rien laisser ignorer, l'intérieur et les différents côtés du dehors.

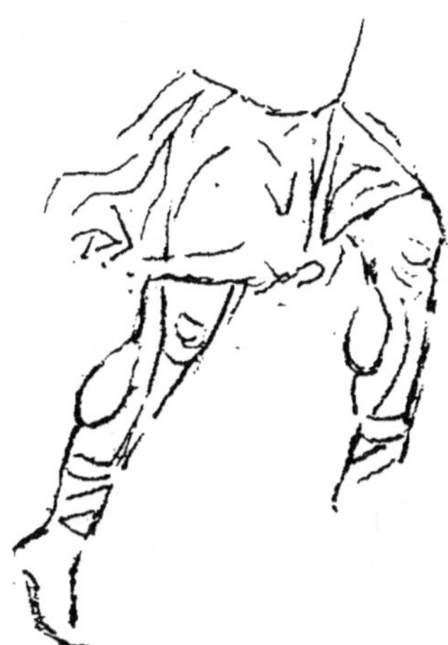

FIG. 36. — CROQUIS D'APRÈS LES HOMÉLIES DE SAINT GRÉGOIRE DE NAZIANZE.
Samson, Planche XLIX du manuscrit cité.

Le mollet de la jambe gauche se présente correctement; mais à droite il est loin d'être exact, car le modelé des deux faces de la jambe — face interne et face externe — ne doit pas être semblable comme il est représenté ici et en général sur toutes les miniatures de l'époque.

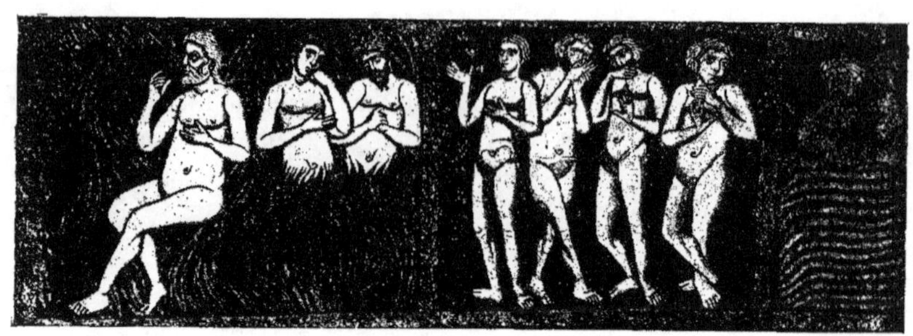

FIG. 37. — JUGEMENT DERNIER. MOSAÏQUE (DÉTAIL).
Cathédrale de Torcello.
(Phot. Alinari.)

MOSAÏQUES

Lorsque à la suite de sa reconnaissance officielle par Constantin, le christianisme sortit triomphant des catacombes, il eut besoin, pour abriter les fidèles et servir de siége aux cérémonies du culte, d'édifices nouveaux. Constantin les voulut vastes et somptueusement décorés. Dès le quatrième siècle, un grand nombre de basiliques s'élèvent à Rome, dont les trois plus vastes de la chrétienté, la basilique Constantinienne, la basilique Vaticane, la basilique de Saint-Paul; d'autres se construisent à Byzance devenue Constantinople, en Asie mineure, en Syrie, en Palestine, jusqu'en Gaule.

Aux siècles suivants, le mouvement continue et les célèbres édifices de Ravenne, le baptistère des Orthodoxes (cinquième siècle), Saint-Apollinaire nouveau et Saint-Vital (sixième siècle) marquent l'apogée de l'art nouveau.

Les fresques ne suffisent plus à la décoration de ces nouveaux temples où sont prodigués les matériaux les plus rares et les plus précieux. La mosaïque romaine grise et terne se transforme en quittant le sol pour couvrir avec l'émail d'un revêtement éclatant et somptueux les murs et les coupoles.

La décoration s'inspire de l'art des catacombes. Les motifs d'ornementation païens persistent. Le symbolisme s'affirme triomphant. Et la reproduction des scènes historiques de l'Ancien et du Nouveau Testament, se précise et se complète. Grégoire le Grand n'a-t-il pas dit que les peintures dans les églises doivent remplacer les livres pour les illettrés? Le peuple apprend ainsi ce qu'il doit savoir de la religion et si les artistes exécutent, c'est le clergé qui commande et définit les sujets à représenter.

Dans cette décoration considérablement étendue, les figures nues ne tiennent guère plus de place que dans les catacombes. Celles qui existent

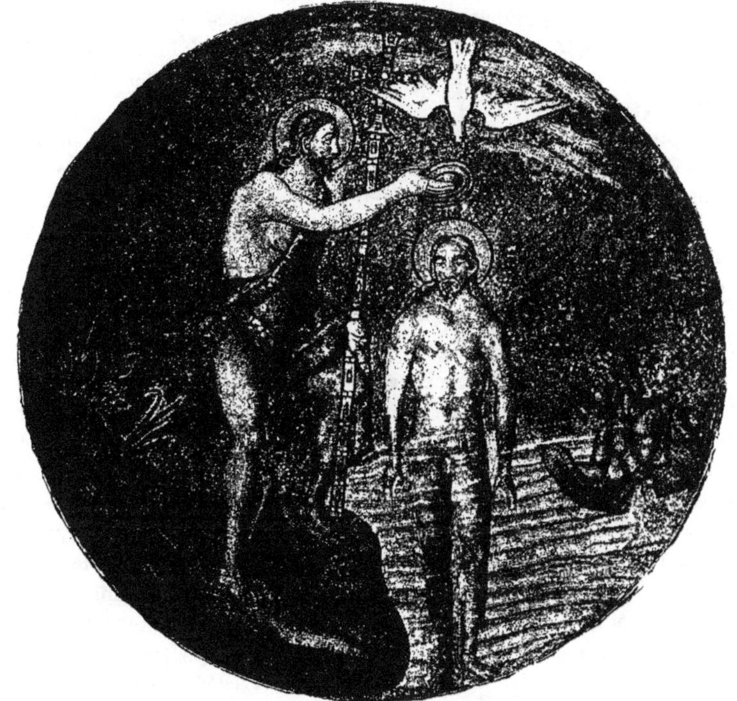

Fig. 38. — Le Baptême du Christ.
Mosaïque du Baptistère de Ravenne.
(Alinari, phot.)
Formule du nu antique.

suffisent pour montrer qu'elles se rattachent comme les précédentes à la tradition hellénique.

Les mosaïques des premières basiliques chrétiennes de Rome du quatrième siècle ne nous ont offert aucun exemple de nu. Il est vrai que beaucoup de ces mosaïques ont disparu. Une des plus anciennes, Sainte-Constance (mausolée du Baptistère) a vu sa coupole entièrement détruite. Par un dessin du dix-septième siècle qui en reproduit la décoration, et, par ce qui reste des mosaïques du pourtour, on constate les analogies les plus grandes avec la décoration des catacombes, scènes de vendange, mythe d'Eros et Psyché, colombes groupées au pourtour d'un vase, etc. Une des petites absides latérales montre le Christ entre deux apôtres. Son visage est juvénile, un léger duvet couvre le menton, les longs cheveux d'un blond de miel retombent sur les épaules (1).

Mais au siècle suivant Ravenne nous présente deux exemples de nudité dans la figuration du baptème du Christ de deux baptistères célèbres. Ces baptistères sont rattachés à l'art byzantin, mais il n'y a pas lieu d'établir à ce sujet une distinction entre les deux formes de l'art chrétien, entre l'Orient et l'Occident, car il est certain qu'à cette époque Rome n'aurait pas conçu le nu autrement. Ces deux grandes compositions, dans un cadre circulaire, occupent le centre de la coupole, pendant qu'à l'entour la théorie des apôtres forme une zone pleine de mouvement. L'ordonnance est la même au baptistère des Orthodoxes et à celui de Sainte-Marie in Cosmedin, mais la première (fig. 38), à tous les points de vue, est bien supérieure. La scène comprend les personnages habituels : au milieu le Christ debout à demi plongé dans les eaux du Jourdain qui laissent paraître par transparence la partie inférieure du corps. D'un côté, monté sur les rochers de la rive, saint Jean verse l'eau lustrale sur la tête de Jésus, de l'autre la personnification du fleuve émerge des eaux. Le Christ fait face au spectateur très légèrement hanché à droite, la jambe gauche étant un peu fléchie. Les deux bras retombent, souples et en demi-pronation naturelle symétriquement de chaque côté du corps. La tête est fine, bien que le nez droit soit un peu fort. La barbe, en une seule pointe, est frisée et les cheveux longs bouclés retombent sur les épaules.

On a comparé cette figure, à cause de l'attitude générale, aux Apollons archaïques de l'art grec. Mais l'assimilation est assez lointaine, les anciens couroi ont, ainsi que nous l'avons vu au volume précédent, une roideur de tout le corps et des formes frustes bien éloignées de ce que nous observons ici. En effet, le torse de ce Christ est soigneusement et habilement modelé. Ses formes se rattachent au type grec par le plein-cintre thoracique se terminant en bas à droite par une saillie qui rappelle l'aileron des grandes

(1) Muntz. Notes sur les mosaïques chrétiennes d'Italie. *(Revue archéologique,* 1875),

ques et par les plans des muscles droits de l'abdomen dessinés sans talité. Il s'en éloigne toutefois par la chute des épaules et l'étroitesse bassin. Néanmoins, l'influence d'un modèle grec est indiscutable. Mais

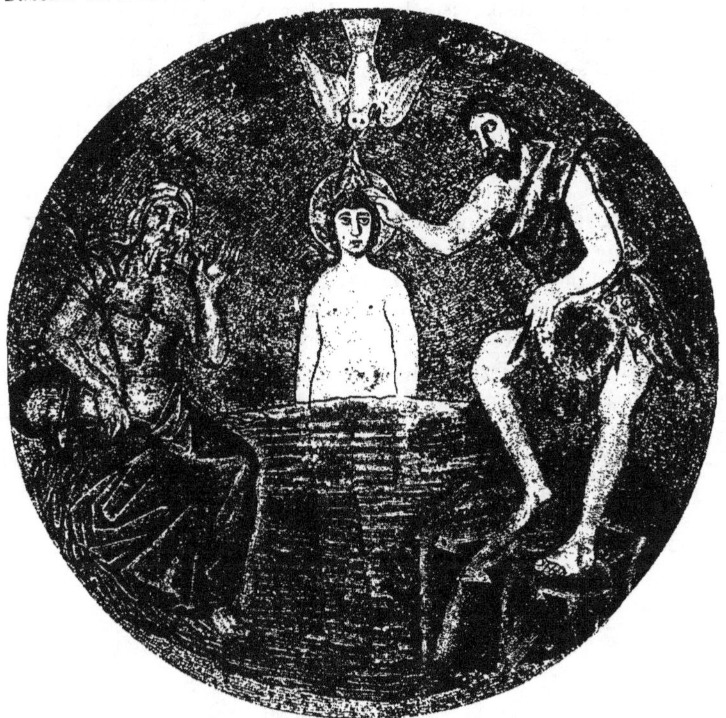

Fig. 39. — Le Baptême du Christ.
Église de Sainte-Marie in Cosmedin. Ravenne. Ve siècle.
(Alinari, phot.)
Formule du nu antique.

faut le chercher à une époque plus avancée et plutôt aux temps de la écadence qu'à la période de l'archaïsme.

A Sainte-Marie in Cosmedin, le dessin est beaucoup plus incorrect (fig. 39). Mais la composition, dans son ensemble, a de sérieuses qualités. Les personnages remplissent mieux le champ réservé à la scène et la figure du Christ, ur qui doit se concentrer l'attention, occupe juste le milieu. Le Jourdain, sous la forme d'un vieillard à longue barbe et à longs cheveux blancs, assis au bord du fleuve, les jambes voilées d'une draperie, fait heureusement équilibre à saint Jean-Baptiste dont la tête aux longs cheveux plats et à la barbe fournie est d'un réalisme que n'a pas le saint Jean des Orthodoxes d'un type un peu affadi avec la barbe plus courte et les longs cheveux frisés. Quant au Christ, malgré ses traits un peu grossiers, il a la figure d'une grande jeunesse. Il est sans barbe avec de longs cheveux ondulés retombant sur les épaules. Il a le nez droit, de grands yeux et la bouche est d'un joli dessin. Par contre, son corps est d'un modelé rond et sans accent. Toutefois on ne peut nier que le volume du bassin et des cuisses n'accentue, par le caractère un peu efféminé qui en résulte, le caractère de jeunesse de toute la figure.

En résumé, à Sainte-Marie in Cosmedin, comme aux Orthodoxes, l'influence hellénique est hors de conteste non seulement par la présence des figures allégoriques mais aussi par les modelés que révèle l'étude du nu.

L'art chrétien jusqu'au dixième siècle, quelle que soit la variété de ses manifestations, ne connaît d'autres formes de la figure humaine que celles qui lui viennent de la Grèce. Il n'en est plus de même dans la suite, et l'art byzantin, ainsi que nous l'allons voir, ajoute aux réminiscences helléniques des traits empruntés à l'Orient qui persisteront jusqu'au seuil de la Renaissance.

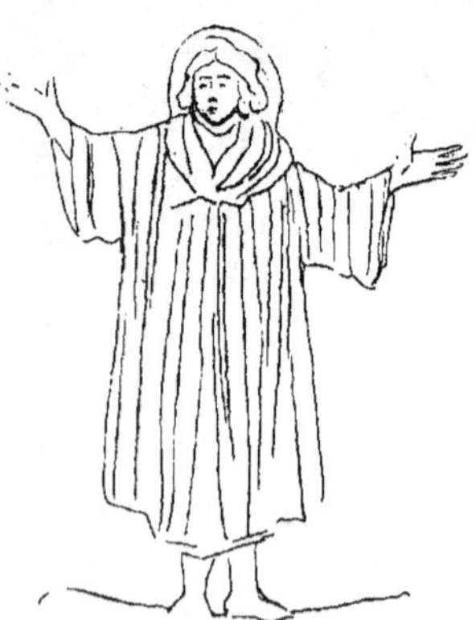

Fig. 40. — Orante d'un arcosolium du cimetière de Saint-Callixte (deuxième moitié du IIIe siècle.)
(D'après Venturi, *Storia dell'arte italiana*, V, p. 19.)

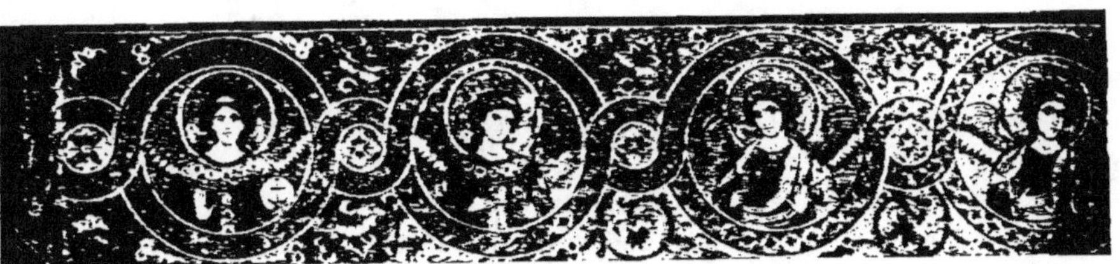

FIG. [illegible]. — CATHÉDRALE DE MONREALE. SUITE DE MÉDAILLONS D'ANGES ENCADRANT LES SCÈNES DE LA TENTATION.

ART BYZANTIN

Né aux rives du Bosphore, sur les confins de l'Orient et de l'Occident, l'art byzantin subit la triple influence de la Grèce, de Rome et de l'Asie. Et de ces éléments divers, le goût hellénique de la mesure et le luxe asiatique, le christianisme compose un art d'une originalité nouvelle faite de mesure, de puissance et de simplicité.

Ainsi s'explique la complexité de cet art que nous ne pouvons suivre dans ses détails et dont nous nous contenterons d'esquisser les grands caractères.

L'architecture emprunte à Rome et à Ninive la technique des voûtes hardies et des coupoles gigantesques dont sont composées les églises.

Leurs vastes parois intérieures n'en restent pas nues et l'appareillage de briques qui les forme est entièrement recouvert de mosaïques, d'émaux aux couleurs éclatantes où dominent l'azur, la pourpre et l'or.

Mais la sculpture compromise avec le monde païen n'y a pas sa place. L'art par excellence de la forme, la statuaire, est proscrite. La figure humaine est bien tolérée en peinture, mais la plastique n'a plus pour la représenter que des formules empruntées aux arts qui ont précédé, formules lentement élaborées et réduites bientôt à une sorte de schéma rigide et [illegible].

Ainsi réduit dans ses moyens d'expression, l'art, auquel la ronde-bosse était interdite, n'en sut pas moins répondre à ce que les grands dirigeants de la chrétienté attendaient de lui, l'enseignement par l'image. L'histoire du christianisme, Ancien et Nouveau Testament, décora de scènes variées et choisies les parois des nouvelles basiliques ou les pages intimes des missels qui devinrent ainsi, pour l'édification et l'instruction des fidèles, le plus riche illustration de l'histoire religieuse. Toute l'iconographie chrétienne vient de là.

Après le nu simplifié, réduit à une manière d'abstraction, c'est la draperie antique dont les plis multipliés et rigides sont étroitements appliqués sur ce nu plus ou moins hypothétique habillant le Christ, les apôtres, la Vierge, les prophètes, tous les personnages de l'Écriture et jusqu'aux anges. Les profanes, empereurs. impératrices et courtisans, sont au contraire vêtus de longues robes somptueusement décorées de broderies et de pierres précieuses sous lesquelles le corps disparaît entièrement.

C'est ainsi que l'art byzantin, avec un dessin imparfait, sans perspective ni raccourci, n'en sut pas moins, en des scènes très vivantes, admirablement exprimer ce qu'il raconte. Les fidèles comprennent ce langage qui ne vise point à les charmer mais à les instruire. A côté de l'histoire, le symbolisme et la liturgie ont leur part. Les anges, par exemple, vêtus de dalmatiques blanches, s'empressent pour célébrer les rites sacrés, etc.

Mais comment croire que la foule assemblée sous ces voûtes grandioses, tout en s'instruisant, demeurait insensible à l'éclat de ces scènes peintes en mosaïques dont la multiplicité constituait la plus merveilleuse décoration ?

Le fait saillant déjà signalé, mais sur lequel il importe de revenir ici, c'est le caractère cosmopolite de l'art chrétien, partout semblable à lui-même, en Orient comme en Occident. C'est ainsi que, dans les mosaïques qui restent des basiliques romaines, l'Orient se décèle aisément. A Sainte-Pudentienne (fin du quatrième siècle), par exemple, le Christ est assis sur un trône étincelant de pierreries d'un luxe tout oriental et la grande croix qui domine la scène toute constellée de gemmes est la reproduction de celle que Constantin fit élever sur le Golgotha : à Sainte-Marie-Majeure (432-440), la Vierge porte le costume éclatant d'une impératrice (1) : et à Ravenne, le bon Pasteur de Galla Placidia (vers 440) n'est plus l'humble berger des catacombes, mais un souverain vêtu de la tunique d'or et du manteau de pourpre et dont la houlette crucifère ressemble à un sceptre. » Et il n'y avait certainement pas plus de différence entre les monuments romains et ceux de Constantinople, qu'entre ces derniers et ceux des autres grandes villes d'Orient, comme Jérusalem, Ephèse ou Alexandrie.

Au quatrième et au cinquième siècle, avant et pendant le règne de Cons-

(1) Bréhier, *l'Art byzantin*, p. 28.

tantin, ce même art règne partout aussi bien à Rome qu'à Constantinople et dans les grandes villes de l'empire, si bien qu'à cette époque il est difficile de délimiter ce qu'on a appelé l'art chrétien romain par opposition à l'art byzantin.

A l'époque de Justinien (527-565), l'art byzantin, dans tous les domaines, sous l'impulsion de ce monarque, prit un développement considérable et entra dans un véritable âge d'or, qui se manifeste à Sainte-Sophie de Constantinople, le monument le plus grandiose de l'art byzantin, et rayonna en Asie Mineure, en Syrie et jusqu'en Égypte. Il faut y rattacher également les édifices religieux qui s'élèvent aux cinquième et sixième siècles, en Occident, à Ravenne : mausolée de Galla Placidia, baptistère des Orthodoxes, puis Saint-Vital, Saint-Apollinaire nouveau et à Rome Saint-Cosme et Saint-Damien, etc.

Enfin l'art en Occident, aux septième et huitième siècles, entre en décadence pour, après le réveil de l'art carolingien au neuvième siècle, disparaître.

Par contre, c'est le moment où s'affirme en Orient, après la crise suscitée par les Iconoclastes (728-842), une renaissance de l'art byzantin aux dixième, onzième et douzième siècles qui se manifeste sur tous les points de l'Empire, en Grèce (Daphni, onzième siècle), à Venise (Saint-Marc, onzième siècle), à Kiew (Sainte Sophie, dixième siècle), en Sicile (la Martorana, 1143), Cefalù (1148), la Palatine (1154-1166), Monréale (1174-1189). Le douzième siècle marque l'apogée de ce second âge d'or. Les couvents du Mont-Athos l'abritent au treizième siècle, fixé pour toujours en des formules qui ne changeront plus.

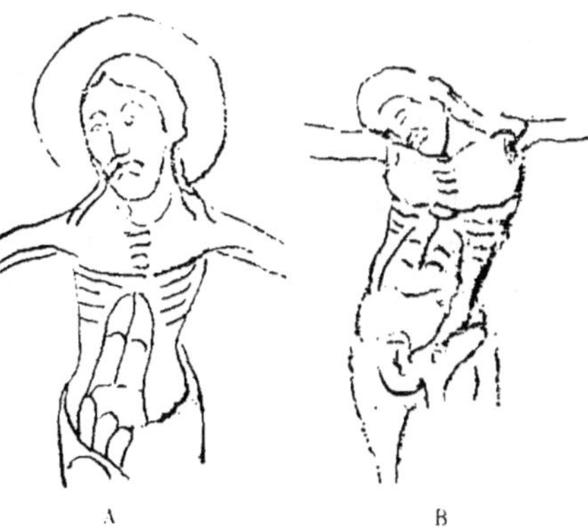

FIG. 42. — DEUX EXEMPLES DE CRUCIFIX PEINTS DU XIIe ET DU XIIIe SIÈCLE.

(D'après VENTURI, *H^re^ de l'art italien.*) A, Lucca galleria; B, Fabriano Museo, Fresque. *(Phot. Gargiolli.)*

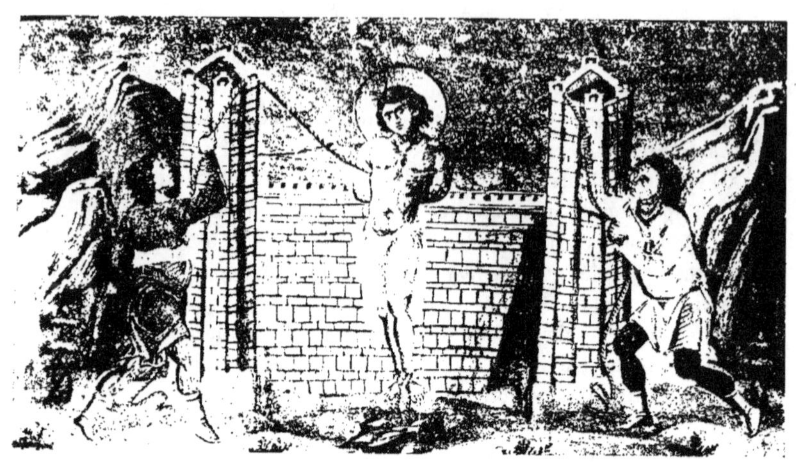

FIG. 43. — EXÉCUTION D'UN MARTYR.
(D'après le *Ménologue de Basile II*. Cod. Vaticano greco 1613. Torino MDCCCCVII, p. 24.)

CONSTITUTION DU « NU » BYZANTIN

Lorsque l'artiste chrétien avait à exécuter une figure nue, jamais, est-il besoin de le dire, il ne songea à recourir à la nature. Les pères des premiers siècles, qui avaient condamné avec tant de véhémence les statues de marbre des dieux et des déesses antiques, pouvaient-ils tolérer la vue de la nudité contemporaine même dans un but sacré, d'autant plus que l'art était alors presque exclusivement entre les mains des moines ? Les anciens Grecs apprirent leur métier d'artiste dans les gymnases où les athlètes entièrement nus les initiaient aux formes du corps humain et aux mouvements les plus variés. De nos jours, privés des enseignements du gymnase, l'artiste a recours à une science spéciale fondée sur l'anatomie et aidée du « modèle d'atelier ». Mais ce dernier, pour faire son entrée dans les arts, dut même attendre jusqu'à une époque assez avancée de la Renaissance.

A aucun moment, l'art chrétien ne put user de cette ressource, la copie d'après nature. Il dut donc se contenter à ce sujet de l'imitation des arts qui l'avaient précédé et d'où il tirait des renseignements se traduisant fatalement en formules.

Tant que, par l'intermédiaire de l'hellénisme des grandes villes d'Asie méditerranéennes, l'art antique lui insuffla le goût de la réalité et l'amour de la nature, il réalisa quelques imitations intéressantes, et c'est ce que nous avons vu jusqu'ici dans les différentes formes d'art que nous avons étudiées, peintures des catacombes, miniatures des manuscrits, reliefs des sarcophages ou des plaques d'ivoire.

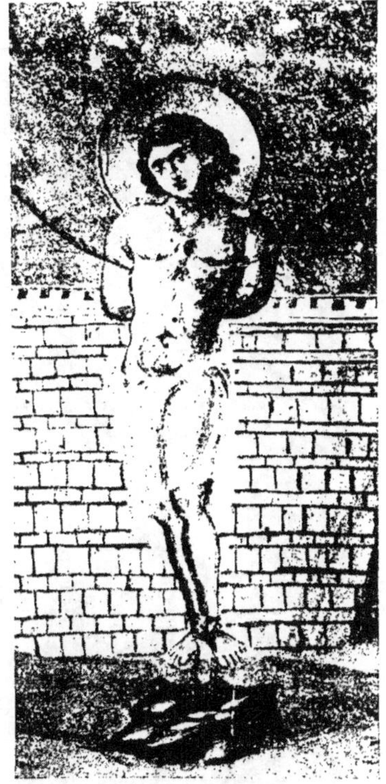

FIG. 44. — MARTYR SUSPENDU AU-DESSUS D'UN BRASIER.

Détail de la figure 43.

D'après le *Ménologue de Basile II*, Cod. Vaticano greco 1613. Torino MDCCCCVII. p. 24.)

Modelé du torse un peu incertain mais se rattachant encore à la formule antique.

Mais, à un moment donné, sous l'influence de l'Orient, il s'opéra une sorte de révolution dans la formule du corps humain où ce qu'elle pouvait encore renfermer de réalité et de naturel tend à disparaître pour faire place à une sorte de schéma rigide et compassé en même temps qu'il s'y ajouta des formes abstraites venues du plus lointain Orient. Il nous semble voir dans les pages d'un manuscrit célèbre du onzième siècle, le Ménologue de Basile II, les marques de cette évolution et comme la naissance d'une nouvelle formule.

Dans les miniatures qui illustrent le volume et dont beaucoup représentent les supplices des martyrs, de nombreux torses sont nus. Sur un certain nombre, le modelé des côtes et des muscles grands droits de l'abdomen est traité de façon un peu indécise. On dirait que l'auteur, encore attaché à la formule hellénique, ainsi qu'on le voit, par exemple, sur le baptême du Christ (p. 37) ou sur le martyr, page 45 (fig. 44) cherche à s'en dégager pour atteindre à quelque chose de plus net et de plus définitif. Et l'on constate alors sur beaucoup d'autres torses une délimitation du ventre incisive et brutale qui

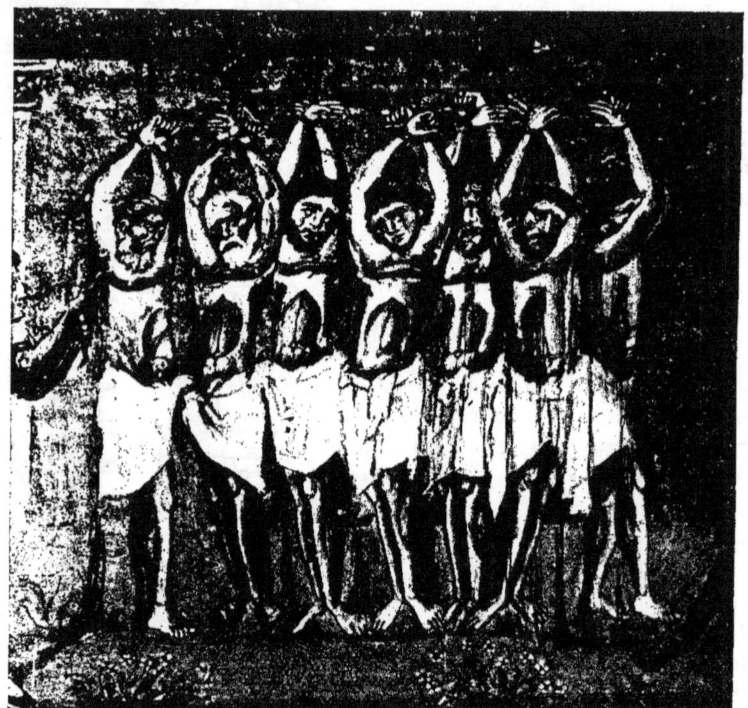

Fig. 45. — Martyrs suspendus par les mains.
(D'après le *Ménologue de Basile II*, p. 138.)
Délimitation brutale de l'abdomen et sa division en deux parties au niveau de l'ombilic.

finit par ressembler à une pièce d'armure, à une manière de bouclier arrondi par en bas, au sommet plus ou moins aigu, marqué à son centre de la dépression ombilicale (fig. 45). Puis les subdivisions du ventre ainsi délimité ne sont pas moins accentuées, mais il y a des hésitations sur leur nombre. La plus fréquente divise simplement le ventre en deux parties, elle passe par l'ombilic et elle est souvent la seule (fig. 45). D'autres fois une autre division apparaît au-dessus et réalise la forme à six compartiments (fig. 46). empruntée, dit avec raison M. Millet, à la mosaïque romaine (fig. 47).

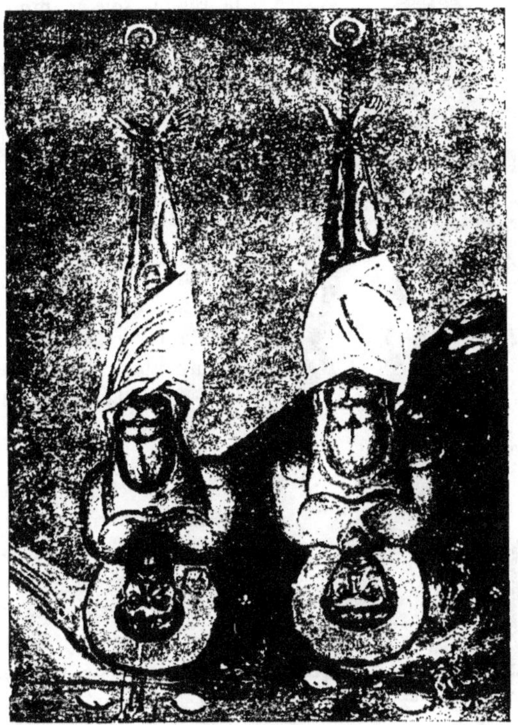

FIG. 46. — DEUX MARTYRS SUSPENDUS PAR LES PIEDS.
(D'après le *Ménologue de Basile II*, p. 157.)
Délimitation brutale du ventre. — Division tripartite.

Jusqu'ici la nouvelle formule, que nous appellerons byzantine, ne diffère de la formule hellénique que par l'accentuation des limites et des subdivisions de l'abdomen qui ne s'en rattache pas moins à l'art gréco-romain. Mais voici qu'un nouvel élément intervient. Il se place dans la moitié supérieure du torse au niveau du thorax. On remarque entre les deux pectoraux un certain nombre de traits horizontaux qui occupent la région sternale et ne la dépassent guère. Leur nombre varie entre trois et cinq. De plus la région sous-mammaire est parcourue dans toute sa hauteur par des lignes courbes concentriques dont la signification est évidente et qui représentent les côtes (fig. 48). Mais d'où viennent les petites lignes horizontales de la région sternale? L'artiste byzantin ne les a pas copiées dans l'art grec où elles n'existent pas, de même d'ailleurs que les côtes toujours masquées sur le torse grec, comme dans la nature, par des modelés musculaires qui bouleversent les formes osseuses de la région.

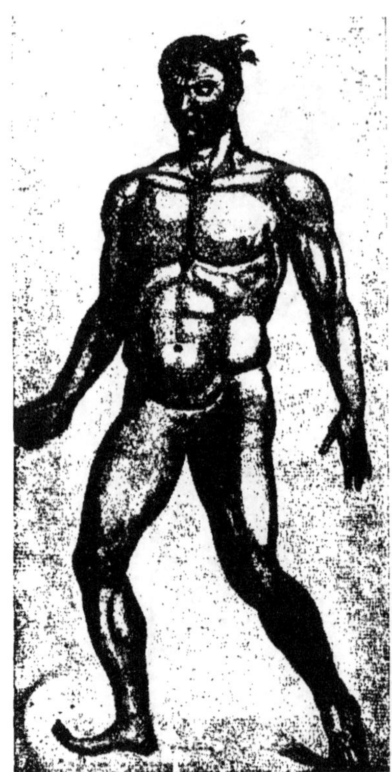

Fig. 47. — Athlète.
Mosaïque des Thermes de Caracalla.
Musée de Latran, Rome.
(Alinari, phot.)
Modelé gréco-romain de l'abdomen devant avoir servi de modèle à la division de l'abdomen sur les figures précédentes.

Ces formes nouvelles presque toujours associées, lignes sternales, brutale accentuation des côtes, l'artiste byzantin qui n'a pu les emprunter à l'art grec, ne les a pas davantage prises dans la nature. Elles lui viennent de modèles d'un art ayant existé antérieurement.

Si l'on veut bien se reporter au vol. IV de cet ouvrage et au chapitre consacré à l'art assyrien, on verra comment s'est constitué dans cet art le dessin du torse. Il consiste essentiellement dans le dessin des côtes sous-mammaires et sous-scapulaires (à la face postérieure) et dans des lignes sternales plus ou moins ondulées. J'ai montré comment l'artiste assyrien avait puisé ces formes dans son propre fonds (fig. 326, vol. IV). Il convient d'y ajouter l'accentuation sous forme d'une petite boule de l'extrémité interne de

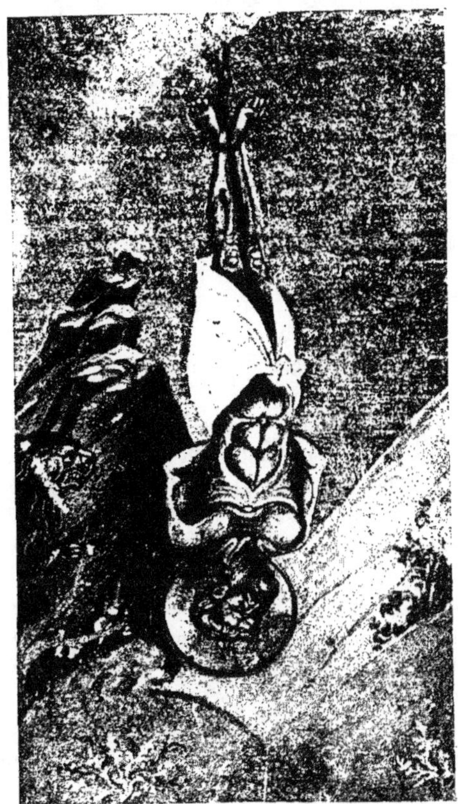

FIG. 48. — MARTYR SUSPENDU PAR LES PIEDS.
(D'après le *Ménologue de Basile II*, p. 296.)
Division de l'abdomen comme aux figures précédentes. En plus, côtes mammaires, raies sternales et languette xyphoïdienne.

la clavicule que nous retrouvons également dans la formule byzantine.

En somme, ce sont là des formes que l'Assyrie n'a empruntées à personne — si ce n'est, sur certains points, à la Chaldée — qu'elle a créés, les puisant dans une singulière interprétation de la nature.

L'artiste chrétien, par contre, qui se les est appropriées, l'a fait sans discernement et il les a copiées sans se rendre compte de la réalité à laquelle elles pouvaient correspondre; d'où l'accentuation schématique et parfois incorrecte de ces formes qui les éloigne encore du détail naturel qu'elles tendaient à représenter. C'est ainsi que les lignes sternales en nombre irrégulier sont ou trop courtes ou trop longues, que les côtes sous-mammaires exagèrent leur courbe et leur nombre et que la petite boule qui figure la tête claviculaire se trouve reportée trop en dehors parfois jusqu'au sommet de l'épaule, Il faut ajouter, au bas du sternum, le dessin très apparent de l'appendice xyphoïde.

Si l'on voulait étendre les affinités qui existent entre l'art assyrien et la forme byzantine, on pourrait relever, sur cette dernière, la brutale accentuation des formes musculaires cernées comme par le profond sillon familier à l'art assyrien dans ses grands bas-reliefs et cela non seulement aux formes abdominales ou thoraciques, mais aussi le long des membres où certaines saillies musculaires sont traitées de la même façon, par exemple au membre supérieur le long supinateur et à la jambe les muscles du mollet, dont le relief inconsidéré se voit aussi bien en dehors qu'en dedans où il devrait seulement exister.

Comment s'est affirmée cette action de l'Assyrie sur l'art chrétien, par quelles voies, et dans quels lieux, dans quels centres, le contact s'est-il établi? Peut-être dans les monastères des confins de la Mésopotamie, peut-être plus loin encore. Il ne nous appartient pas de le rechercher. Mais aujourd'hui que l'archéologie tend à reporter dans un Orient toujours plus lointain les origines de l'art chrétien, aujourd'hui que M. Strzygowski les déplace jusque dans les vallées du Tigre et de l'Euphrate, jusque dans la Mésopotamie septentrionale, jusque dans l'Arménie et dans l'Iran, notre hypothèse n'offre rien d'invraisemblable ni d'imprévu.

Ainsi se confirmerait la double action sur l'art chrétien de l'hellénisme et de l'Orient. Ainsi cette double influence se résumerait-elle dans la figure humaine, ce microscome de la cosmogonie du moyen âge (1), l'abdomen

(1) Voyez une miniature de l'*Hortus deliciarum* d'Herrade de Landsberg, reproduite par Male, *l'Art religieux du douzième siècle*, page 317.

venant de la Grèce et le thorax de l'Orient. C'est ainsi que se trouva créée cette formule qu'on peut appeler *byzantine* du nom de l'art qui la vit naître ou, si l'on veut rappeler ses origines, *gréco-assyrienne*. Cette singulière formule eut un succès considérable, elle traversa tout l'art byzantin, qui la transmit à l'art roman et les œuvres de la première Renaissance en héritèrent.

Nous allons suivre son évolution dans les diverses formes de l'art :

Peintures, miniatures, fresques, mosaïques et sculptures : bas-reliefs, rondes-bosses, ivoires.

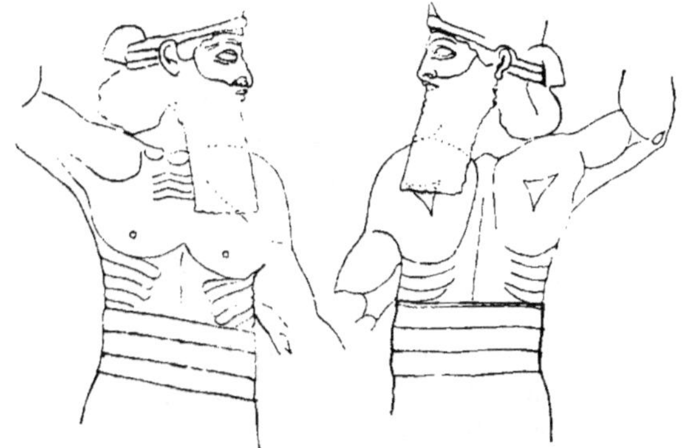

Fig. 49. — Torses de deux rois assyriens empruntés a un bas-relief du Musée Britannique représentant une scène mythologique.

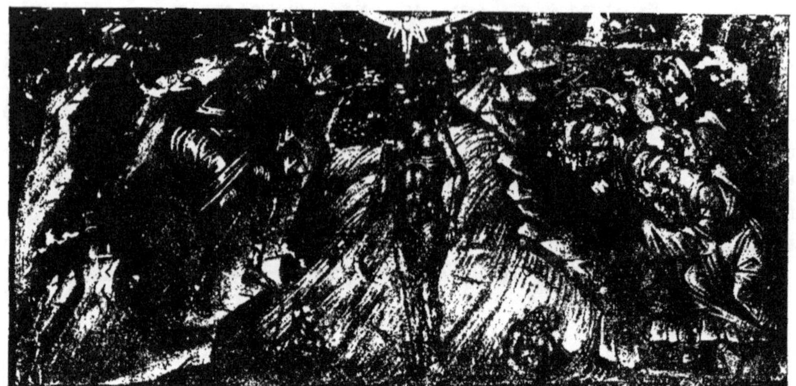

Fig. 50. — Baptême du Christ.
Tétraévangile. Bibliothèque nationale, Paris. Manuscrits grecs, 54.

MINIATURES

A côté du Ménologue de Basile, on peut citer d'autres miniatures de la même époque où la même formule se retrouve. Elle n'est pas toujours aussi complète que nous la montre par exemple la fig. 48 reproduite plus haut. On comprendra que l'artiste, suivant son goût, pouvait ne s'en approprier qu'une partie. C'est ainsi que dans les Homélies de la Vierge de la Bibliothèque vaticane, on voit, sur une miniature représentant la descente aux limbes, plusieurs groupes de petites figures entièrement nues, sur lesquelles le ventre nettement cerné n'est divisé qu'en deux parties par un trait horizontal passant par l'ombilic. Il n'y a pas de lignes sternales, mais sur d'autres les côtes sous-mammaires sont indiquées.

Il est curieux de constater que si, à partir du onzième siècle, la formule gréco-assyrienne est fréquente, mais non toujours complète, on ne la voit jamais, du moins à notre connaissance, au cours des siècles antérieurs.

Nous avons déjà eu l'occasion de parler du manuscrit de Paris n° 510 des *Homélies* de Grégoire de Nazianze, qui nous a montré sous la forme hellénistique des nus fort curieux très éloignés de la formule que nous étudions ici. C'est pour cette raison que bien qu'attribués au dixième siècle, nous avons cru devoir les rattacher à un prototype du cinquième ou sixième siècle, époque à laquelle la formule hellénistique était seule en honneur. Mais les

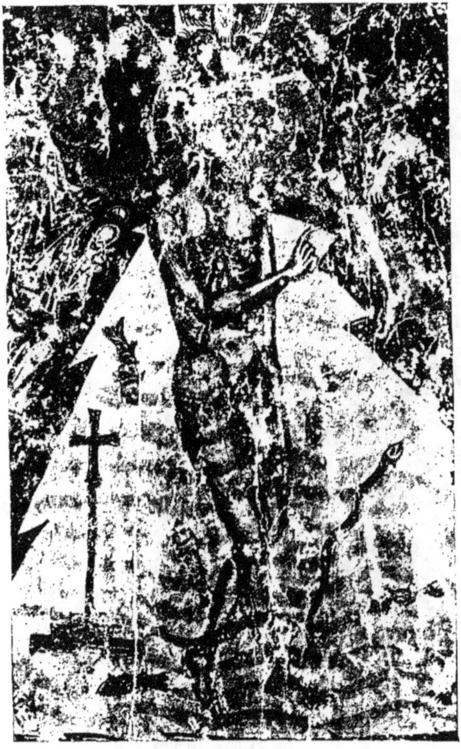

Fig. 51. — Baptême du Christ (détail).
Miniature du *Manuscrit syriaque* 355, f° 2v, Bibliothèque nationale.
Formule gréco-assyrienne du torse.

œuvres de cet illustre Père de l'Église eurent un succès considérable et l'on en fit au dixième siècle un grand nombre de copies. Ces doubles ne sont naturellement pas tous de la même main et n'ont pas la même valeur. Saint Grégoire de Nazianze vivait au quatrième siècle (329-389). Il n'est pas surprenant de voir dans des copies de ses œuvres datées du dixième ou onzième siècle, la formule née vers cette dernière époque.

Or, sur un autre manuscrit également à la Bibliothèque nationale, n° 533, on peut constater, d'après la reproduction qu'en donne M. Millet, que la formule du nu s'éloigne de la tradition hellénique et revêt le type byzantin (1). Bien que d'une allure générale souple qui trahit l'influence hellénique, la figure d'un Christ dans les eaux du Jourdain porte assez nettement accentuées les subdivisions abdominales, les côtes sous-mammaires et les côtes sternales, ces dernières plus confuses. Toutefois, si nous remontons aux sources, la miniature originale porte au travers du corps les lignes bleues de l'eau que l'appareil photographique a négligées et qui enlèvent à la précision des formes sur lesquelles nous insistons.

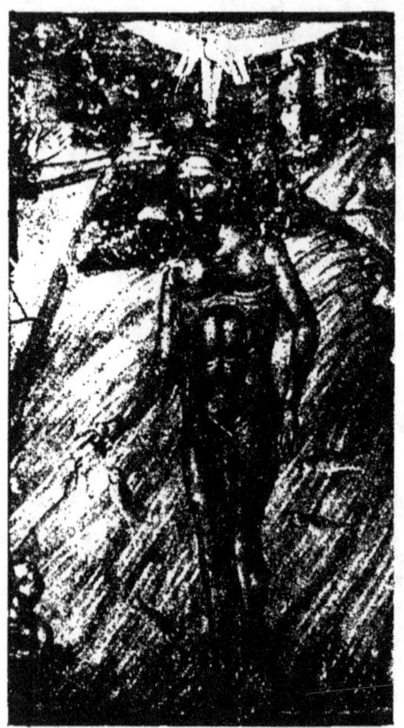

Fig. 52. — Baptême du Christ (détail).
Tétraévangile de la Bibliothèque nationale, Ms. gr. 54.
Formule gréco-assyrienne du torse très complète.

Il n'en est pas de même et le moindre doute ne saurait exister à cet égard sur une autre miniature à peu près de la même époque ou un peu postérieure (vers 1200). Il s'agit d'un baptême du Christ d'un très curieux manuscrit syriaque de la Bibliothèque nationale exécuté à Métilène, aujourd'hui Malatia en Arménie, non loin de l'Euphrate (2).

La figure du Christ dans le Jourdain a une roideur qui n'a rien de la grâce hellénistique (fig. 51). Elle est mal équilibrée et tombe en arrière.

(1) Millet, *Rech. Icon. év.*, fig. 129.
(2) Ce manuscrit n'est pas daté, mais je dois à mon excellent confrère M. l'abbé Chabot, membre de l'Académie des Inscriptions et Belles-Lettres, de le pouvoir attribuer à cette époque avec une approximation suffisante.

Les injures du temps ont fait disparaître presque entièrement la tête mais le torse est assez bien conservé et l'on peut constater, malgré l'inhabileté d'un dessin sans proportions, les divisions de l'abdomen, les côtes sous-

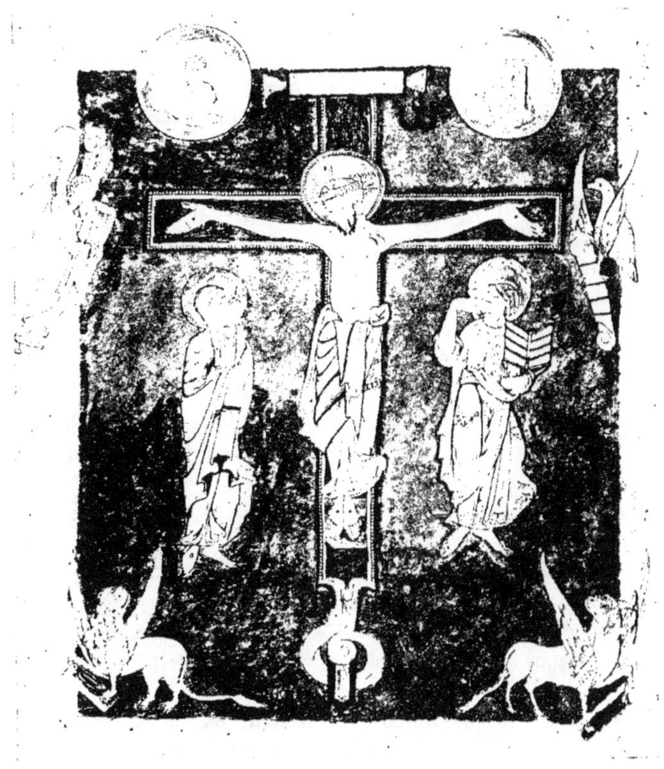

Fig. 53. — Crucifixion.
(D'après un *Manuscrit de Limoges*, XIIe ou XIIIe siècle. Ms lat. 11550, f° 6.)
Formule gréco-assyrienne du torse incomplète.

mammaires et les lignes sternales, le tout tracé avec une précision qui ne laisse place à aucune incertitude.

Aux siècles suivants, cette formule se précise encore, témoin cette miniature du Tétraévangile de la Bibliothèque nationale gr. 54, sur laquelle un Christ au baptême réalise un véritable type de la formule byzantine dans sa plus complète expression (fig. 52) reproduite par Millet, *loc. cit.*, fig. 149.

Mais à côté de ces précisions on trouve des variantes et des types fort incomplets. C'est ainsi que, sur l'Évangéliaire d'Iviron (Mont-Athos, douzième siècle), une Crucifixion sur laquelle les corps du Christ et des deux larrons n'ont que des traces indécises de la forme byzantine, pendant qu'à la même époque un Christ au baptême (1) de l'*Hortus deliciarium* la reproduit dans son entier. Sur un Christ dans un manuscrit de Limoges (fig. 53), les côtes sous-mammaires sont fortement marquées, mais les lignes horizontales du sternum sont remplacées par un seul trait vertical et l'abdomen est seulement sillonné de quelques plis horizontaux.

De ce Christ on peut rapprocher celui de la planche 87 de la *New Palæographical Society*, série II, d'après un manuscrit n° 157 *(Corpus Christi College)* datant de 1130. Cette miniature de l'école anglaise nous montre une curieuse stylisation de la formule gréco-assyrienne avec les côtes sous-mammaires bien indiquées mais les lignes droites sternales sont remplacées par de petites courbes ne dépassant pas la région sternale et le ventre est sillonné de trois lignes courbes sus-ombilicales dans la région que délimite latéralement l'angle xiphoïdien très aigu.

Le même recueil, pl. 140, donne un Christ en croix du psautier de la reine Mélanzine de la même époque sur lequel, à côté des côtes sous-mammaires, l'abdomen est marqué de divisions un peu fantaisistes mais plus proches de la forme byzantine.

Le Christ du manuscrit de saint Louis au Musée Condé à Chantilly montre les lignes horizontales du sternum bien précises et nombreuses (fig. 54).

Mais les côtes sous-mammaires n'existent pas et le ventre offre un mélange fort curieux de formes musculaires et de plis cutanés. Il est vrai que nous sommes au treizième siècle, au temps de Villard de Honnecourt dont nous verrons plus loin (p. 161) les singuliers et intéressants dessins qui n'offrent plus trace de la formule byzantine et dont les formes abdominales se rapprochent de celle que nous montre le manuscrit du Musée Condé.

(1) Reproduit par WILPERT.

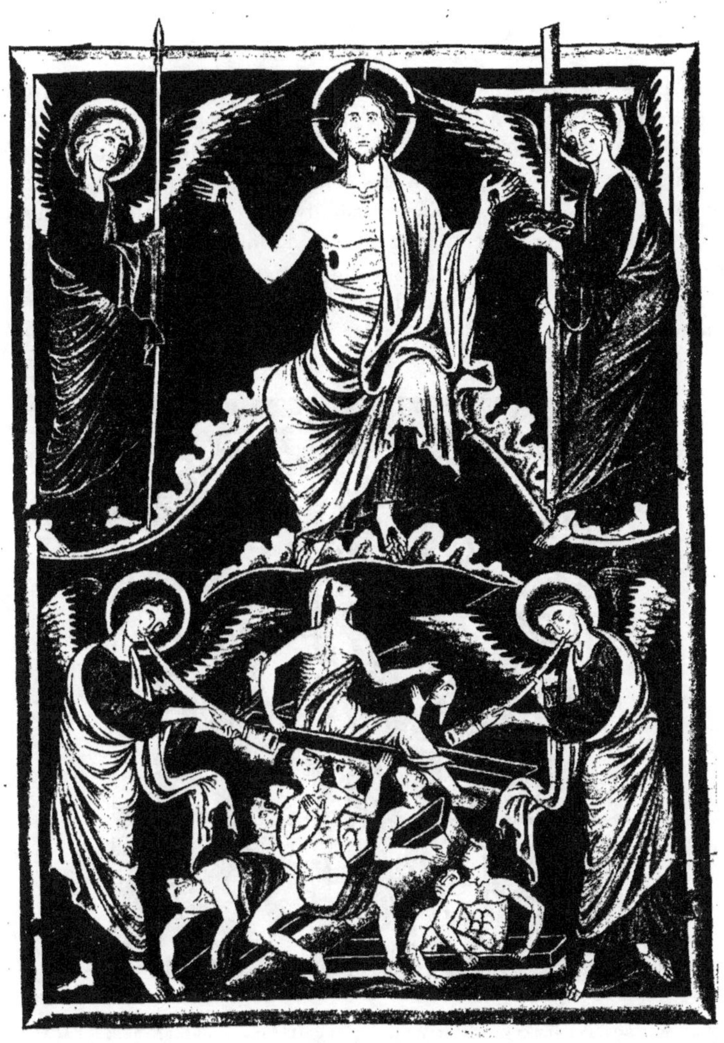

Fig. 54. — Le Jugement dernier.

Miniature du Psautier d'Ingeburge de Danemark dit aussi de saint Louis (folio 33, recto). Musée Condé, Chantilly, Ms 1696. XIIIe siècle.

(Phot. Giraudon.)

Formule gréco-assyrienne du torse très complète sur les différents personnages.

Une Bible moralisée du treizième siècle, dont trois fragments distincts étaient conservés à Oxford, à Paris et à Londres, vient d'être reproduite *in extenso*. Elle est ornée d'une quantité considérable de petites miniatures fort curieuses. Les petits personnages à grosse tête sont pleins de mouvement et d'expression. Les traits sont individuels et parfois caricaturaux. Les draperies ont le caractère byzantin et le nu lui-même provient de la formule ainsi qu'en témoignent le dessin du mollet et les détails intérieurs des torses (Christ, Adam et Ève, démons) qui, bien que très pâles, accusent nettement les lignes sternales, les côtes et les divisions de l'abdomen.

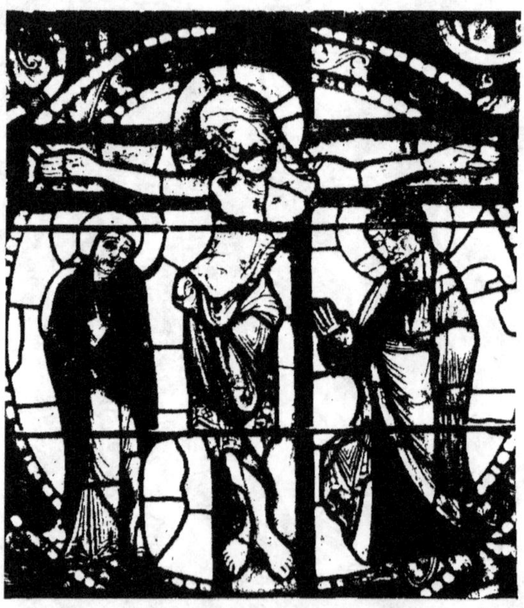

FIG. 55. — CATHÉDRALE DE CHARTRES. CRUCIFIXION, VERRIÈRE DE LA FAÇADE.

(D'apres Et. HOUVET, *Monographie de la cathédrale de Chartres*, Pl. 62.)

Les lignes sternales sont moins nettement indiquées sur notre reproduction que sur l'original. Sur un autre vitrail de la même cathédrale figurant le Baptême, ces mêmes lignes sternales sont encore plus accentuées et plus régulières mais les côtes sous-mammaires ne sont pas indiquées. (Voy. MALE, *l'Art religieux au douzième siècle*, fig. 98.)

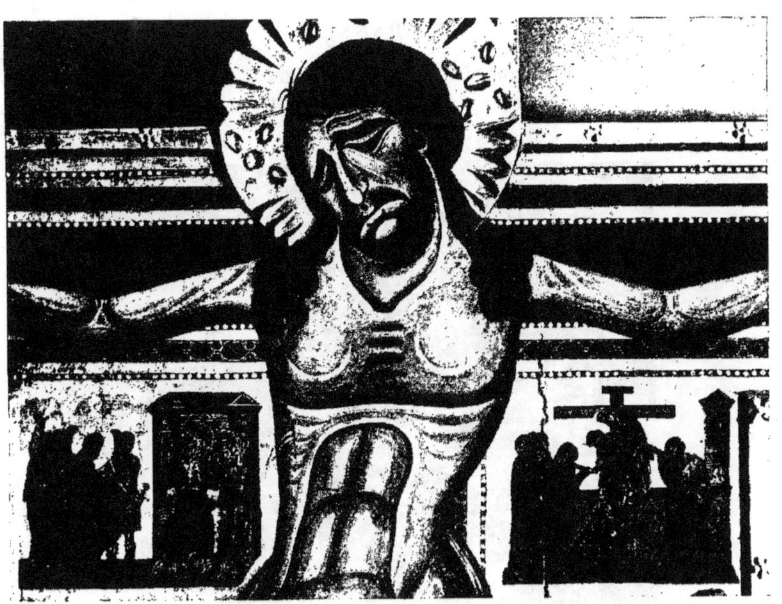

FIG. 56. — CHRIST EN CROIX (DÉTAIL).
XIIe siècle. *Florence, Galerie antique et moderne.*
(*Phot. Brogi.*)
Formule gréco-assyrienne parfaitement exprimée.

PEINTURES, FRESQUES ET TABLEAUX

L'examen des peintures, fresques et tableaux, donne les mêmes résultats. Il suffit d'en montrer quelques exemples.

Dans la nef de Tokale, une fresque de Gracanica (neuvième siècle, reproduite au trait dans l'ouvrage de M. Millet, *Recherches sur l'Icon. Évang.*, fig 171), une figure du Christ au baptême reproduit trait pour trait la formule byzantine.

C'est encore sur une fresque représentant le Christ au baptême (Elmalé-Kilissé) que la même formule est reproduite à la même époque.

Une fresque du douzième siècle de la cathédrale d'Aquiléia en Italie (fig 57) représente la crucifixion et sur le Christ on peut constater bien accentuées

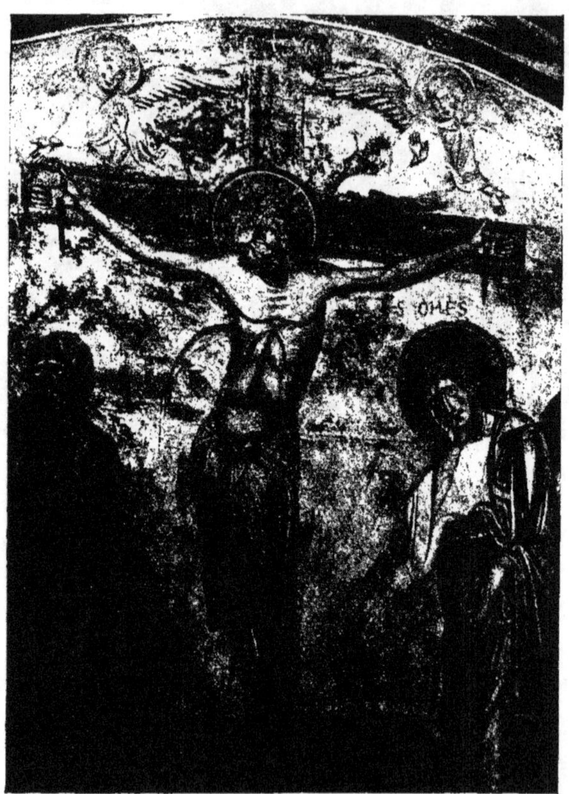

Fig. 57. — Crucifixion (détail).
Fresque du XIIe siècle dans la cathédrale d'Aquileia.
(Alinari, phot.)
Type complet de la formule gréco-assyrienne.

les côtes sous-mammaires, les lignes sternales et les compartiments du ventre qui constituent comme le trépied de la formule. J'ajouterai que les épaules montrent dans le dessin des deltoïdes une grosse incorrection déjà signalée par M. Millet et que l'on retrouve sur les mosaïques à Saint-Marc et à Daphni.

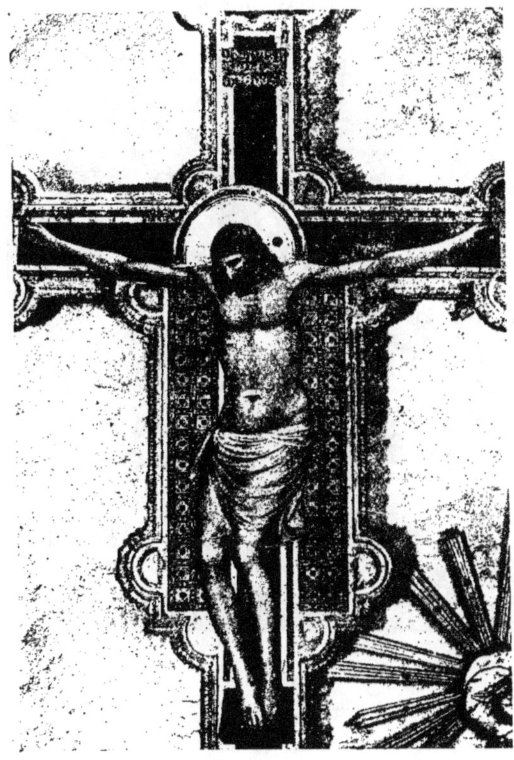

Fig. 58. — Crucifix (détail).
Giotto, *Église d'Ognissanti, Florence.*
(*Alinari, phot.*)
Formule gréco-assyrienne complète mais atténuée dans son rendu.

Nous voyons à la même époque sur un vitrail de la cathédrale de Chartres (fig. 55) un Christ crucifié qui présente les principaux caractères de la formule que nous étudions en ce moment. Les lignes sternales sont particulièrement accentuées. Un bon nombre de Crucifix peints du douzième et du treizième siècle se rattachent tous à cette même formule plus ou moins complète. M. Venturi, dans son consciencieux ouvrage (1), en a signalé une trentaine d'exemples parmi lesquels plus de la moitié sont d'une éton-

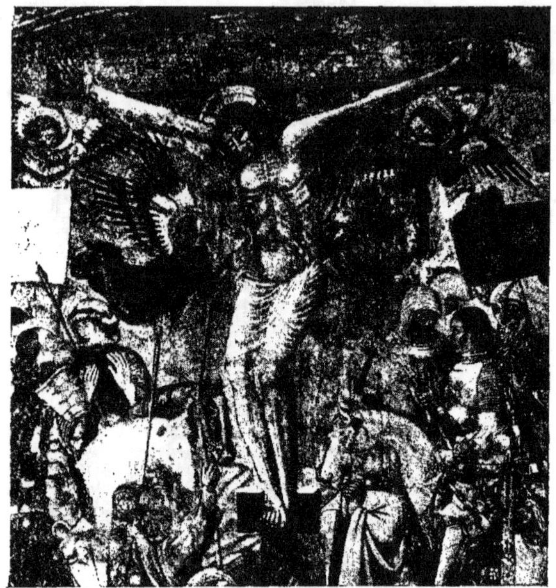

FIG. 59. — CRUCIFIXION (DÉTAIL).
Église de Saint-François, Toscanella. Fresque de Giov. Ant. Deiparapane di Norcia, XVe siècle.
(Alinari, phot.)
Formule gréco-assyrienne.

nante précision. On peut citer particulièrement le Christ de la Galerie de Lucques (fig. 42 A), celui du Musée de Fabriano (fig. 42 B), de la Galerie des Offices à Florence (fig 56), de l'église Saint-François à Arezzo. Deux Crucifix de Giotto à Florence, l'un à Sainte-Marie Nouvelle, l'autre à Saint-

(1) VENTURI, *la Peinture ital.*. V, fig. 245 et 246.

Félix, sont certainement dessinés suivant la même formule, mais tous les traits sont adoucis, et les deltoïdes sont corrects (fig. 58). Par contre, sur un torse du Christ au Jugement dernier dans une fresque de l'église de Sainte-

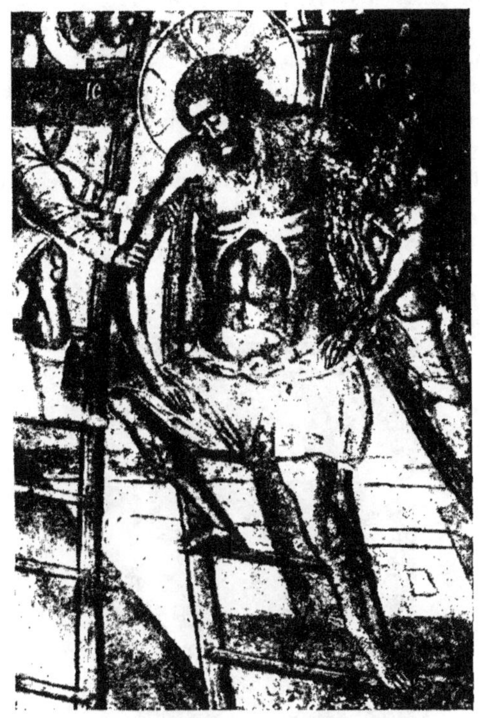

FIG. 60. — MISE EN CROIX (DÉTAIL).
Fresque de la Peribleptos à Mistra. XIVe siècle.
(D'après MILLET, *les Monuments byzantins de Mistra*, Pl. 123.)
Formule gréco-assyrienne.

Marie-Majeure à Toscanella, école de Giotto, les traits de la formule sont tous brutalement marqués (fig. 61) Dans une autre église de la même ville, une fresque de Giov. Ant. Deiparapane di Norcia consacrée au Crucifiement montre, sur les torses des suppliciés, l'épanouissement pour ainsi dire de la forme tyrannique (fig. 59) c'est que, aux quatorzième et quinzième siècles, la fresque n'a pas renouvelé cette formule qui persiste entière. Et l'on en peut citer de nombreux exemples en Orient, à la Péribleptos de Mistra sur une Mise en croix, une Descente de croix (fig. 60), un Baptême, à Lavra, sur une Mise au tombeau à Dionysio, sur une mise au tombeau également et aussi sur un baptême, etc.

Enfin cette pratique du dessin des lignes sternales et des côtes sous-mammaires a même été employée au quinzième siècle pour représenter la mort des danses macabres, ainsi qu'on le voit dans l'église de Kermaria-Nisquit (Côtes-du-Nord). Les mêmes formes sont données en Italie au torse de la mort chevauchant des cadavres dans un Triomphe de la Mort de la fin du quatorzième siècle, à Subiaco.

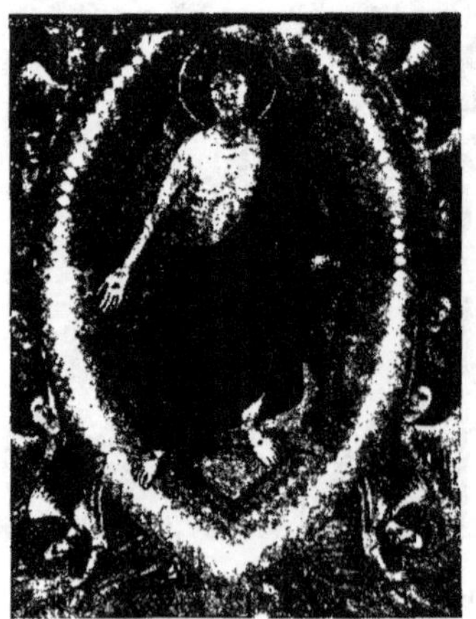

FIG. 61. — LE JUGEMENT DERNIER (DÉTAIL).
Fresque de l'Église de Sainte-Marie-Majeure, à Toscanella. École de Giotto.
(Giraudon, phot.)
Formule gréco-assyrienne très nette.

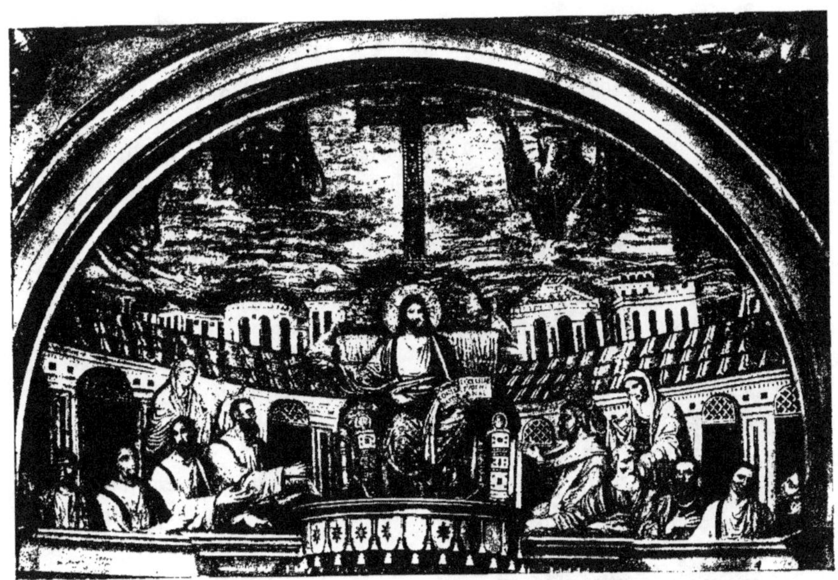

Fig. 62. — Mosaïque absidale de Sainte-Pudentienne (Rome).
(Phot. Alinari.)

MOSAÏQUES

La mosaïque d'émail aux éclatantes couleurs est la véritable conquête de l'art byzantin et il a su en jouer magnifiquement pour couvrir les surfaces immenses mais sans moulures et sans reliefs de ses basiliques à coupoles.

Par la nécessité d'accentuer les lignes du dessin, non seulement dans les contours mais aussi dans les modelés intérieurs, le mosaïste, ainsi que nous le verrons plus tard l'émailleur, a donné aux traits en quoi se résume la formule, une accentuation qui la fait se préciser en définitif accent.

Les mosaïques du onzième siècle sont représentées par quatre ensembles imposants que la Grèce et la Russie nous ont conservés : Sainte-Sophie de

Kiev, la Néa Moni de Chios, Saint-Luc en Phocide et Daphni près d'Athènes (1).

Cette dernière église s'impose à notre attention. En plus des qualités de ses mosaïques qui, par « leur élégance, le caractère du dessin, l'harmonie et la richesse des couleurs, enfin l'originalité des compositions en font un des chefs-d'œuvre de l'art byzantin » (2), elle nous montre, mises en bonne place au milieu de la décoration générale liturgique et évangélique, plusieurs scènes où le nu domine.

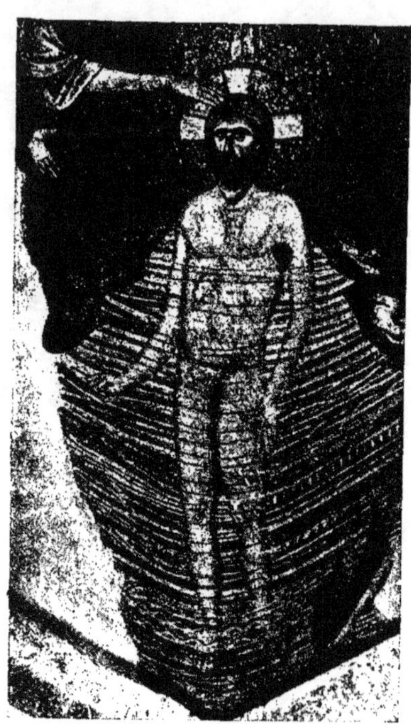

Fig. 63. — Baptême du Christ.
Mosaïque du XIe siècle. Église de Daphni.
(Alinari, phot.)
Figure dont l'ensemble rappelle la formule grecque mais dont les détails sont visiblement inspirés de la formule gréco-assyrienne.

C'est d'abord le baptême du Christ (fig. 63). Dans un galbe général inspiré de l'hellénisme, le personnage du Christ élégant et harmonieux laisse voir, discrètement indiqués, les principaux traits du type gréco-assyrien : raies sternales, dessin calligraphique des divisions de l'abdomen.

Ce dernier type est nettement formulé dans deux autres compositions importantes pour lesquelles le mosaïste avait choisi deux plans symétriques, bien en vue qui saisissent l'attention des fidèles lorsque ayant pénétré dans l'église, ils s'avancent vers le sanctuaire. Ces deux scènes sont la Crucifixion et les Limbes.

Sur l'une, le corps du divin crucifié porte très accentuées les raies sternales et les divisions de l'abdomen (fig. 64). En outre M. Millet signale avec raison sur cette figure le mauvais dessin du deltoïde dont la saillie s'étend

(1) Millet, *l'Art byzantin*, p. 191.
(2) Millet, *loc. cit.*, p. 195.

en une courbe uniforme de la base du cou au point d'attache du muscle à l'humérus. Si l'on veut bien se souvenir du dessin du torse par l'art assy-

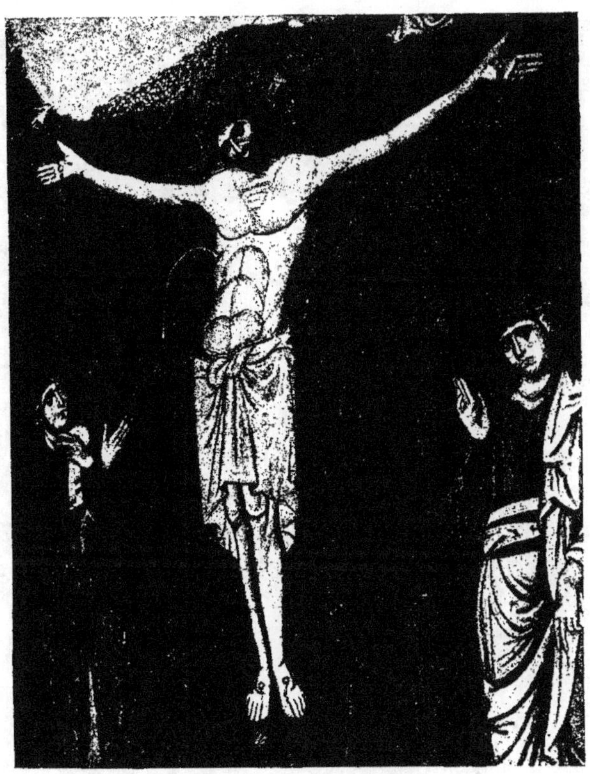

FIG. 64. — CRUCIFIXION (DÉTAIL).
Mosaïque du XIe siècle. Église de Daphni.
(Alinari, phot.)
Formule gréco-assyrienne (moins les côtes sous-mammaires). Mauvais dessin de l'épaule.

rien (1) qui rentre l'épaule dans la partie supérieure de la poitrine, con-

(1) Tome IV, p. 327.

fondant en une même masse le deltoïde et le grand pectoral, on trouvera peut-être dans cette erreur manifeste de dessin un rapproche-

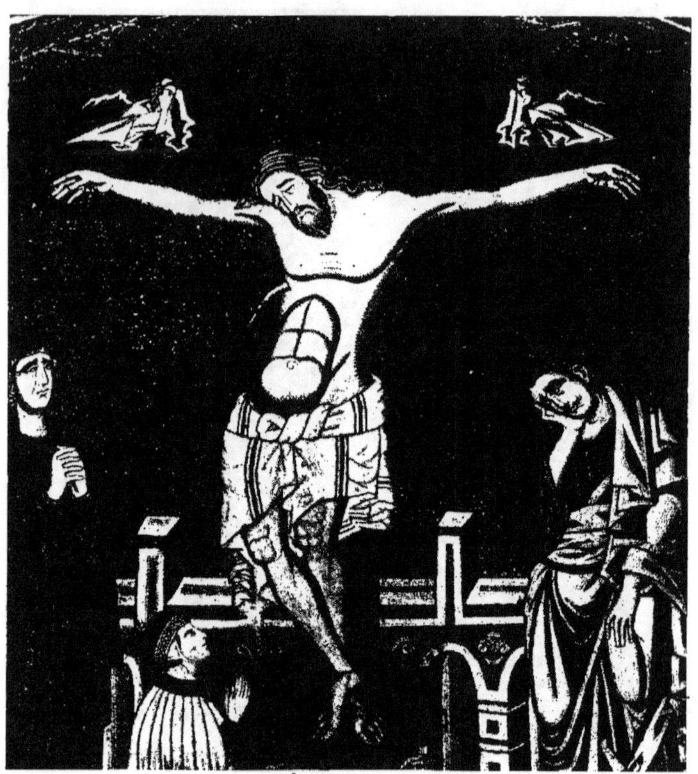

Fig. 65. — Crucifixion (détail).
Mosaïque du Baptistère. Basilique de Saint-Marc, Venise.
(Alinari, phot.)
Formule gréco-assyrienne (moins les côtes sous-mammaires).

ment de plus à établir entre l'art byzantin et sa lointaine inspiratrice, l'Assyrie.

Dans la seconde scène, les Limbes, c'est sur le corps du démon foulé aux pieds par le Christ que la nouvelle formule se plie aux exigences d'un type gras et puissant qui semble emprunté au répertoire de l'art hellénistique pour représenter Neptune. A la fin du onzième siècle, et au douzième la mosaïque byzantine s'est répandue en Italie en y apportant ses types qui ne nous apprendront rien de nouveau.

Saint-Marc ne nous retiendra pas avec plusieurs Crucifixions (fig. 65) et un Baptême du Christ. Il en sera de même du dôme de Torcello où l'on peut signaler, dans la grande scène du Jugement dernier, plusieurs figures entièrement nues où, au milieu des pires incorrections de dessin, s'esquissent quelques-uns des traits abdominaux de la formule.

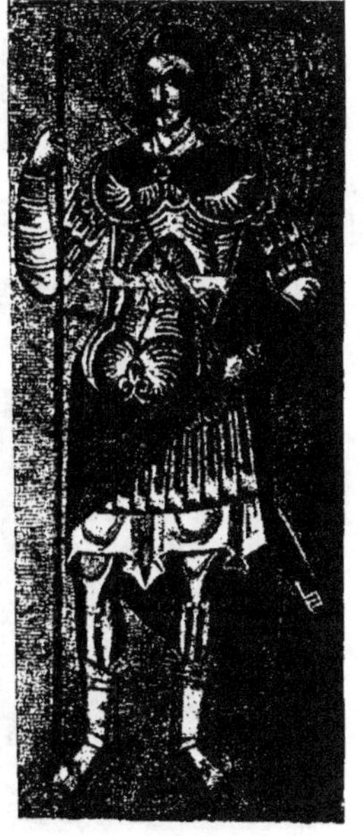

Fig. 66. — Saint Nestor. *Mosaïque de la cathédrale de Cefalù, XIIe siècle.* *(Alinari, phot.)* Armure byzantine reproduisant les formes byzantines du torse.

Les mosaïques siciliennes furent exécutées par les ordres des princes normands au cours du douzième siècle, la Martorana en 1143, la cathédrale de Cefalù en 1148, la Palatine la même année, et l'église de Monréale en 1174.

Les mosaïques de toutes ces églises forment l'ensemble le plus riche et le plus abondant avec des accents particuliers à chacune d'elles.

« La Palatine, dit M. Millet, avec son plafond arabe est un bijou charmant; mais les mosaïques de Cefalù... sont les plus pures d'exécution et les moins restaurées... Monréale offre une iconographie très abondante mais la sécheresse du style, comme la froideur de la décoration, déçoit le voyageur que la Palatine a charmé (1). »

Je relèverai en passant le dessin des armures des saints guerriers, en particulier saint Nestor (fig. 66). Ces armures calquées sur le nu reproduisent très exactement les formes du type gréco-assyrien alors adopté et il est curieux de les comparer aux armures romaines qui sont calquées sur le torse grec. Les oppositions entre ces deux armures sont comme le

(1) Millet, *loc. cit.*, p. 199.

résumé schématique des deux formes du nu adoptées par Rome et par Byzance. A la coupole de la Palatine un Christ très émacié exhibe les formes de son torse, conformes au canon d'usage, mais Monréale est, à notre point de vue, le plus fertile champ d'observations à cause de l'abon-

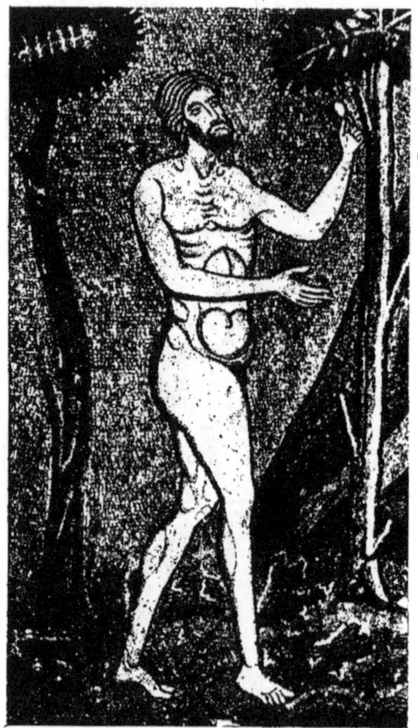

Fig. 67. — Adam.
Mosaïque de la cathédrale de Monréale, XIIe siècle.
(Alinari, phot.)
Formule gréco-assyrienne complète.

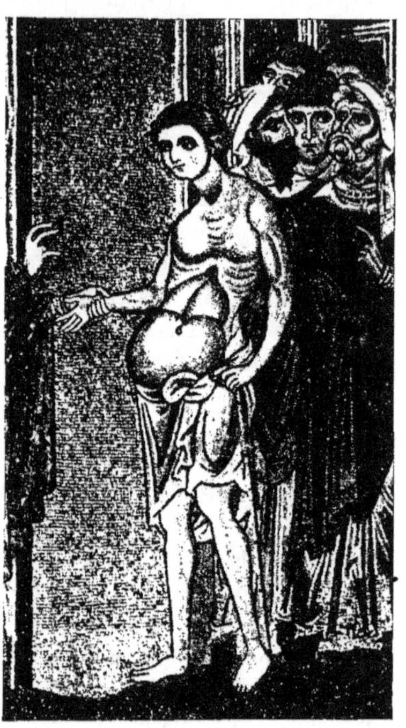

Fig. 68. — Guérison d'un hydropique. (Détail).
Mosaïque de la cathédrale de Monréale, XIIe siècle.
(Alinari, phot.)
Formule gréco-assyrienne.

dance des figures entièrement nues nécessitées par une large illustration des scènes de la création de l'homme et du péché originel.

Le nu byzantin trouve ici son expression la plus complète et la plus vive. Or, si ce nu offre un haut intérêt au point de vue de l'histoire et de la critique, il faut convenir que l'art lui-même y subit une véritable éclipse (fig. 67, 68, 69).

A voir ces cuisses grosses, ces jambes étriquées, ces pieds courts et patauds, ces mains trop petites ou trop longues, ces poignets étroits, ces hanches effacées ou trop ressorties, ces ventres gros, etc., on est comme désemparé et le contraste éveille dans votre esprit la perfection de la forme grecque. Et à l'intérieur de cette silhouette déplaisante, les modelés nettement circonscrits dessinent une manière de carte de géographie où se reconnaissent tous les éléments de la formule byzantine. C'est d'abord le creux sus-sternal sur les limites duquel devraient se trouver les saillies claviculaires qui, sous la forme de deux petites boules, sont reportées beaucoup trop en dehors, puis la région sternale parcourue de haut en bas par quatre ou cinq lignes transversales et terminée par la languette xyphoïde parfois plus large que longue. Le dessin des côtes sous-mammaires en nombre parfois considérable complète le thorax, et au-dessous, au niveau du flanc, une petite saillie ovale tend à rappeler, mais de bien loin, le magnifique relief que prend cette région dans l'art grec. Enfin le ventre dessine à la manière d'une calligraphie ses subdivisions bien connues. Sur les membres, certains reliefs

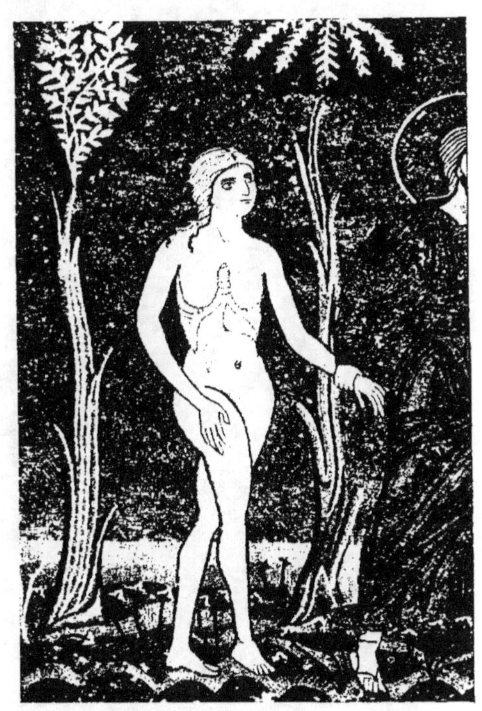

FIG. 69. — ÈVE PRÉSENTÉE PAR LE CHRIST.
Mosaïque de la cathédrale de Monréale, XIIe siècle.
(Alinari, phot.)
Formule gréco-assyrienne. — Mamelles tombantes.

sont cernés à la mode assyrienne, à la face externe de la cuisse aux mollets, en dehors aussi bien qu'en dedans, à l'avant-bras, au niveau du long supinateur, aux hanches, etc. La région de la rotule est toujours le siège de

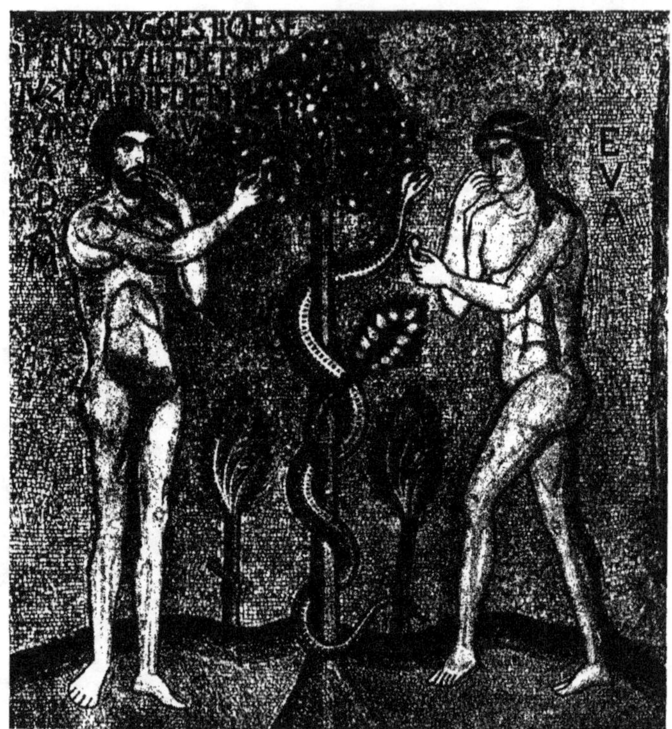

Fig. 70. — Le Péché originel (détail).
Mosaïque de la Chapelle palatine, Palerme, XIIe siècle.
(Alinari, phot.)
Formule gréco-assyrienne chez Adam et Ève.

petites boules superposées. Ces défectuosités du modelé des membres se voient aussi souvent sur les peintures, les miniatures, etc. On a ainsi la preuve que l'artiste byzantin n'a jamais fait de distinction entre la face interne et la face externe de la jambe, bien qu'il ait su placer correctement les pieds. Mais sous ces imperfections on relève toutefois quelques traits qui témoignent chez l'artiste d'un juste esprit d'observation. A ce propos, le personnage de l'hydropique guéri vaut d'être cité. Il s'avance, le ventre en avant, dans une attitude pleine de naturel et, comme il arrive souvent dans ce genre de maladie, le haut du torse est voûté. Le ventre, marqué d'une

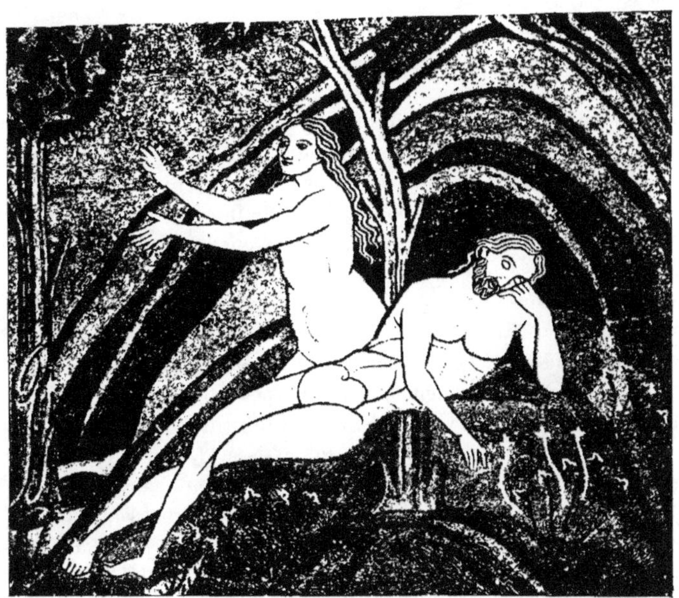

FIG. 71. — CRÉATION D'ÈVE (DÉTAIL).
Mosaïque de la cathédrale de Monréale, XIIe siècle.
(Alinari, phot.)
Formule gréco-assyrienne chez Adam. Dessin correct du torse chez Ève.

seule division transverse au-dessus de l'ombilic, montre toute sa moitié inférieure arrondie extraordinairement saillante. Les jambes sont fort maigres, ce qui est de règle dans cette forme d'hydropisie, mais il faut ajouter que cette minceur des jambes est fréquente chez beaucoup d'autres personnages qui ne sont pas des malades.

Quant à Ève, d'un dessin en général disgracieux, elle se distingue parfois d'Adam par des hanches plus ressorties et par une taille plus étroite, mais sa poitrine est pourvue de deux grosses mamelles pendantes terminées en bas par un mamelon saillant (fig. 69).

Quant au reste, les détails de la formule sont les mêmes que chez Adam. Et entre les deux seins pendants, les lignes de la région sternale sont dessinées avec dureté.

C'est au même nu que se rattachent les Adam et Ève figurés aux murs de la chapelle palatine à Palerme (fig. 70), et le saint Paul au baptême dans sa cuve (fig. 75).

Mais au milieu de ces manifestations si contraires et pour ainsi dire hostiles au génie hellénique, il semble que ce dernier, qui avait déjà tant donné à l'art chrétien, ne soit pas encore entièrement oublié et qu'on n'en puisse voir par instants, en un point isolé, comme le réveil inattendu. C'est à Monréale, dans cette longue suite d'Èves d'un modèle si lamentable que le fait surprenant se produit. Il est assez exceptionnel pour que nous nous y arrêtions un instant.

Il s'agit de la création de notre première mère, tirée par le Seigneur du côté d'Adam endormi. Ce dernier, grande figure à la poitrine puissante, mais comme étirée en longueur et sans charpente osseuse, repose mollement sur un tertre, la tête aux yeux clos, au nez droit, reposant penchée sur une main (fig. 71). Le Seigneur en face de lui, assis sur le globe du monde, fait de la droite le geste tout puissant et, les deux bras en avant tendus vers lui, Ève se dégage jusqu'à mi-corps du côté d'Adam qui ne s'aperçoit de rien.

Or, ce torse féminin respire la jeunesse et la santé et si la formule abdominale persiste, constituant une marque d'origine indiscutable, elle s'adoucit au point que ce qui en reste devient comme les accents obligés d'un réalisme imprévu. C'est bien là le bassin aux hanches puissantes d'où doit sortir le genre humain.

Ce type se rattache sans conteste à la forme féminine grecque, non pas à celle de la grande époque mais à celle plus proche de la nature, en un mot plus réaliste, que vit naître l'art hellénistique et dont un remarquable spécimen existe au Musée du Louvre dans un torse de jeune fille reproduit au volume précédent, page 274. Les deux bras portés en avant masquent les seins, mais rien n'apparaît des affreuses mamelles pendantes de tout à l'heure. La partie que le bras rond cache, ne laisse la place qu'à un sein

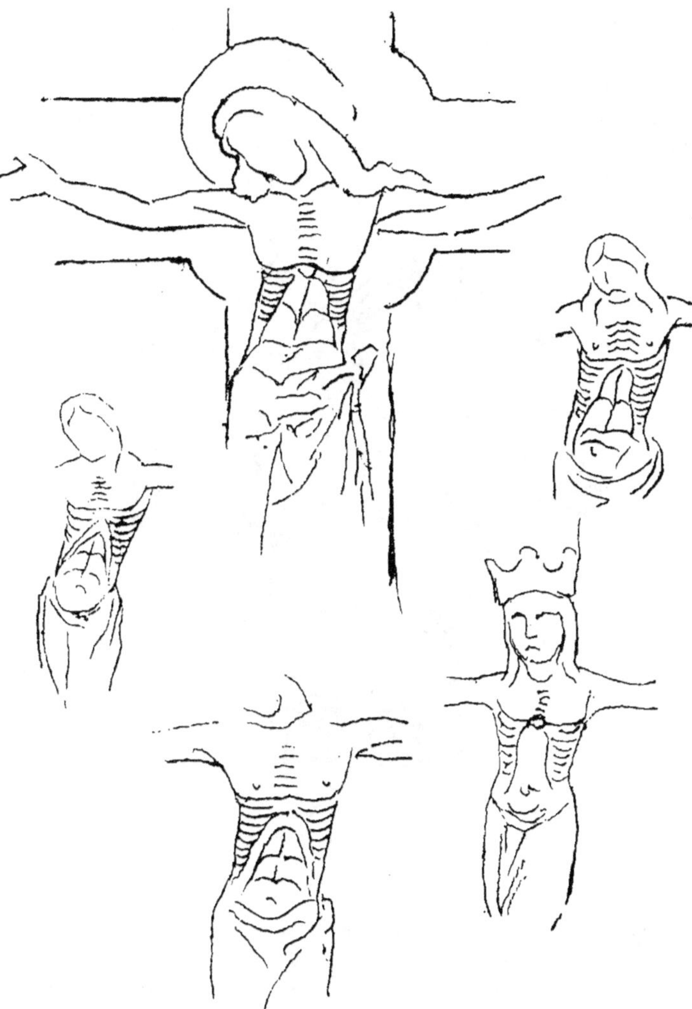

FIG. 72. — QUELQUES ESQUISSES DE TORSES BYZANTINS.
D'après des crucifix en émail du Musée du Louvre.
Quelques exemples variés de la formule gréco-assyrienne.

hémisphérique de volume modéré et que nous nous plaisons à concevoir pour compléter un ensemble déjà très remarquable.

Ce qu'il y a de plus étonnant ici, c'est que le trait qui réalise cette forme imprévue ne saurait être le résultat d'une verve heureuse et d'un hasard opportun, comme il peut arriver dans la peinture à fresque. Le trait de la mosaïque, résultat de la minutieuse réunion d'un nombre considérable

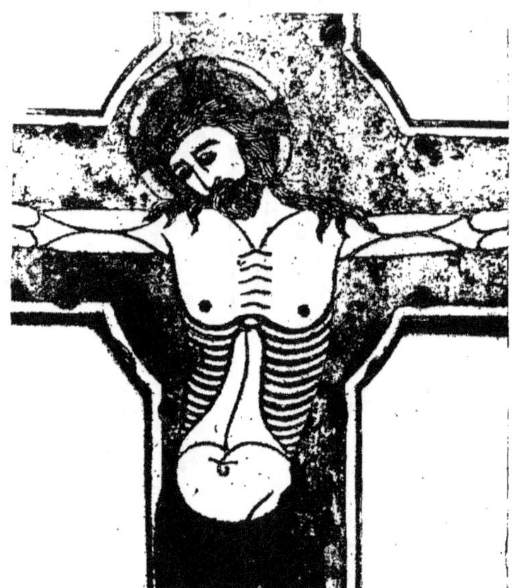

FIG. 73. — CRUCIFIX EN ÉMAIL (DÉTAIL).
Commencement XIIIe siècle, Musée de Cluny.
(Phot. Giraudon.)
Formule gréco-assyrienne.

de petits cubes patiemment alignés ne peut être que le fruit d'une idée mûrement voulue et délibérément mise en pratique.

Les autres figures nues de Monréale, Christ au Baptême, Christ crucifié, relèvent de la même formule sur laquelle nous n'avons plus à insister. Il n'est pas jusqu'aux diables qui, tout noirs qu'ils soient, ne laissent paraître le même dessin.

Mais d'autres documents bien curieux à ce même point de vue sont une série de crucifix en émaux cloisonnés de Limoges, des douzième et treizième siècles, conservés au Musée du Louvre. La technique même de l'émail cloisonné oblige l'artiste à se servir de la cloison métallique qui retient la matière vitrifiable pour assurer les traits du dessin et jusqu'à l'indication des modelés intérieurs. C'est ainsi que sur ces crucifix, la région sternale est parcourue transversalement par une succession de petites lignes ondulées qui rappelle de très près le dessin de la même région dans l'art assyrien. Quant aux côtes sous-mammaires et surtout au dessin des divisions de l'abdomen, c'est la reproduction complète de ce que nous venons de voir dans les peintures et les mosaïques (fig. 72). Dans le dessin de ces crucifix, il existe quelques variétés. Les formes constantes sont les lignes sternales et les côtes sous-mammaires mais le sternum peut être rayé de diverses façons. Tantôt ce sont de petites lignes courtes et fort nombreuses, tantôt des lignes ondulées au nombre de trois ou quatre seulement et qui empiètent sur les régions pectorales. Le dessin de la languette xyphoïde n'est pas constant mais il est parfois fort net (fig. 73). Quant à l'abdomen, il est quelquefois entouré d'une zone qui rappelle celle qui se voit aux dessins de Villard de Honnecourt (treizième siècle) et aux miniatures du manuscrit d'Ingeburge (quatorzième siècle). On voit également au Musée du Louvre, sur un Christ en croix avec la couronne royale (émail de Limoges; début du treizième siècle), le dessin fort net des lignes sternales et des côtes sous-

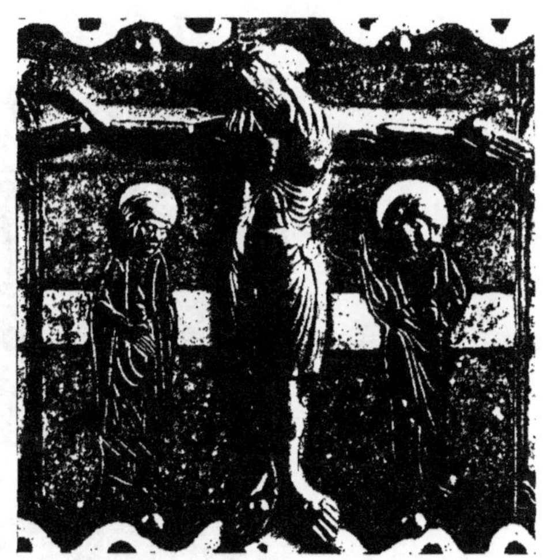

FIG. 74. — COFFRET CONTENANT LES RELIQUES DE SAINT RANIERI.
(Limoges, XIIIe siècle). *Sacristie de la cathédrale de Pise.*
(Phot. Alinari.)
Formule gréco-assyrienne complète.

mammaires. Mais l'abdomen est lisse et ne porte aucune trace des subdivisions des muscles droits. Par contre, sur un autre Christ de même provenance qui se trouve aujourd'hui à la sacristie de la cathédrale de Pise, la formule est absolument complète : raies sternales, côtes sous-mammaires, compartiments de l'abdomen (fig. 74).

Ces deux derniers documents, bien qu'appartenant à des objets ornés d'émaux limousins, portent des crucifiés en cuivre complètement en relief. Ils forment la transition qui nous conduit à l'étude de la sculpture.

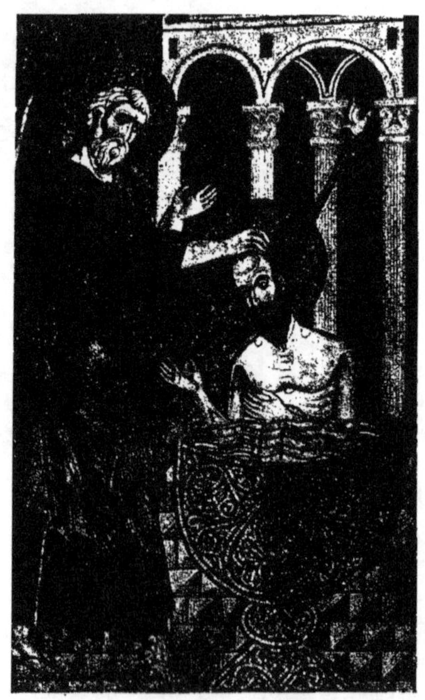

FIG. 75. — BAPTÊME DE SAINT PAUL.
Mosaïque du XIIe siècle. Chapelle palatine, Palerme.
(Alinari, phot.)
Formule gréco-assyrienne.

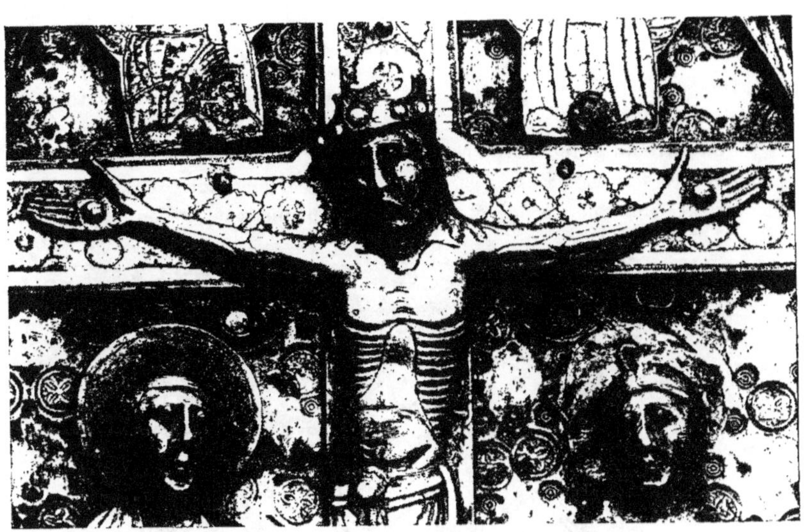

Fig. 76. — Christ crucifié (détail).
Tablette d'autel. Figures en relief. Limoges, XIIe siècle, Musée de Cluny.
(Phot. Giraudon.)
Formule gréco-assyrienne.

SCULPTURE, IVOIRES, STATUES

La sculpture, symbole de l'art païen, fut condamnée par le christianisme et partagea le sort des dieux et des déesses à jamais proscrits et voués à la destruction. Toutefois elle fut en partie sauvée par les reliefs des sarcophages que nous avons étudiés plus haut et surtout par les ivoires historiés dont l'usage fut très répandu.

Les ivoires dont il a été parlé au chapitre précédent ne nous ont montré qu'un type de nu relevant de l'hellénisme. Mais comme les miniatures, les peintures et les mosaïques, les ivoires, à partir du neuvième siècle, montrent le type gréco-assyrien.

Une couverture d'Evangéliaire (1) du neuvième siècle est curieuse à cet égard (fig. 77).

Au centre un grand Christ est attaché à la croix avec l'accompagnement obligé des figures accessoires. Le thorax très long porte dans sa moitié inférieure un nombre de côtes qui, dans certains cas, devient encore plus

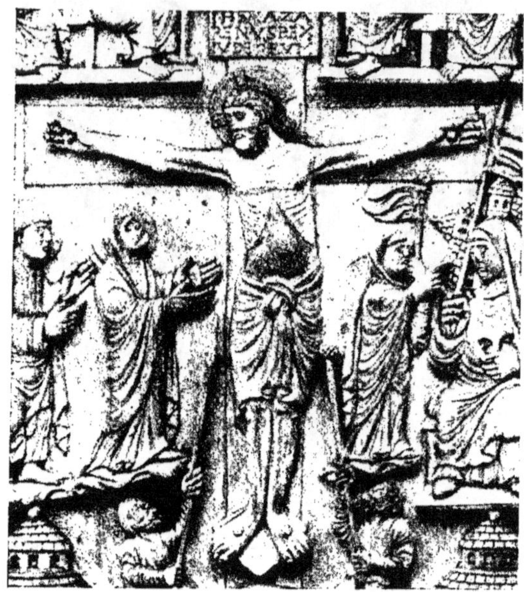

FIG. 77. — CRUCIFIXION (DÉTAIL).
Ivoire. Couverture du Ms. lat. 9383 de la Bibliothèque nationale.
(Giraudon, phot.)
Formule byzantine.

considérable. Le sternum est marqué de sillons transversaux, mais le ventre, très rétréci par en haut à cause de l'angle xiphoïdien aigu et très fermé, ne porte aucune trace des plans musculaires des grands droits et par ce dernier point la formule est ici incomplète.

(1) Conservée à la Bibliothèque nationale.

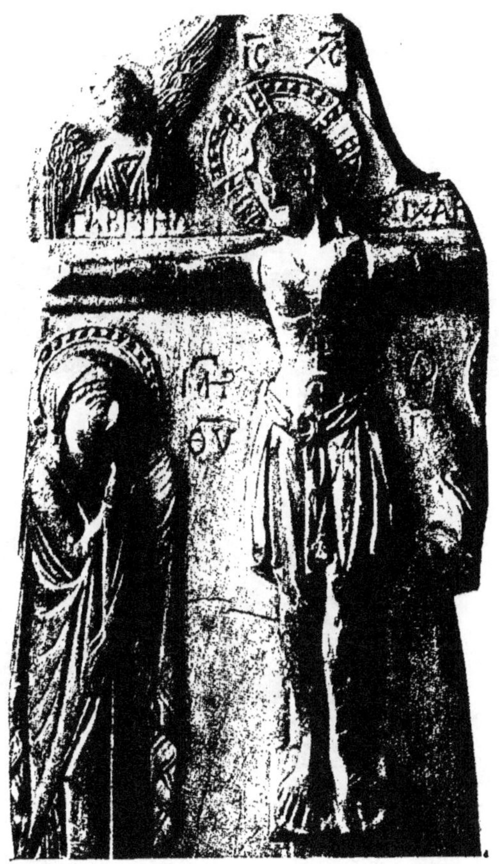

FIG. 78. — LA CRUCIFIXION.
X^e ou XIe siècle. *Ivoire byzantin de la collection de M. Schlumberger.*
(D'après *l'Épopée byzantine*, de SCHLUMBERGER, T. III, p. 81.)
Formule gréco-assyrienne complète.

Il n'en est pas de même d'un fragment d'ivoire byzantin appartenant à M. Schlumberger (1), et datant du dixième ou onzième siècle (fig. 78). Le

(1) *L'Épopée byzantine*, vol. III, p. 81.

torse d'un Christ crucifié qui y est sculpté reproduit le type le plus complet de la formule ; non seulement les raies sternales et les côtes sous-mammaires y sont bien indiquées mais les plans musculaires y apparaissent nettement avec

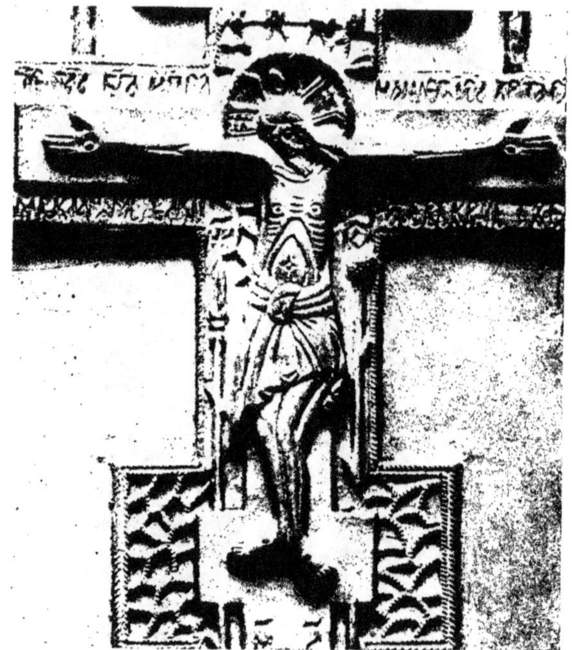

FIG. 79. — ICONE RUSSE (DÉTAIL).
attribuée au XIIe siècle.
(Appartenant à M. Guignebault.)
Véritable schéma de la formule gréco-assyrienne avec variante abdominale.

plus de vérité, même sur les peintures. Il semble que cette sculpture prépare les voies à l'art roman dont le nu présentera les mêmes caractères. (fig. 81).

Une icone russe que nous a fait connaître M. Guignebault (1) est

(1) Nous remercions M. Guignebault d'avoir bien voulu nous autoriser à la reproduire (fig. 79).

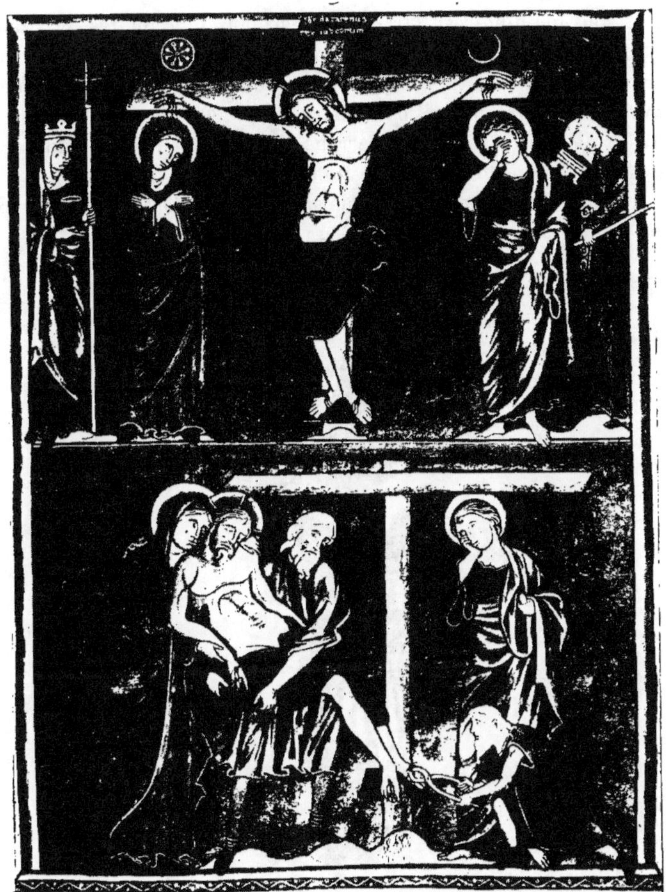

FIG. 80. — CRUCIFIXION ET DESCENTE DE CROIX.
Miniature du Psautier de saint Louis (XIIIe siècle). Musée de Condé à Chantilly.
(Phot. Giraudon.)
Formule gréco-assyrienne variante abdominale.

un document populaire qui montre bien la vogue dont jouit la formule. En effet le torse du Christ crucifié résume avec brutalité les lignes sternales et les côtes sous-mammaires. Par contre les plans musculaires de l'abdomen n'existent pas et sont remplacés par un double trait qui marque les contours en suivant l'échancrure thoracique. Nous avons déjà vu cette forme singulière aux miniatures du manuscrit d'Ingeburge (fig. 80) et sur certains Christs du Musée du Louvre. Nous la verrons également au milieu du treizième siècle sur les dessins de Villard de Honnecourt.

On attribue cette icone au douzième siècle. Toutefois la forme de l'abdomen tendrait à lui assigner une date un peu postérieure.

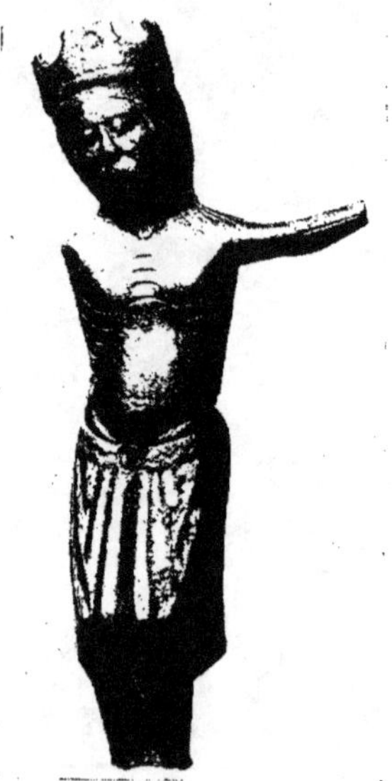

FIG. 81. — CHRIST EN MÉTAL.
XIIIe siècle. *Collection Hayford-Peirce.*
(Phot. Giraudon.)
Résumé frappant de la formule gréco-assyrienne adoptée par l'art roman.

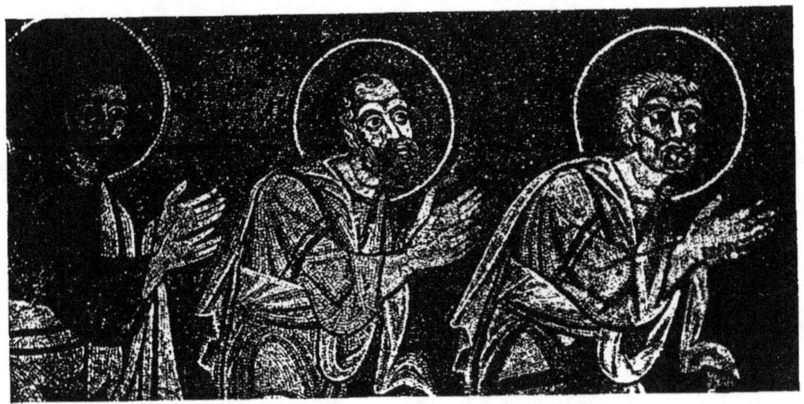

FIG. 82. — COMMUNION DES APÔTRES (DÉTAIL).
Mosaïques du sanctuaire de Sainte-Sophie de Kiev.
(D'après A. MICHEL, *Histoire de l'art*, I, Pl. II.)

TÊTE ET MEMBRES

Jusqu'ici nous ne nous sommes guère occupé que des formes du torse, centre et clé de voûte de la figure humaine. Essayons de compléter en quelques mots ce que nous avons déjà dit *passim* de la tête et des membres.

Même sur les figures les plus négligées et les plus incorrectes de l'art byzantin, les têtes sont toujours traitées avec soin et suivant un idéal élevé. Elles sont tracées d'après une formule invariable qui fait qu'elles ne se présentent presque jamais de face, encore moins de profil, mais le plus souvent de trois quarts, quelle que soit l'orientation donnée au reste de la figure. C'est là une des caractéristiques les plus singulières propres à la formule byzantine ; quant aux traits de la face, ils répondent à deux types principaux bien définis.

Au cinquième siècle, à Ravenne, par exemple, les têtes sont vues de face, les yeux grands ouverts regardent droit devant eux, les lèvres sont bien dessinées, le nez est droit et fort, les traits en général sont larges et puissants. C'est en somme un rappel du type grec.

Plus tard, au onzième siècle, à Daphni par exemple, les traits s'affinent. Le nez est busqué, les regards sont obliques, les yeux s'étirent et s'allongent transversalement. La face. ainsi que je l'ai dit plus haut. est presque toujours de trois quarts. Le premier type a plus de calme et de grandeur, il est souvent attribué au Sauveur; le second a plus de finesse, mais l'un et l'autre sont traités avec un soin et une régularité qui les anoblit. Il n'y a rien ici qui rappelle le profil aigu de la période archaïque grecque.

M. Millet. qui a bien étudié toutes ces questions, pense avec M. Kondakov et M. Bertaux que les traits du second type que nous venons de signaler doivent être des traits de race pris aux Orientaux, Arméniens et Persans. qui. de la peinture d'histoire des palais impériaux, ont passé dans l'iconographie religieuse. Il ajoute que cette tendance au portrait n'a fait que s'étendre et se confirmer et ainsi s'explique. après les portraits de Ravenne et les mosaïques de Saint-Luc où sont représentés les ascètes contemporains. « la magnifique personnalité de certaines figures » exécutées à Daphni. Les membres s'allongent. généralement émaciés. avec toutefois des indications de modelés musculaires nettement cernés comme nous avons déjà eu l'occasion de le relever. Ces formes musculaires brutales s'observent aussi bien sur les peintures des manuscrits que sur les mosaïques des grandes basiliques. Au membre supérieur, elles s'adressent au deltoïde. au biceps et au long supinateur. Au membre inférieur c'est surtout les muscles du mollet qui sont visés. mais l'on voit aussi à la face externe des cuisses une grosse saillie circonscrite au-dessous de la hanche et qui répond au squelette de la région ou. par son siège précis, à la localisation graisseuse sous-trochantrienne. A propos des muscles du mollet, il nous faut relever la confusion constante déjà signalée que l'artiste byzantin fait entre la face interne et la face externe de la jambe. C'est la face interne avec la grosse saillie du jumeau interne qui est indistinctement reproduite en dehors aussi bien qu'en dedans. Toutefois quelque erroné que soit le dessin des muscles de la jambe. le pied qui lui fait suite n'en est pas moins correctement représenté, ainsi que j'ai déjà eu l'occasion de le faire observer.

Le genou est traité de singulière façon. Les formes complexes sont schématiquement figurées par des petits ronds. généralement au nombre de quatre symétriquement accolés.

Les extrémités, mains et pieds. sont souvent de longues proportions.

Aux pieds, les orteils plats et allongés parallèlement les uns aux autres vont en diminuant progressivement de longueur à partir du premier qui est généralement le plus long. Ce n'est qu'exceptionnellement qu'il est dépassé par le second.

La longueur relative des doigts de la main correspond le plus souvent à la formule généralement admise dans l'art, l'annulaire étant plus long que l'index. A ce premier indice de juste observation s'en ajoute un autre qui rompt avec les habitudes des arts anciens de l'Égypte et de l'Asie : les mouvements d'opposition du pouce, bien qu'avec assez de maladresse, sont bien reproduits; c'est entre le pouce et les doigts qu'Adam et Ève saisissent la pomme, de même que c'est à pleine main que sont saisis les objets divers, branches, instruments, glaive, etc.

Pour ce qui est des proportions de l'ensemble de la figure, elles diffèrent suivant les deux types déjà signalés. Dans celui de la première époque elles se rapprochent de celles de l'antique, différentes du type byzantin décrit par Kondakov comme appartenant à la deuxième époque.

« Une taille haute, dit-il, est mal proportionnée : des bras et des pieds allongés outre mesure, une maigreur massive qui fait ressortir un squelette large et fort, une tête petite montée sur un cou long et maigre » (*Art byzantin*, page 9). Le manuel d'Iconographie chrétienne donné par Didron comme étant en usage dans les ateliers du Mont-Athos signale le canon suivant :

Le corps de l'homme a neuf têtes de haut. La première mesure comprend trois parties égales : le front, le nez, la barbe. Du menton au milieu du corps, trois mesures ; jusqu'au genou, deux autres mesures ; le genou, un nez ; des genoux à l'astragale, deux mesures ; de l'astragale aux talons, un nez ; de là aux ongles, une mesure.

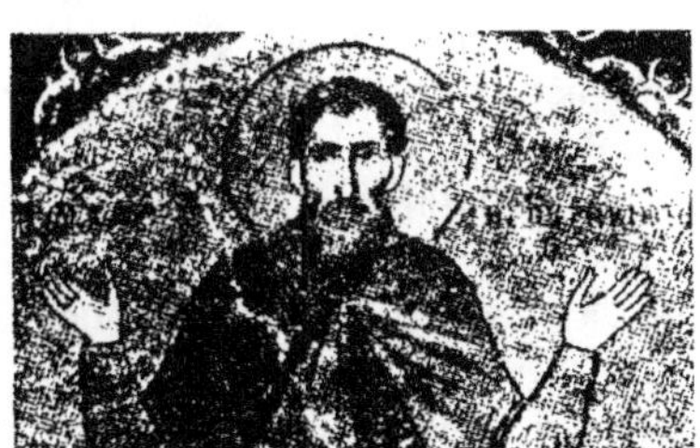

FIG. 83. — SAINT LUC LE GOURNIKIOTE (DÉTAIL).

Mosaïque de Saint-Luc en Phocide (XIe siècle).

(D'après DIEHL. *Manuel de l'art byzantin.*)

Probablement un contemporain de Saint-Nicon de Sparte mort en 998, représenté aussi. On sent le portrait fidèle, ainsi que le fait remarquer M. Brehier, dans ce visage maigre, aux pommettes saillantes, encadré d'une longue barbe noire.

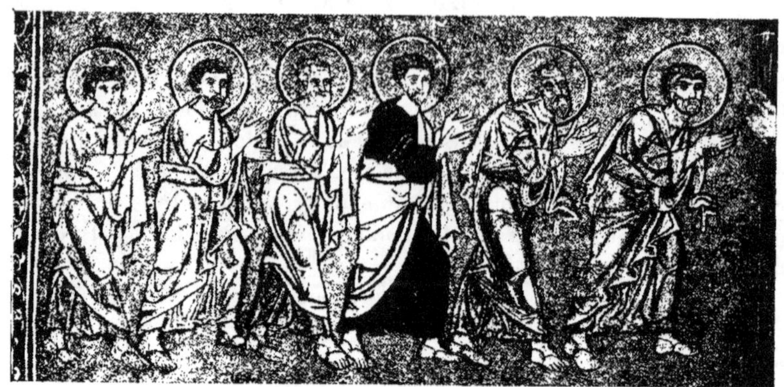

Fig. 84. — Communion des Apôtres.
Mosaïque de Sainte-Sophie de Kiev.
(D'après Diehl, *Manuel de l'art byzantin*, T. II.)

ATTITUDES ET MOUVEMENTS

Les attitudes et les mouvements des grandes figures en mosaïque des basiliques byzantines sont les mêmes que ceux des petits personnages des miniatures des Bibles, Genèses et Psautiers. On peut même constater que sur ces dernières il y a plus de souplesse et de naturel, témoin, par exemple, l'attitude hanchée de saint Mathieu dans l'évangile du Sinaï (fig. 88) et le Christ du même évangile (fig. 89), l'attitude d'Ève de la Genèse de Vienne (fig. 23), celle du Créateur dans les homélies de saint Grégoire de Nazianze, etc...

On pourrait signaler aussi pour leur justesse et leur naturel les grandes figures en mosaïque de la Vierge et de sainte Élisabeth de Parenzo, sans oublier le personnage qui soulève une tenture à la porte d'un petit édifice.

Sous ces traits pleins de naturel nous retrouvons l'influence de l'hellénisme. Mais il n'en est plus de même aux parois des grandes basiliques du onzième et du douzième siècle. Les personnages immobiles, apôtres, saints ou prophètes, dans des draperies aux plis compliqués et sans raison, se tiennent debout roides et hiératiques, les deux pieds plus ou moins écartés et sans que se trahisse le moindre mouvement du corps. Parfois, par l'écartement des pieds et le dessin d'une jambe en dehors, on perçoit l'intention d'un han-

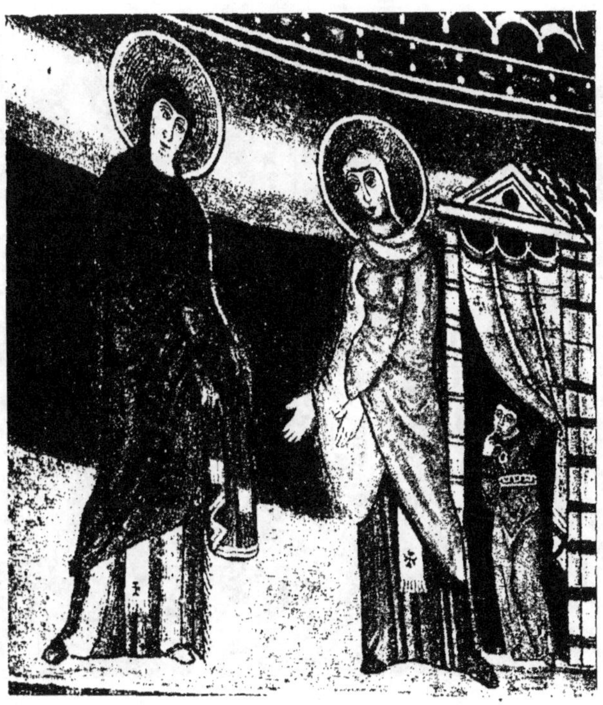

FIG. 85. — LA VISITATION.
Mosaïque de l'abside de la basilique de Parenzo (VIe siècle).
(Phot. Alinari.)
Station hanchée.

chement plus ou moins accentué, mais c'est avec une roideur éloignée de toute réalité (fig. 86). Pour ce qui est du Crucifié, il a poussé jusqu'à l'extrême l'ondulation de la station hanchée, probablement pour mieux exprimer l'affaissement d'un corps que la vie abandonne.

En ce qui concerne les mouvements, l'art byzantin, malgré l'imperfection du dessin, n'a reculé devant la représentation d'aucun. Lorsque le geste est simple, il est souvent d'une admirable justesse et l'action est bien rendue. Lorsque le mouvement s'étend aux articulations du cou et du bassin il est

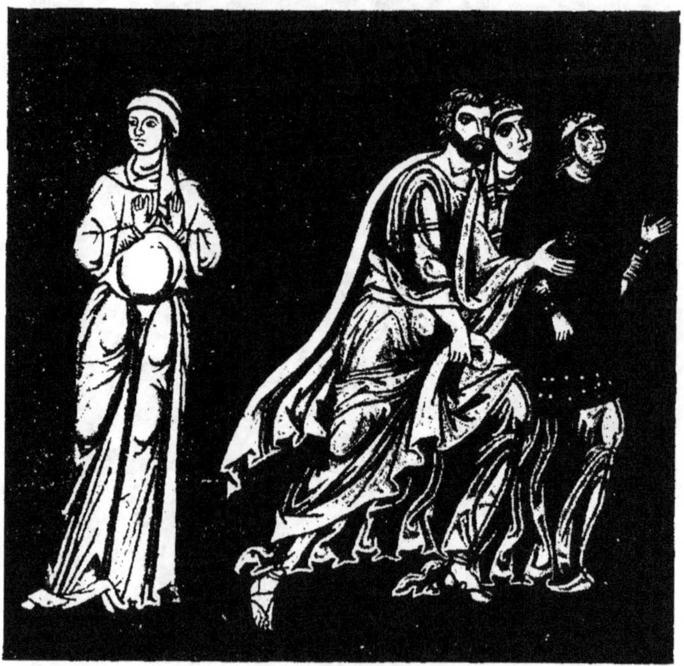

FIG. 86. — INCENDIE DE SODOME (DÉTAIL).
Fuite de Loth, de ses filles et de sa femme qui s'étant retournée est changée en statue de sel. Mosaïque de la cathédrale de Monréale.
(Phot. Alinari.)
Marche en flexion précipitée.

plein d'incorrection et de roideur. Mais si l'on ne s'attache pas à ces détails que la foule ne devait guère remarquer, on constate que les figures sont en général très vivantes et d'un mouvement, d'un accent qui va jusqu'à l'exagération. Il semble que dans cet art les calmes qualités de la forme soient remplacées par la vivacité du geste qui va souvent jusqu'à la gesticulation.

La marche toutefois a été reproduite avec assez de bonheur, mais c'est la

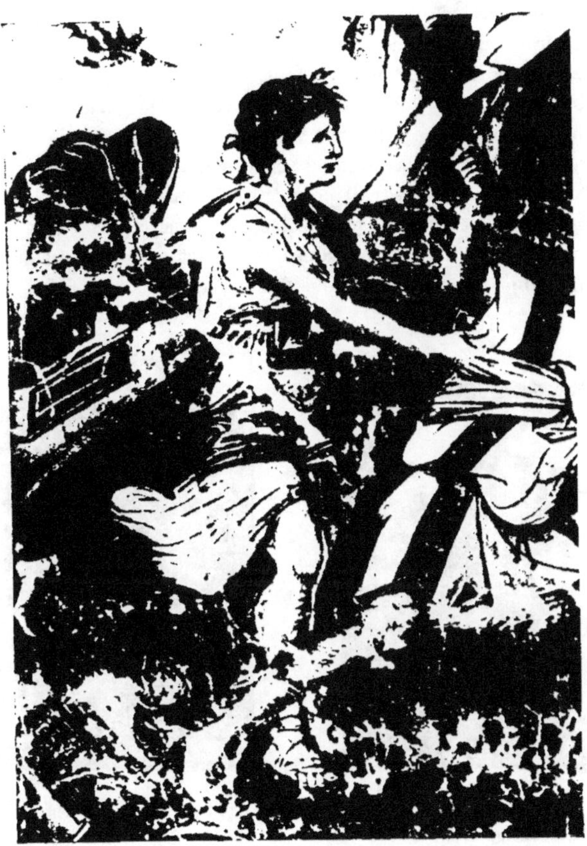

Fig. 87. — Personnification de la force venant au secours de Samson.
Miniature du Psautier de Paris.
Formule antique de la course.

marche en flexion héritée de l'art grec avec sa perfection et ses défauts ainsi que j'ai déjà eu l'occasion de le signaler à propos des miniatures

Sur la figure 86 qui reproduit une mosaïque de Monréale on voit le groupe de figures de droite qui s'éloigne avec tant de vivacité que le personnage au premier plan, avec l'agitation des draperies, semble aussi bien figurer la course que la marche.

A propos de ce premier mouvement, je montrerai ici une miniature (fig. 87) du Psautier de Paris dont nous avons déjà parlé. Il est vrai que nous sommes ici en pleine influence grecque. Et la course représentée dans cette figure qui symbolise la force au secours de Samson reproduit magnifiquement et pour ainsi dire trait pour trait la forme créée par l'art antique pour figurer ce mouvement. Je prie le lecteur de se reporter aux figures de la page 392 du précédent volume consacré à l'art grec et il restera saisi de la réalité du rapprochement que nous faisons ici.

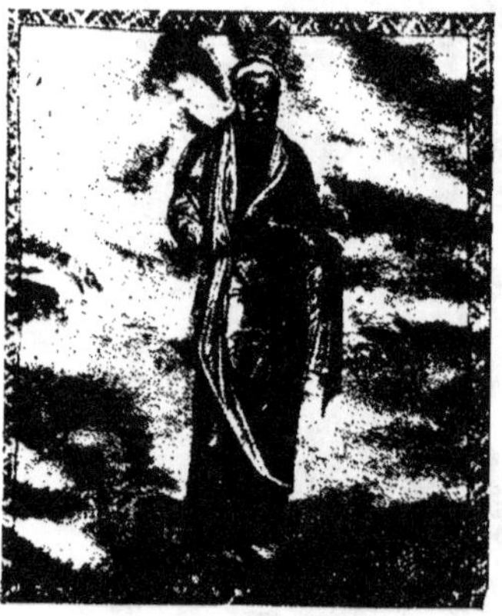

Fig. 88. — Saint Mathieu.
Évangile du Sinaï.

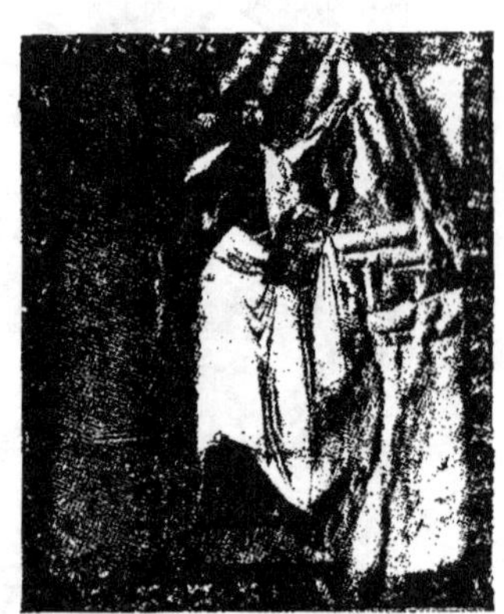

Fig. 89. — Le Christ.
Évangile du Sinaï.

(D'après A. Michel, *Histoire de l'art*, t. I, p. 287 et 292.)
Bonne représentation de la station hanchée.

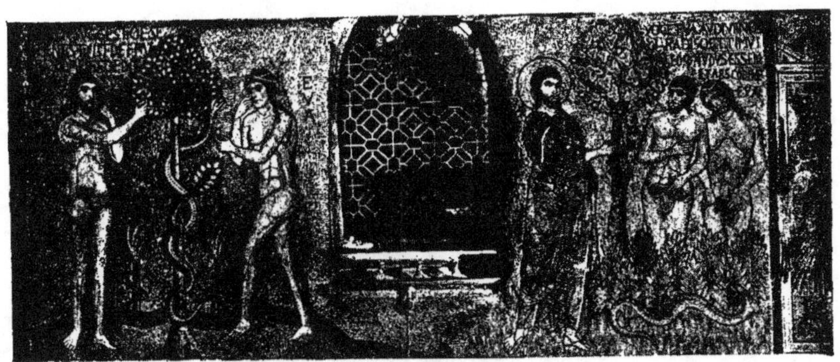

FIG. 90. — LE PÉCHÉ ORIGINEL.
Chapelle Palatine du Palais royal, Palerme.

FORME FÉMININE

Déjà, dans les pages qui précèdent, nous avons eu l'occasion de parler de l'étrange figure féminine créée par l'art byzantin. Toutefois il n'est peut-être pas inutile d'en tracer un tableau d'ensemble qui résumera ce qui a pu être dit.

Avec les dieux de l'Olympe, disparut, sous la poussée du christianisme triomphant, l'image de la femme nue que l'art antique avait portée à un si haut degré de perfection. Mais comme dans l'iconographie chrétienne, il fallait bien représenter notre première mère sans voile, l'artiste créa naturellement un type féminin qui varia avec les influences du moment. Tant que régna l'hellénisme, l'art chrétien primitif dessina une Ève parfois charmante qui portait, dans ses traits, comme la nostalgie et le ressouvenir de l'Olympe. Mais lorsque domina l'ascétisme des monastères byzantins, il imagina pour répondre à la morale nouvelle une formule, sorte de symbole, qui, pour ne pas induire en tentation, fut dépourvue de tout attrait.

Pour représenter la femme on se servit à très peu près du même type destiné à figurer l'homme nu, en se contentant de doter la poitrine des attributs les plus visibles du sexe; mais le sein glorieux des Vénus antiques fut remplacé par d'affreuses mamelles pendantes.

Quant aux proportions différentes des diamètres transverses du tronc, il n'en fut guère tenu compte. Quelques miniatures font toutefois exception

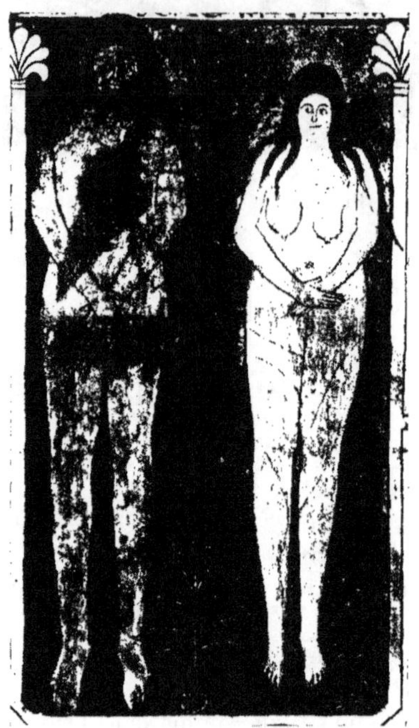

FIG. 91. — ADAM ET ÈVE.
Apocalypse de Saint-Sever. Xe ou XIe siècle. Ms. latin 8878, f° 5v°. Bibliothèque nationale. (Phot. Catala.)
Résumé grossier de la forme masculine et féminine dans lequel se trouvent respectés les diamètres transverses du torse.

et sur les grossières images d'Adam et Ève, on peut constater que la seule différenciation qui subsiste au point de vue morphologique, consiste dans les diamètres transverses du tronc. Une miniature de l'Apocalypse de Saint-Sever est fort curieuse à cet égard (fig. 91). On constate, en effet, qu'en outre des proportions relatives en hauteur parfaitement observées, Ève a le bassin proportionnellement plus large que les épaules, tandis qu'Adam, avec des hanches normalement développées, a le diamètre transverse des épaules qui prédomine comme il convient.

Mais l'Ève byzantine dans sa formule invariable dressa pendant dix siècles, aux murs des églises en mosaïque, en peinture ou en bas-relief et dans les

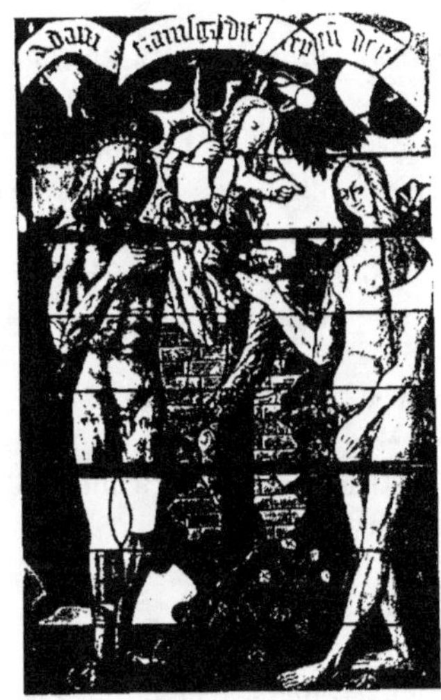

FIG. 92. — ADAM ET ÈVE.
Vitrail de la cathédrale de Châlons-sur-Marne.
(D'après GUÉRINET, édit., faubourg Saint-Martin, Paris.)

miniatures des missels sa triste silhouette : partout et toujours la même forme insexuée avec pour tout attribut les seuls seins tombants. Mais ces seins dans la représentation desquels il semble que l'artiste byzantin se soit complu, subissent, sans en changer le caractère général, de curieuses variations. Le plus souvent le sein tombant porte à son extrémité inférieure un mamelon généralement assez long. Mais, d'autres fois, ce mamelon allongé repose sur un renflement plus ou moins volumineux qui transforme le sein en une mamelle à plusieurs étages (fig. 93).

Une curieuse variante se voit aux vitraux de Châlons-sur-Marne sur lesquels Ève est dotée de deux sortes de galettes aplaties bien dessinées de face ou de profil et appliquées en haut du thorax. Adam, par le modelé de l'abdomen, se rattache à la tradition byzantine, pendant qu'Ève, avec le volume abdominal, prélude aux formes de la Renaissance.

RÉSUMÉ DE LA PREMIÈRE PARTIE

De cette première incursion dans le domaine de l'art chrétien se dégagent déjà deux types de nu bien distincts, l'un se rapportant à l'art chrétien primitif, l'autre à l'art byzantin.

Le premier dérive en ligne droite du type grec dont il reproduit les grands caractères avec une interprétation qui peut varier mais sans altérer ce qu'ils ont d'essentiel.

Le second conserve avec une interprétation fort éloignée de la précédente quelques caractères gréco-romains, mais il s'y ajoute des éléments nouveaux empruntés à l'Orient et en particulier à l'art assyrien.

On peut les résumer ainsi :

1° *Type hellénique ou gréco-romain.*

Torse d'une venue, non étranglé à la taille. Plein-cintre de l'échancrure thoracique antérieure, cintre inférieur de l'abdomen. Plans des muscles droits régularisés, discrètement indiqués, côtes non apparentes.

Membres charnus sans indications musculaires.

Têtes aux traits réguliers, nez droit.

Proportions moyennes.

Attitudes souples, léger hanchement.

Mouvements mesurés.

Variétés.

On peut ajouter à ce premier type un certain nombre de variantes : c'est d'abord ce curieux redoublement du sillon pectoral, inauguré dans les miniatures de Grégoire de Nazianze (fig. 28, 29, 30).

Puis la singulière interprétation des modelés de l'abdomen des Adam de la Bible de Charles le Gros et de la Bible d'Alcuin.

Enfin sur certaines miniatures du Codex Albani, des Evangiles de François Ier, il semble que le thorax soit comme fermé en avant par la suppression de l'échancrure thoracique et le rapprochement des deux côtés du thorax qui descendent jusqu'au voisinage de l'ombilic.

Le ventre, cerné par une ligne courbe simple ou double, ne fait plus qu'une seule saillie.

2° *Type gréco-assyrien ou byzantin.*

Torse allongé, parfois étranglé à la taille. Angle sternal et origine des côtes sternales durement indiqués. Tracé des côtes des régions sous-mammaires et sous-scapulaires. Angle xiphoïdien plus ou moins aigu. Division brutale de l'abdomen en compartiments.

Membres maigres avec les masses musculaires cernées par un trait.

Tête se présentant souvent de trois quarts. Nez busqué ou profil droit.

Proportions longues.

Attitudes roides.

Mouvements violents.

Variétés.

Là aussi on peut signaler quelques variations. Il convient de noter que les caractéristiques fondamentales de ce type existent au thorax : côtes sternales, côtes sous-mammaires. Les divisions de l'abdomen peuvent varier. Parfois une seule ligne horizontale passant par l'ombilic le sépare en deux (fig. 45).

D'autres fois, à une époque plus avancée (douzième et treizième siècles), aux divisions de l'abdomen s'ajoute comme un bourrelet de largeur variable qui l'entoure sur les côtés et en haut en suivant le rebord des fausses côtes. Cette forme s'observe sur un certain nombre de crucifix émaillés du Musée du Louvre, douzième et treizième siècles, sur les miniatures du Manuscrit de saint Louis du Musée Condé à Chantilly.

Nous pourrions rapprocher de cette dernière forme les dessins de Villard de Honnecourt bien que ce dernier se dégage complètement de l'art byzantin.

Nous verrons dans ce qui va suivre ces deux types persister jusqu'à ce que, dans l'art ogival, s'en dégage un troisième complètement délivré des lisières byzantines et s'éloignant même de l'influence gréco-romaine pour ne puiser ses traits que dans l'unique observation de la nature et la copie du réel.

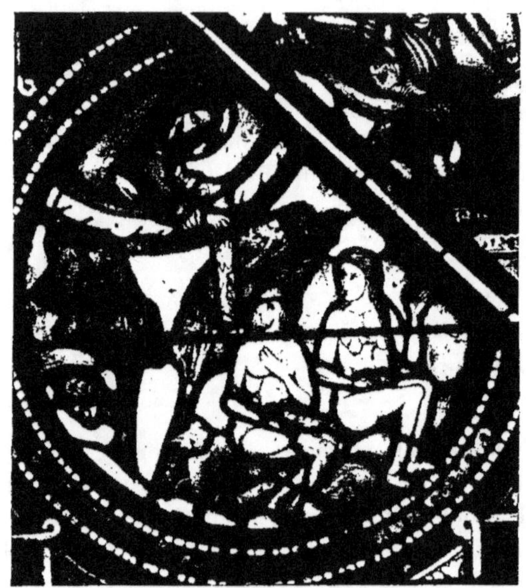

FIG. 93. — FORME DES SEINS.
Vitraux de la cathédrale de Sens. XIIe siècle.
(D'après E. CHARTRAIRE.)

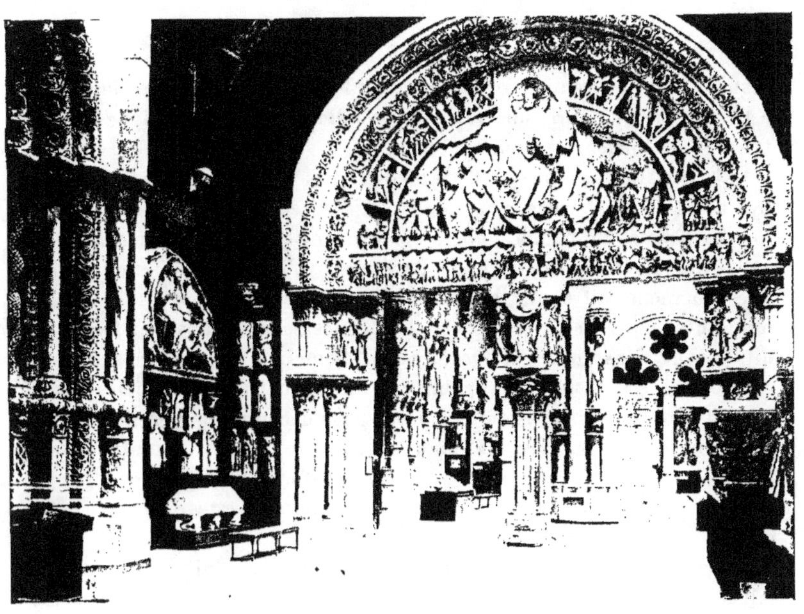

Fig. 94. — Musée du Trocadéro.
Salle romane.
(Phot. Giraudon.)

DEUXIÈME PARTIE

ART ROMAN

Vers la fin du onzième siècle, alors que l'art chrétien primitif d'Occident avait depuis longtemps disparu sous les invasions réitérées des barbares et dans les luttes intestines qui déchiraient ce qui restait encore de l'empire romain, un nouvel art chrétien se formait sur le sol de la Gaule, sous l'action des moines, dans les monastères. Les églises romanes qui couvrent notre sol, jalonnent pour ainsi dire les centres monastiques d'autrefois. Au coin le plus retiré de nos campagnes s'élèvent parfois les précieux restes de notre premier art architectural français. Étrangère aujourd'hui à tout ce qui l'entoure, une vaste et splendide basilique témoigne de l'existence d'une ancienne et puissante abbaye.

La civilisation antique a été recueillie et conservée dans les monastères byzantins. Transformée pour l'adapter au christianisme, figée en des formes fixes et immuables, elle a été transmise par ces derniers aux nouvelles organisations monastiques d'Occident. L'iconographie chrétienne est fixée au même titre que le dogme. Les anciens manuscrits illustrés de miniatures qui reproduisent toutes les scènes sacrées dans leur forme définitive sont inlassablement recopiés par les moines et répandus partout où se propage, par le zèle infatigable des missionnaires, la religion nouvelle. C'est là que les artistes romans puisent pour décorer les églises et exécuter les fresques, les verrières, les émaux et aussi les vastes décorations sculpturales. Avec les sujets, sont adoptées les formes des personnages mis en action, mêmes draperies, même nu, mêmes gestes, mêmes mouvements.

Cette filiation saute aux yeux, par exemple, de celui qui parcourt les salles du Musée du Trocadéro, où, dans un espace relativement restreint, se trouvent réunis les moulages des sculptures les plus typiques de nos églises romanes. Cette première impression se trouve d'ailleurs confirmée par les recherches des historiens qui, sans méconnaître l'incontestable originalité de l'art roman né en France, s'accordent à signaler l'influence qu'ont eue sur lui l'architecture romaine et l'architecture byzantine en même temps que les illustrateurs des manuscrits byzantins. Néanmoins, l'artiste français du douzième siècle a su ajouter à cet apport étranger un appoint personnel considérable et il a créé ainsi en sculpture comme en architecture un art original qui, sans conteste, lui appartient.

L'art roman, au point de vue qui nous intéresse particulièrement, évoque le double problème de la disparition presque complète de la sculpture pendant les cinq premiers siècles du moyen âge et de sa réapparition presque soudaine vers la fin du onzième siècle dans le midi de la France, aux portails de nos églises romanes. On a cherché quelle pouvait être la cause de deux faits historiques aussi singuliers et aussi considérables.

Pour ce qui est du premier, les uns y ont vu une des conséquences des doctrines du christianisme qui condamnait toute image, toute reproduction figurée, non seulement de Dieu et des saints, mais de tous les êtres en général (1) sans songer que la crise iconoclaste née en effet de doctrines religieuses — mais d'ailleurs vaincue au neuvième siècle — ne s'attaquait pas seulement à la sculpture mais à toutes les autres formes de l'art, peintures, mosaïques, miniatures, ivoires historiés, etc.

D'autres mieux inspirés incriminèrent l'influence prépondérante du vieil

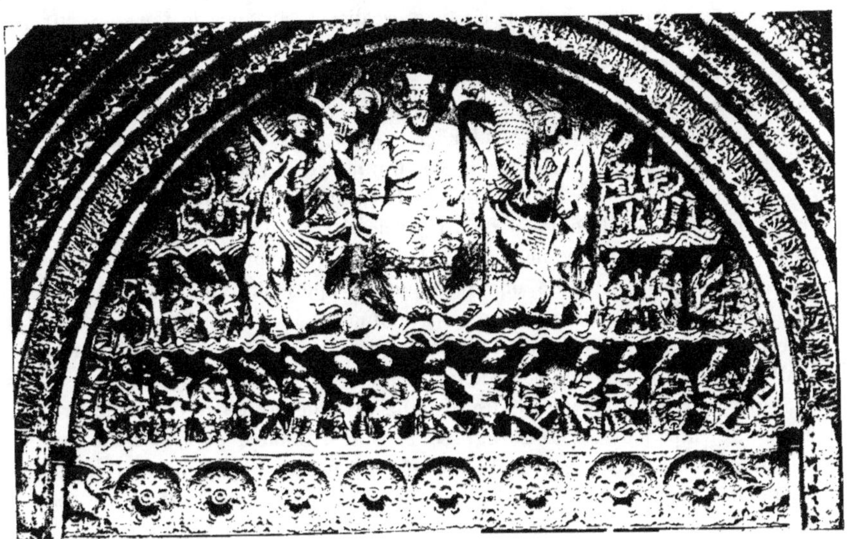

FIG. 95. — MOISSAC. TYMPAN DE L'ÉGLISE.

Variété dans les attitudes assises. Il n'est pas deux vieillards assis pareillement. — Jets de draperies à la robe du Christ et à la robe des grands anges.

Orient et de l'Islamisme, ennemis déclarés de la figure humaine, conséquence de la victoire, au cinquième siècle, du génie oriental sur l'hellénisme. Quant au second phénomène, celui de la naissance pour ainsi dire spontanée d'une nouvelle sculpture monumentale au seuil du douzième siècle, des auteurs, tel M. Bréhier, voient dans certaines œuvres d'aspect primitif et grossières des dixième et onzième siècles et surtout dans la série

(1) « Vous ne ferez point d'image taillée, ni aucune figure de tout ce qui est en haut dans le ciel et en bas sur la terre, ni de tout ce qui est dans les eaux, sous la terre. » *Exode* XX, 4.

des statues reliquaires du plateau central de la France, l'origine de la statuaire du moyen âge et comme les premières ébauches d'où devait sortir l'art statuaire roman tout entier. Par contre M. Émile Mâle, dans un livre admirable, attribue à l'imitation des anciens manuscrits byzantins une influence décisive et prépondérante sur la naissance du nouvel art statuaire : les maîtres romans auraient réalisé le prodige de faire « sortir le bas-relief de la miniature ».

Les étonnantes ressemblances que signale M. Mâle entre l'image peinte et l'image sculptée sont bien faites pour entraîner la conviction. Il nous sera permis toutefois de présenter ici quelques remarques qui, sans diminuer l'influence qu'ont pu avoir les miniatures byzantines sur l'artiste roman, nous semblent tout au moins de nature à en restreindre la portée au point de vue de la naissance du nouvel art statuaire.

Peut-on, par exemple, négliger l'action qu'a pu avoir sur ces sculpteurs novices qui avaient toute une technique à apprendre, la vue d'anciens modèles en relief partout répandus, comme les ivoires, les pièces d'orfèvrerie, les fragments de statues, les sarcophages chrétiens ou les bas-reliefs gallo-romains dont ils ne pouvaient pas ne pas avoir connaissance?

Telle couverture d'évangéliaire grandie ne différerait guère, par le métier, du tympan de certaines églises romanes. D'autre part, il a été fait un usage abusif du terme de bas-relief pour désigner la décoration sculpturale des façades romanes, abus déjà usité pour désigner la sculpture des sarcophages dont les figures sur les parois se détachent du fond plus d'à trois quarts le plus souvent. C'est ainsi que sur la plupart des tympans romans, les figures, si l'on veut bien y regarder de près, sont plus souvent en ronde-bosse qu'en bas-relief véritable. Il est vrai que la présence d'un fond sur lequel se détachent les figures en donne souvent l'illusion, mais il est facile de citer dans ces œuvres de véritables rondes-bosses, vraies statues plus ou moins grandes autour desquelles on pourrait tourner.

A Moissac, si les vingt-quatre vieillards de l'Apocalypse sont rattaches au fond par leurs sièges, les membres et les têtes surtout sont de véritables rondes-bosses (fig. 95). A Charlieu, où toutes les têtes sont brisées, l'étroitesse de leur point d'attache à l'auréole placée derrière prouve qu'elles n'étaient pas loin d'avoir été traitées de la même façon. A Autun comme à Vézelay, à part le Christ dont les dimensions mêmes empêchent une saillie considérable, toutes les autres figures sont détachées du fond

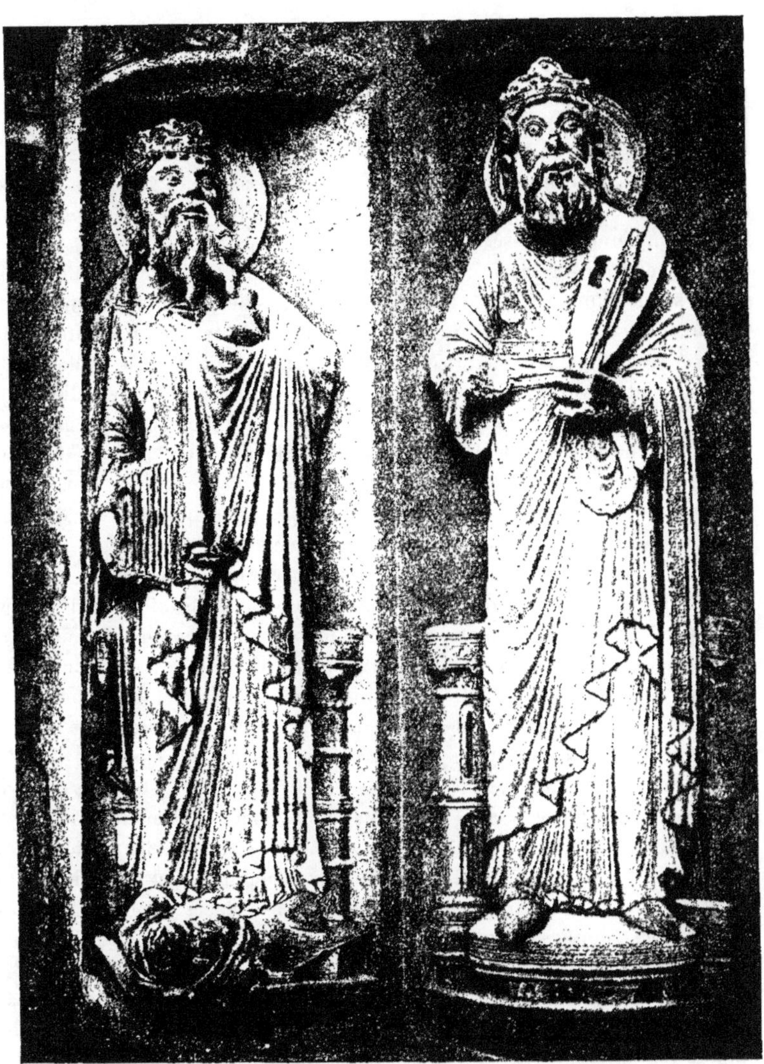

FIG. 96. — VIEILLARDS DE L'APOCALYPSE.
Portail royal de la cathédrale de Chartres. Cordons des voussures de la baie centrale.
(*Phot.* Et. HOUVET, *Monographie de la cathédrale de Chartres*, p. 28.)
Souplesse de l'attitude dans la figure de gauche. A droite, expression de l'étonnement très bien rendue.

presque entièrement. Et il en est de même presque partout. A Chartres en particulier on peut citer comme au hasard, parmi les vieillards de l'Apocalypse qui meublent les voussures, de véritables statues debout (fig. 96), et parmi les figures assises voisines Aristote. Pythagore, Donat. toutes plus ou moins penchées sur leur écritoire, d'un relief étonnant, toutes simplement adossées au fond (fig. 145).

On ne sera pas surpris de cette tendance vers le haut-relief et la ronde-bosse si l'on songe. d'une part, que le dessin d'où dérive le bas-relief est une forme plus évoluée de l'art et, d'autre part, que l'effet obtenu était d'autant plus marqué que les figures adossées à une façade étaient plus saillantes et accrochaient davantage la lumière. Facilité dans l'exécution, excellence du résultat, tout portait donc l'artiste vers le haut-relief et la ronde-bosse.

Cette prédominance de la ronde-bosse sur le bas-relief aux portails des églises romanes va un peu. nous semble-t-il, à l'encontre de la thèse de M. Mâle. et s'oppose à la théorie un peu simpliste qui ferait naître un portail roman d'une miniature autour de laquelle on aurait creusé.

Si les sculpteurs des façades de nos églises romanes ont puisé dans les miniatures des anciens manuscrits les scènes qu'ils devaient représenter. ainsi que M. Mâle l'a péremptoirement démontré, il est rationnel d'admettre que ne pouvant y trouver des renseignements techniques pour leur art, ils se sont adressés. à cet effet. aux nombreux objets d'art en relief qu'ils avaient sous la main. Quand on dit que la statuaire n'existait pas dans la première moitié du moyen âge. c'est exact si l'on entend parler de la seule sculpture monumentale. Mais on pourrait dresser une liste assez longue d'œuvres de sculpture variées datant de cette époque et dans tous les pays.

Dans les basiliques romaines au huitième et au neuvième siècles on élevait des statues d'argent doré dédiées au Rédempteur et à la Vierge. La tradition des effigies impériales élevées sur les places publiques, soit au sommet des colonnes triomphales, soit en statues équestres, s'est perpétuée aussi bien à Rome qu'à Byzance jusqu'au neuvième siècle.

Au centre de la France, les statues reliquaires sont nombreuses au dixième siècle. de même que les saints en majesté en or. Dans le Midi, les apôtres adossés au cloître de Moissac sont antérieurs à 1100, de même que les plaques sculptées du déambulatoire de Saint-Sernin à Toulouse et les statues des saints adossés au portail de l'église de Saint-Just de Valcabrère, etc.

Dans le Nord, les crucifix en relief étaient en usage ainsi que les statuettes en métal de petite dimension.

Enfin on peut citer les sculptures de l'époque carolingienne, couvertures de psautier, plaques d'ivoire et toute la série des crucifixions. Puis les bronzes : statuette équestre de Charlemagne, mufles de lion de la cathédrale d'Aix-la-Chapelle, portes de bronze de la cathédrale d'Hildesheim, colonne en bronze de Saint-Bernward où les personnages sont en très haut relief, etc...

Les traditions carolingiennes ne s'étaient nullement interrompues au dixième et au onzième siècles. « Dès lors, dit M. Molinier, l'époque romane a moins le droit à être considérée comme une sorte de renaissance et il faut y voir plutôt la continuation et le développement d'un état de choses antérieur (1) ».

Il est vrai que dans les œuvres de sculpture que nous venons de citer, la plupart sont de dimensions relativement restreintes. Mais il ne saurait y avoir de différences fondamentales entre la grande sculpture et la petite, la sculpture industrielle par exemple

L'œuvre d'art ne change pas de nature avec la taille. Et l'on peut dire même, à ne considérer que les objets d'orfèvrerie, statuettes de bronze émaillées d'or ou d'argent que la statuaire n'avait jamais entièrement disparu. A l'époque romane elle n'était donc pas une invention nouvelle et si les sculpteurs du treizième siècle n'ont pas eu à en réinventer les procédés, ils n'en ont pas moins eu la géniale audace — ce qui est déjà beaucoup — de la hausser aux proportions monumentales. On peut même ajouter que par l'intermédiaire de l'art byzantin qui lui légua la singulière formule étudiée au chapitre précédent, elle se rattachait aux formes les plus anciennes de la statuaire du passé. C'est ainsi que l'antique Chaldée peut revendiquer le dessin particulièrement accentué des côtes sous-mammaires. L'Assyrie, héritière de la Chaldée, ajoute dans le dessin du torse aux côtes inférieures les lignes sternales destinées à traduire la jonction des différentes pièces sternales entre elles et celle des cartilages costaux au sternum lui-même. C'est surtout dans les miniatures, les fresques et les mosaïques que l'art byzantin, ainsi que nous l'avons vu, a répété à satiété cette formule dont les deux traits principaux que nous venons de rappeler sont empruntés à la

(1) Molinier. *Histoire de l'art de A. Michel*, t. I, p. 857.

statuaire de l'ancien Orient. Avec l'art roman, cette formule née de la sculpture y retourne. Comment s'est fait ce retour? Est-ce simplement par l'intermédiaire de la miniature et n'y aurait-il pas eu une action plus directe sous l'influence de ces moines voyageurs qui colportaient les modèles et pouvaient fort bien venir de l'Orient?

D'autre part, les relations commerciales qui existaient entre les pays les plus lointains de l'Orient et l'Occident ne rendent pas impossible la vision directe par les artistes du Moyen Age de quelques bas-reliefs chaldéens ou assyriens.

Quoi qu'il en soit, nous allons voir l'art roman qui, dans l'ornementation et les draperies, imita l'art byzantin, s'inspirer également des formes que cet art avait imaginées pour reproduire la nudité de la figure humaine.

Toutefois, en passant dans l'art roman, le nu byzantin abandonne souvent quelques-uns des traits qui le composent, en particulier les formes abdominales avec la brutale accentuation de ses subdivisions. De plus nous verrons peu à peu s'éveiller le goût de la nature et nous aurons plus d'une fois l'occasion de noter la justesse de l'esprit d'observation de l'artiste.

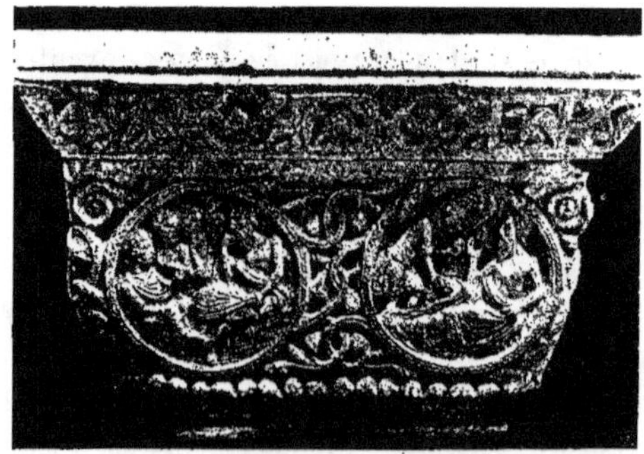

FIG. 97. — CHAPITEAU DE JOB.
Musée de Toulouse.
(D'après J. ROUSSEL, *la Sculpture romane.*)
Formule gréco-assyrienne du torse de Job.

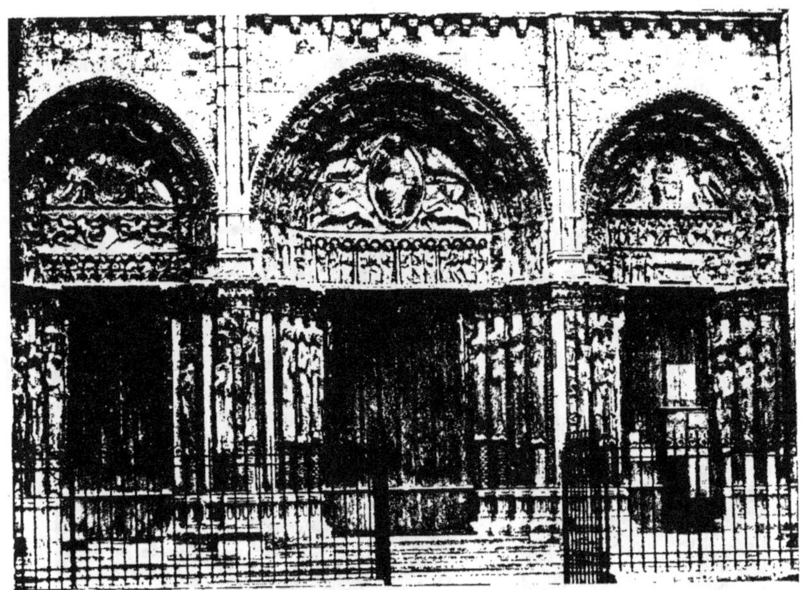

FIG. 98. — PORTAIL ROYAL DE LA CATHÉDRALE DE CHARTRES.
(*Phot. Houvet.*)

LES FORMES

Dans les tympans romans la nudité est rare. La figure du Christ en majesté, dans la scène de l'Apocalyse, est toujours vêtue d'une ample tunique avec un manteau jeté sur les épaules. Et des étoffes étroitement appliquées sur le nu reproduisent avec une régularité géométrique les plis concentriques, les chutes étagées, les jets latéraux avec retroussis chers à l'art byzantin. Dans la scène du Jugement dernier, le Christ est le plus souvent vêtu de la même façon. Il est toutefois quelques exceptions notamment à Beaulieu, où le torse du Christ est découvert dans toute sa moitié droite jusqu'à la ceinture. L'on peut constater alors les sillons sternaux et les côtes sous-mammaires pendant que l'abdomen reste lisse.

Au tympan de l'église Sainte-Foy à Conques, le Christ n'a que la région sous-mammaire découverte et les côtes s'y dessinent violemment.

A la même époque, une grande statue du portail de la cathédrale de Senlis, qui représente Abraham sur le point de sacrifier Isaac, nous

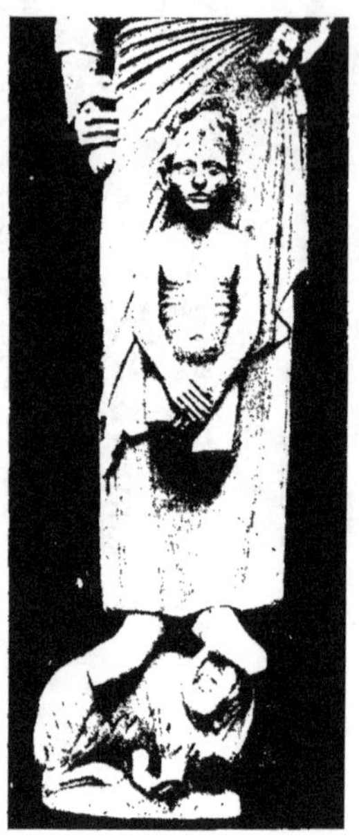

Fig. 99. — Isaac et Abraham.
Détail du portail de l'église de Senlis.
Nu d'Isaac suivant la formule byzantine — raies sternales — côtes sous-mammaires.

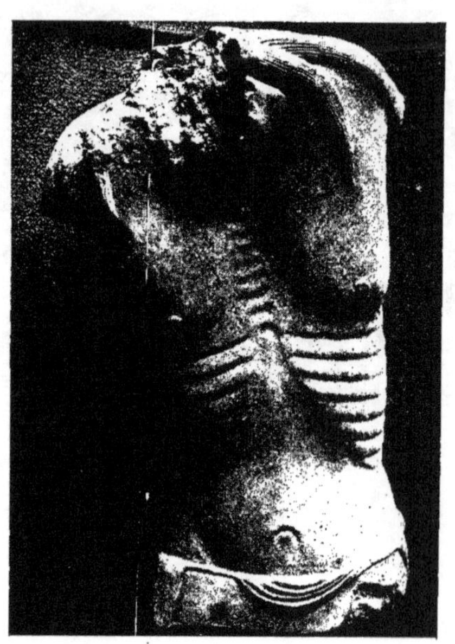

Fig. 100. — Torse de crucifié de Cambrai.
(D'après un moulage du Musée du Trocadéro.
(Phot. Arch. phot. art et hist.)
Formule byzantine incomplète.

montre sur le torse de l'enfant cette même forme très distinctement reproduite (fig. 99).

Mais c'est surtout sur les crucifix que se montre la fameuse formule. De grands Christs des onzième et douzième siècles nous en donnent des spécimens très démonstratifs.

Un torse de crucifié plus grand que nature, auquel il manque la tête et les bras (vers 1160), de l'ancienne cathédrale de Cambrai, et dont le moulage est au Trocadéro, est très remarquable par l'accentuation des lignes sternales ainsi que des côtes sous-mammaires (fig. 100). On peut en rapprocher le grand Christ en bois de Courajod du Musée du Louvre où les mêmes traits existent nettement accusés et aussi celui du Musée de

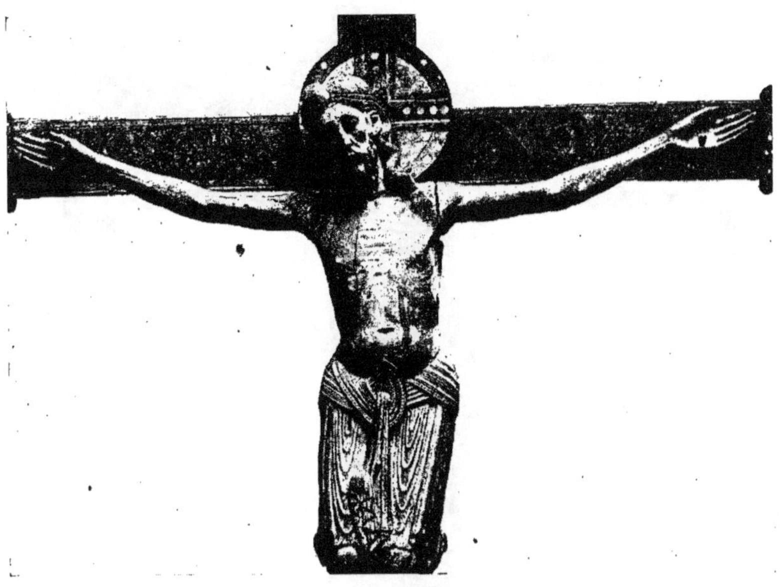

Fig. 101. — Christ.
Musée de Cluny. (Arch. phot. art et hist.)
Formule byzantine incomplète.

Cluny (fig. 101). A Autun, parmi les fragments conservés du tombeau de Saint-Lazare du douzième siècle, existe un Christ crucifié, sculpture également de grande taille, dont les côtes sous-mammaires et les raies sternales sont aussi très visibles (fig. 102). Les plis de la jupe descendant assez bas à gauche ont l'aspect des draperies byzantines. Mais sur tous ces Christs le ventre est lisse en général, saillant et sans autre détail que l'ombilic.

Un chapiteau du Musée de Toulouse raconte l'histoire de Job dont la

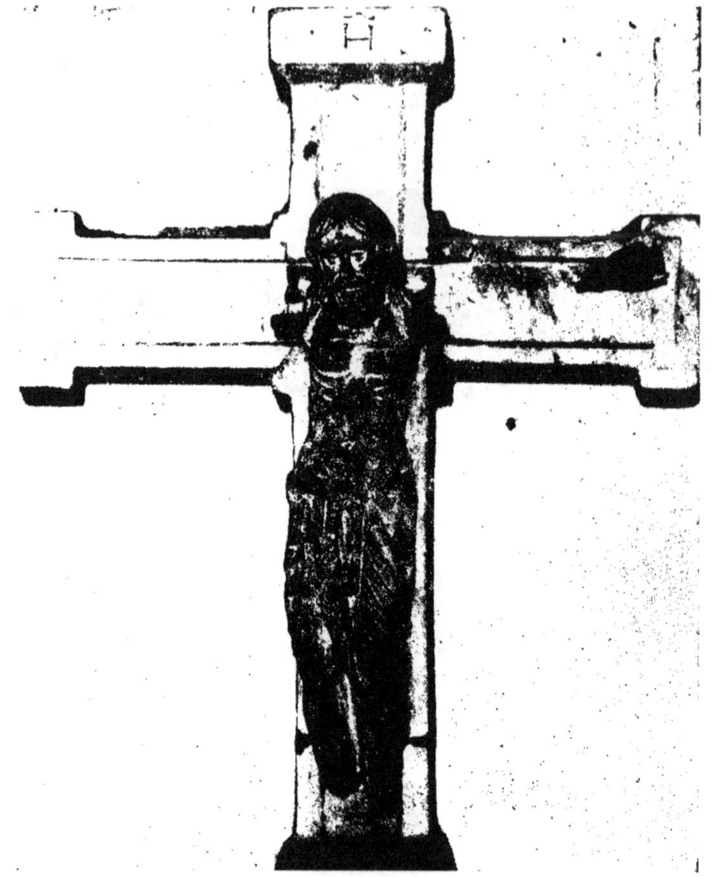

Fig. 102. — Crucifié.
Fragment du tombeau de Saint Lazare à Autun.
Formule gréco-assyrienne.

nudité permet de constater les raies sternales et les côtes sous-mammaires sur une figure autre que le Christ et de dimension plus réduite que celle des précédents spécimens (fig. 97).

L'histoire du péché originel largement figurée dans l'art chrétien primitif et dans l'art byzantin se retrouve ici.

Un chapiteau de Notre-Dame-du-Port à Clermont montre Adam et Ève dans

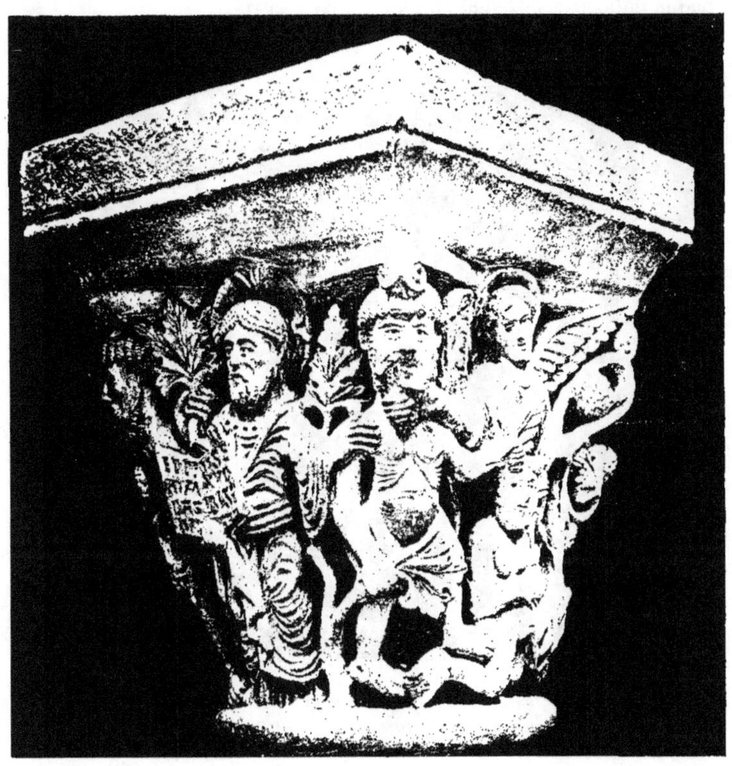

Fig. 103. — Le Péché originel.
Chapiteau de Notre-Dame-du-Port. Clermont-Ferrand.
(Arch. phot. art et hist.)
Sur Adam, les côtes sous-mammaires. Sur Ève, les mammelles pendantes.

une scène assez mouvementée plaisammant décrite par A. Michel : « Adam avale passivement le fruit défendu en caressant l'épaule de la femme ; mais quand l'Éternel lui est apparu et a prononcé les paroles inscrites au livre ouvert dans ses mains : *Ecce Adam casi unus ex vobis factus* (*Genèse*, III, 22), l'homme s'abandonne à sa fureur et saisissant par les cheveux la séductrice qui l'a perdu, il lui administre une volée de coups de pied, tandis que l'ange l'entraîne déjà, par la barbe, hors du Paradis (1). »

Ève ici n'est que la femelle byzantine aux mamelles pendantes et Adam

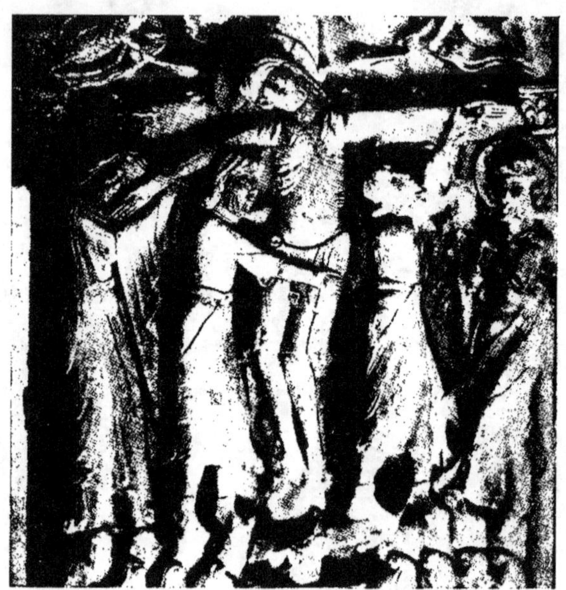

Fig. 104. — La Descente de croix.
Relief du cloître de Santo Domingo de Silos (Castille) XIIe siècle.
(D'après A. Michel, *Histoire de l'art*, tome II, p. 224.)
Formule gréco-assyrienne (moins l'abdomen).

porte les côtes sous-mammaires très accentuées. Les mêmes formes d'Adam et d'Ève se retrouvent sur un chapiteau de Saint-Germain-des-Prés au Musée de Cluny, sur un chapiteau roman conservé dans la cour de l'Ecole des Beaux-Arts, etc,.

(1) *Histoire de l'art*. t. I. p. 600.

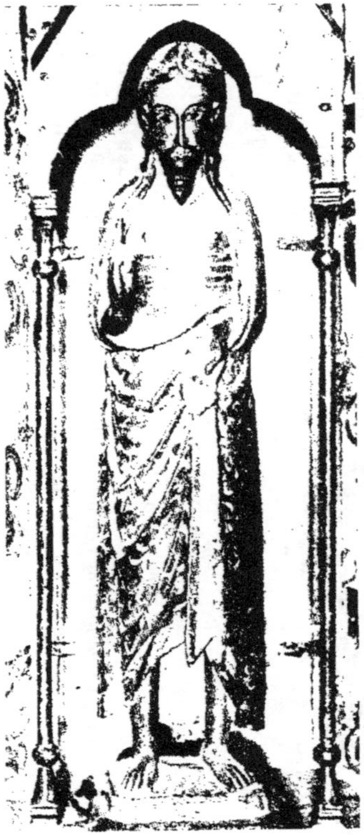

FIG. 105. — SAINT JEAN-BAPTISTE.
Statue en bois de l'église d'Albocacer (prov. de Valence), XIIIe siècle.
(D'après A. MICHEL, *Histoire de l'art*, tome II, p. 287.)
Formule gréco-assyrienne complète.

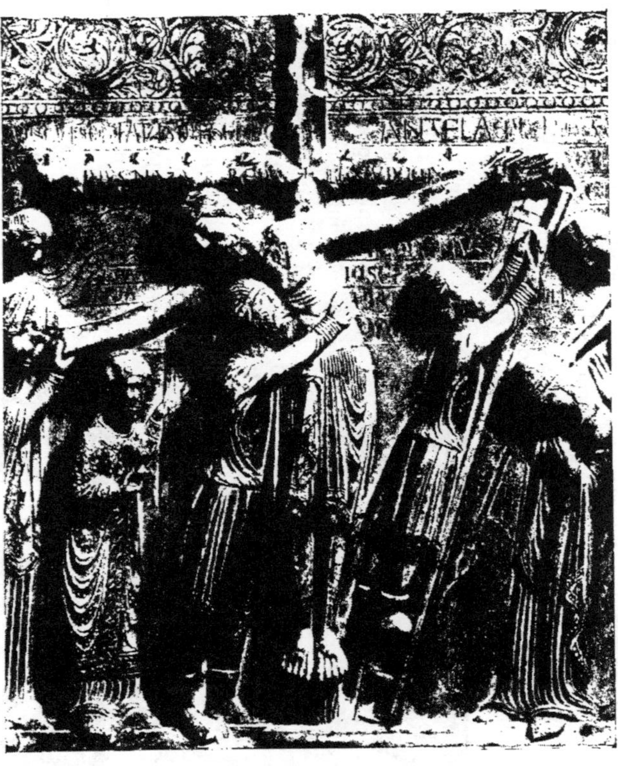

FIG. 106. — LA DÉPOSITION DE CROIX.
Cathédrale de Parme. Benedetto Antelami.
(Phot. Alinari.)
Côtes sous-mammaires.

L'on sait la répercussion qu'a eue partout à l'étranger la sculpture française du douzième siècle. Aussi n'est-il pas surprenant de retrouver cette même formule hors de France, en Espagne, par exemple à Silos (Castille), dans une descente de Croix du douzième siècle (fig. 104) et même au treizième siècle sur la statue de bois de saint Jean-Baptiste de l'église d'Albocacer (fig. 105).

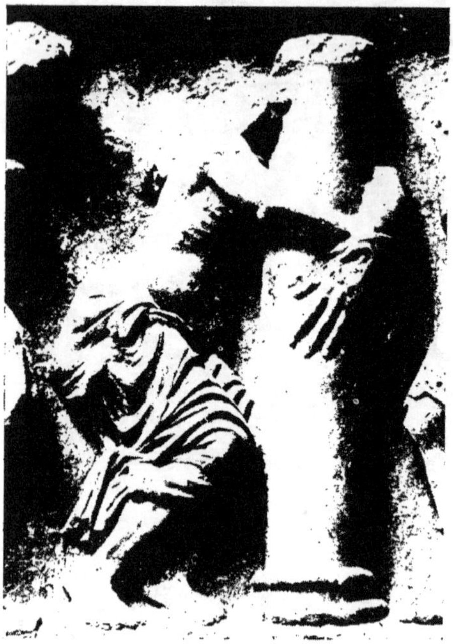

FIG. 107. — LA FLAGELLATION (DÉTAIL).
Saint-Gilles.
(Phot. Giraudon.)
Côtes sous-mammaires très nombreuses.

On trouve également ces formes et plus spécialement les côtes inférieures sur les nus de l'époque romane en Italie. Par exemple (fig. 106), sur une descente de croix d'Antelami, à la cathédrale de Palerme, sur une double figure d'archer du baptistère de Parme (détail du « zooforo »), sur une statue de saint Christophe de la chaire de la cathédrale de Salerne et sur trois petites figures d'un chapiteau de cette même chaire (1). Ces mêmes détails s'observent à la cathédrale de Monréale (fig. 108), sur un chapiteau assez grossier de Sainte-Marie-Majeure à Toscanella (fig. 109), et aussi en France, à Saint-Gilles (fig. 107), sur un chapiteau de Notre-Dame de Laon (fig. 116).

La façade de San Zénon à Vérone (milieu du douzième siècle) porte en plusieurs scènes l'histoire du péché originel. Adam et Ève sont de petits personnages courts et à grosses têtes. Le modelé en est rond sans accent

(1) VENTURI, *Histoire de l'art italien*, t. III, fig. 284, 300, 301, 558 et 559.

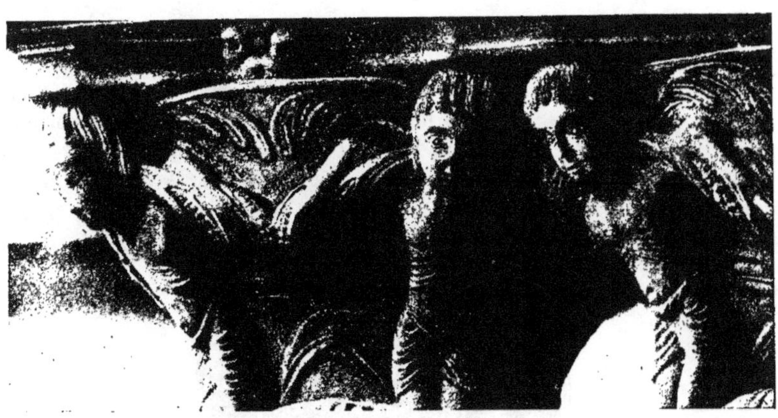

Fig. 108. — Chapiteau (détail) du cloître de la cathédrale de Monréale.
(Phot. Alinari.)
Côtes sous-mammaires.

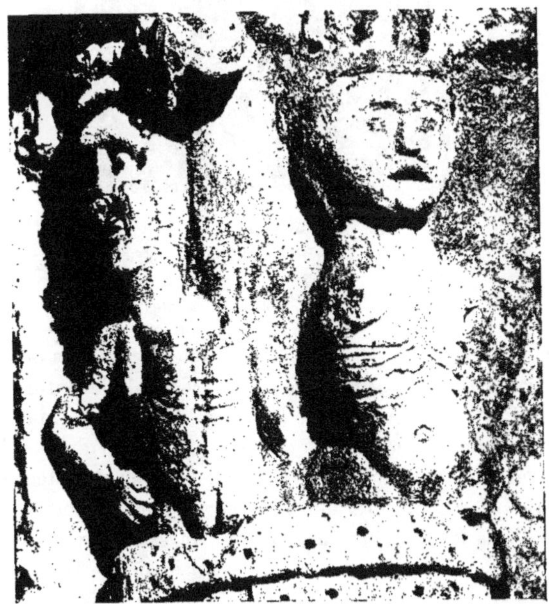

Fig. 109. — Chapiteau de l'église de Sainte-Marie-Majeure. Toscanella.
(Phot. Alinari.)
Côtes sous-mammaires.

musculaire. Le dessin accentué des côtes inférieures en ressort d'autant mieux, c'est le seul trait d'ailleurs qui persiste de l'antique formule (fig. 110). Il en est de même sur l'Adam et Ève de la façade de la cathédrale de Modène. Mais ici ces figures également courtes ont beaucoup plus de caractère dans le modelé et dans l'expression des physionomies. Mais il nous faut relever, sur la figure d'Ève de ces deux cathédrales, la forme

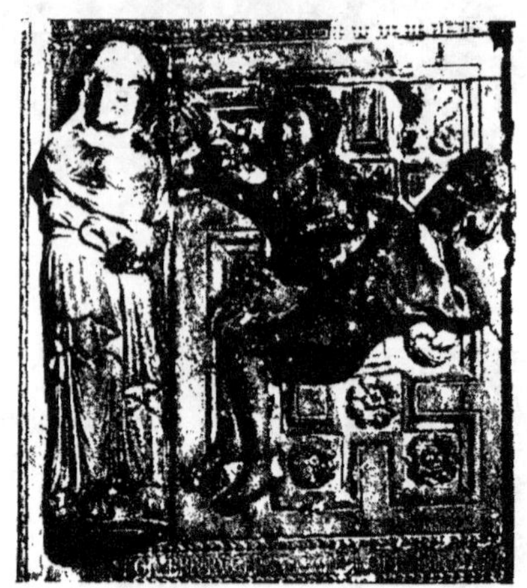

FIG. 110. — NAISSANCE D'ÈVE.
Bas-relief de la façade de Saint-Zénon, Vérone.
(Phot. Lotze.)
Côtes sous-mammaires. Poitrine hémisphérique d'Ève.

des seins qui ne sont plus les longues mamelles pendantes de l'art byzantin mais dont la forme hémisphérique se rapproche de la nature (fig. 111).

Pour ce qui est des membres, nous avons vu l'art byzantin dans ses miniatures et ses mosaïques y accentuer comme à plaisir certaines saillies musculaires qu'il cerne d'un trait dur à l'instar des formes heurtées chères à l'art assyrien. Il est assez naturel que l'on retrouve les mêmes traditions dans l'art roman. Mais les membres nus y sont rares à l'exception de Christs émaciés et de quelques figures d'Adam assez grossières. Toutefois un curieux document de l'église Saint-André-le-Bas à Vienne vaut d'être cité ici. Sur le chapiteau d'un pilastre engagé dans la nef, une jambe fléchie vue par sa

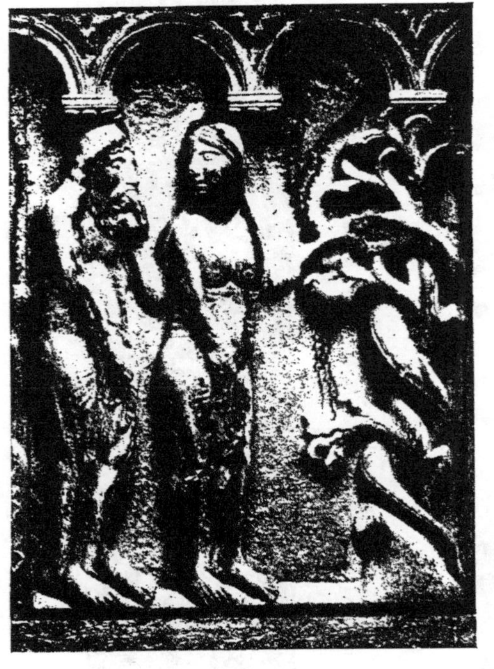

FIG. 111. — ADAM MANGE LA POMME.
Façade de la cathédrale de Modène. Niccolo e Guglielmo. 1099.
(Phot. Alinari.)

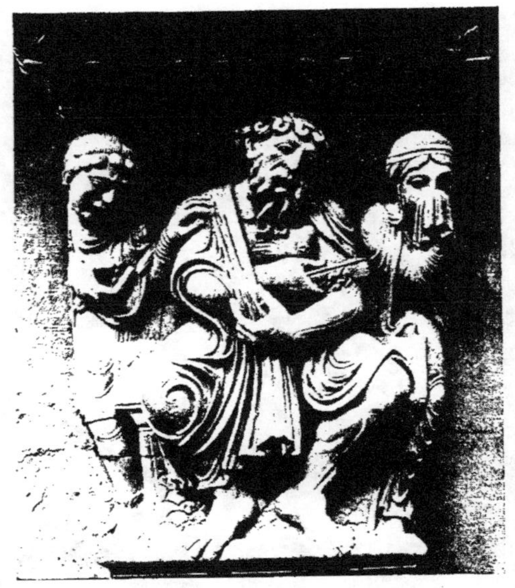

FIG. 112. — CHAPITEAU DE L'ÉGLISE SAINT-ANDRÉ-LE-BAS.
Histoire de Job.
Musculature de la jambe d'après la formule assyrienne

sous-mammaires sur Adam et sur Ève. Poitrine hémisphérique.

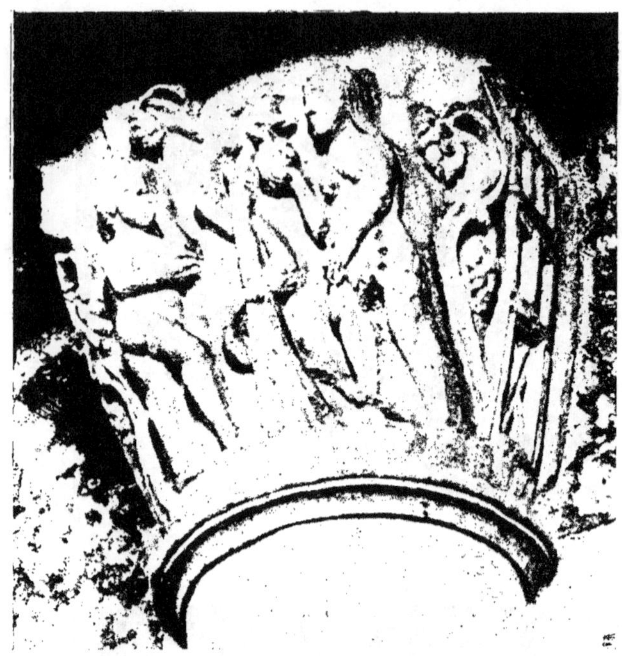

FIG. 113. — ADAM ET ÈVE. CHAPITEAU DE VEZELAY.
(Phot. N. D.)
Le nu d'Adam et Ève sur ce chapiteau ressemble fort au nu des manuscrits du Ve siècle.

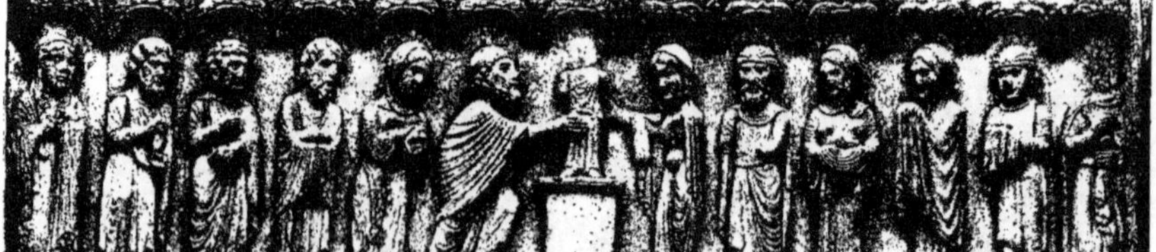

FIG. 114. — PRÉSENTATION AU TEMPLE.
Linteau de la façade occidentale de la cathédrale de Chartres.
Proportions courtes.

face interne offre des caractères qui la rattachent nettement à l'art assyrien. C'est la première fois que le modelé des membres nous permet ce curieux rapprochement qui s'appuie sur le volume des muscules, le trait qui cerne les saillies et le modelé si spécial de la face interne du tibia. Par ailleurs, les membres nus d'Adam et Ève (fig. 113) relèvent des formes adoptées dans les miniatures des anciens manuscrits. On y retrouve cette saillie du mollet semblable qu'il soit vu par la face externe ou la face interne du membre.

Proportions. — Dans la construction de ses personnages, le Moyen Age n'a obéi à aucune règle de proportion. Depuis l'extrême longueur des figures d'Autun jusqu'à la brièveté de celles du linteau de Semur-en-Brionnais, on trouve tous les degrés intermédiaires. Les extrémités, mains et pieds, sont souvent d'une longueur disproportionnée au reste de la figure. Et le plus souvent il n'y a aucune harmonie entre le torse et les membres, de même qu'entre les différents segments de ces derniers.

Au douzième siècle, la figure humaine se plie aux exigences de l'architecture dont elle est l'esclave, elle s'allonge jusqu'à l'extrême sur les colonnes des portails dont elle semble faire partie intégrante, elle se

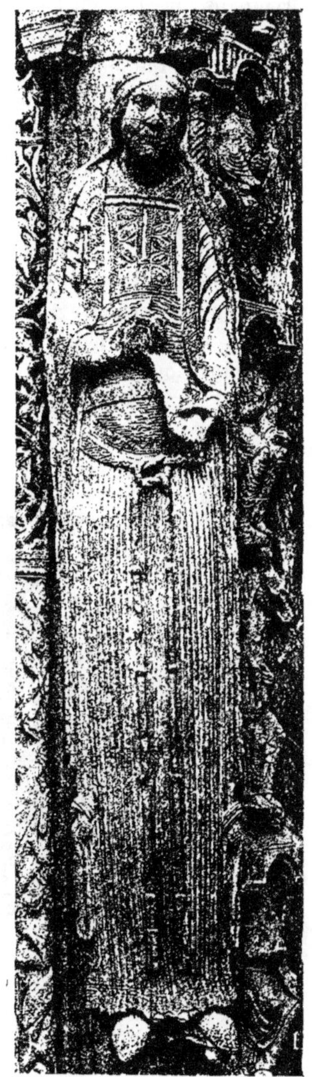

FIG. 115. — REINE DE JUDA.
Portail royal de la cathédrale de Chartres. Baie de gauche, côté gauche.
(Phot. Ét. Houvet.)
Exemple de proportions exagérées en longueur.

tasse au contraire et se fait trapue dans les chapiteaux, dans les registres des tympans (fig. 114) ou les cordons des voussures, suivant l'espace disponible qu'elle doit remplir, mais ce qu'elle n'abandonne pas ce sont les dimensions de la tête où se résument l'expression, la vie, les traits individuels.

Dans la face est concentré tout le personnage, et elle garde toute son importance quelles que soient les dimensions de la figure. Le corps, sous les plis rigides du vêtement, n'est guère qu'un support qui s'allonge ou diminue suivant les circonstances (fig. 115). Il semble donc que dans l'art roman, comme dans l'art byzantin, les longues proportions fussent la règle et que ce n'est que sous l'influence de dispositions matérielles qui se retrouvent aussi dans l'art ogival, que les figures courtes apparaissent.

Si dans ce dernier art, les proportions courtes se voient aussi, les autres figures dont le développement en hauteur n'est point gêné sont de proportions plus normales et gardent un beau caractère de sveltesse et de grandeur.

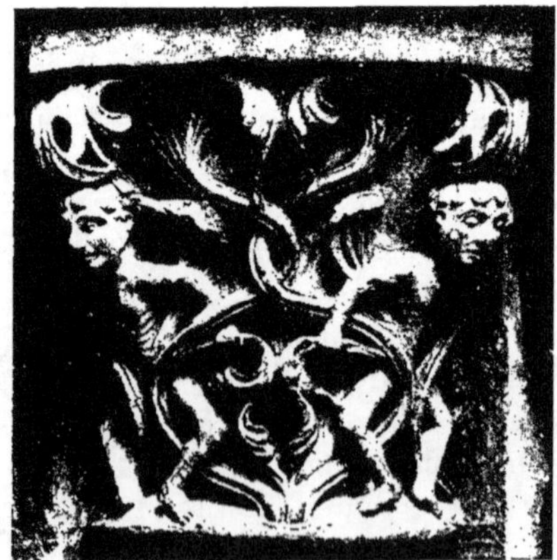

FIG. 116. — CHAPITEAU DE L'ÉGLISE NOTRE-DAME. LAON.
Côtes sous-mammaires.

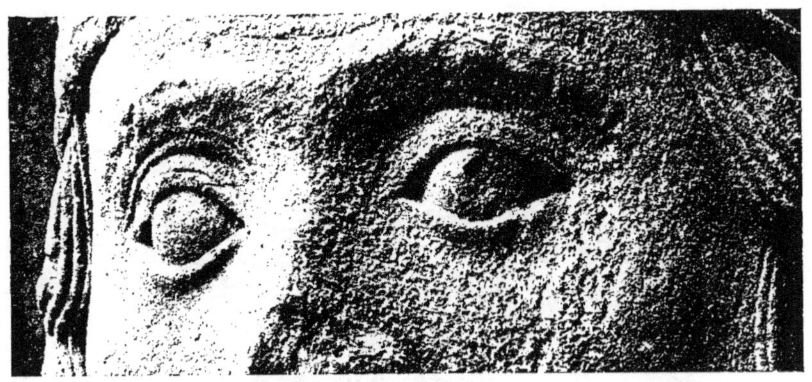

Fig. 117. — Roi de Juda (détail).
Portail royal de la cathédrale de Chartres. Baie centrale, côté gauche.
(Phot. Ét. Houvet, Portail royal, pl. 19.)
Pli tarsal de la paupière supérieure.

TÊTES

L'importance que prend la tête dans l'art médiéval vaut que nous lui consacrions quelques pages spéciales, aussi bien dans l'art du douzième siècle que dans celui du treizième dont il sera question au chapitre suivant. Pour l'instant, le Portail Royal de la cathédrale de Chartres, qui date du douzième siècle, nous permet de curieuses et fructueuses observations rendues aujourd'hui faciles par les magnifiques et nombreuses photographies des albums de M. Et. Houvet que nous ne saurions trop féliciter et remercier. C'est ainsi qu'un coup d'œil d'ensemble, aussi bien sur les têtes des grandes statues adossées aux colonnes que sur celles des personnages qui ornent les tympans, permet de relever des proportions fort variées et des expressions très diverses. Je rappellerai que, sur la nature, une ligne horizontale passant par l'axe des yeux partage en deux parties égales la hauteur de la tête et que la face peut être divisée en trois parties égales : la première comprend le front, la seconde le nez et la troisième la bouche et le menton.

Or, à Chartres, toutes les têtes du douzième siècle se rattachent à deux types très différents, un type long et un type court. Le premier pourrait être représenté par le roi de Juda, le premier à gauche de la baie centrale

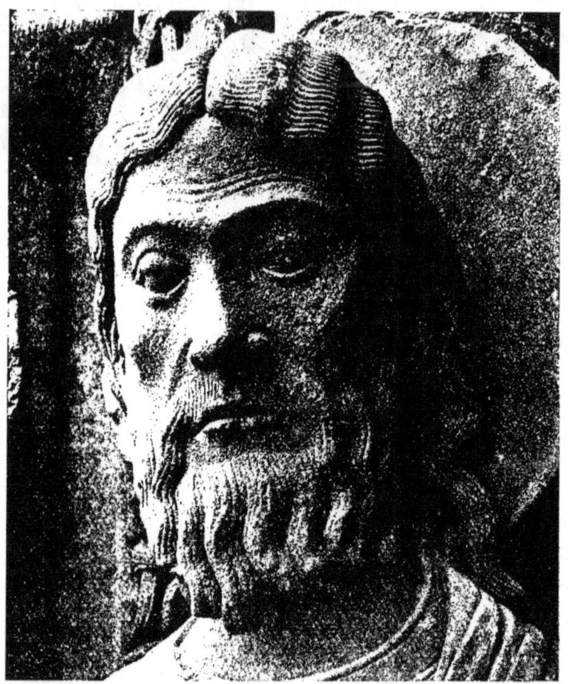

Fig. 118. — Roi de Juda.
Portail royal de la cathédrale de Chartres. Baie centrale, côté gauche.
(D'après Ét. Houvet, *Portail royal*, pl. 20.)
Type de face allongée.

du Portail royal et le second par un autre roi de Juda qui lui fait face.

On remarque sur le premier (fig. 118, 126) que la longueur de la tête est obtenue, aux dépens de la moitié inférieure, par l'allongement de toute la partie de la face au-dessous de la ligne des yeux. Au siècle suivant cet allongement de la face s'exagère et dépend surtout du développement en hauteur de l'étage moyen qui correspond au nez.

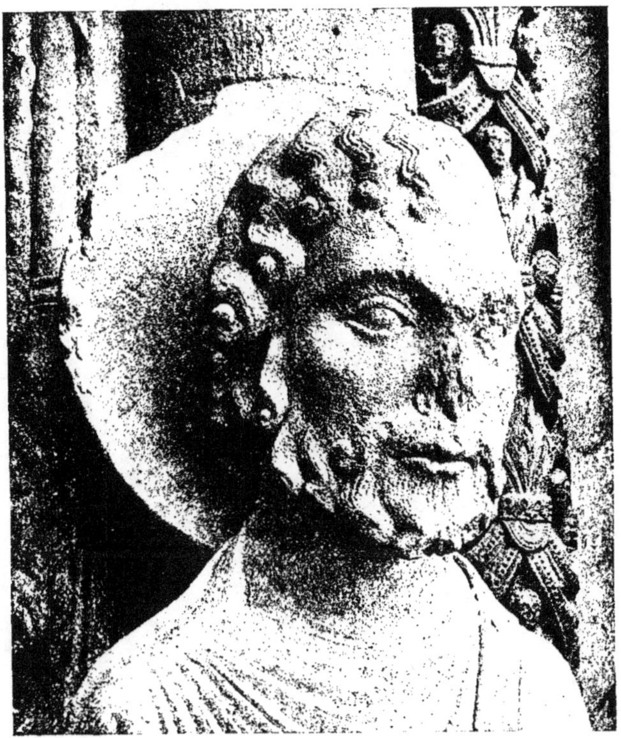

FIG. 119. — ROI DE JUDA.
Portail royal de la cathédrale de Chartres. Baie centrale, côté droit.
(D'après Ét. HOUVET, *Portail royal*, pl. 21.)
Type de face à proportions normales.

Le type court (fig. 119) se distingue par l'égalité des différents étages de la face. Jetons maintenant un coup d'œil sur les différentes parties du visage.

Yeux. — Les yeux sont bien enchâssés dans l'orbite, bien qu'en général la saillie de l'apophyse orbitaire externe fasse défaut. Ils sont plus ou moins gros et saillants, plus ou moins rapprochés du sourcil. Les saillies des sourcils diversement arqués se rejoignent sur la ligne médiane en un

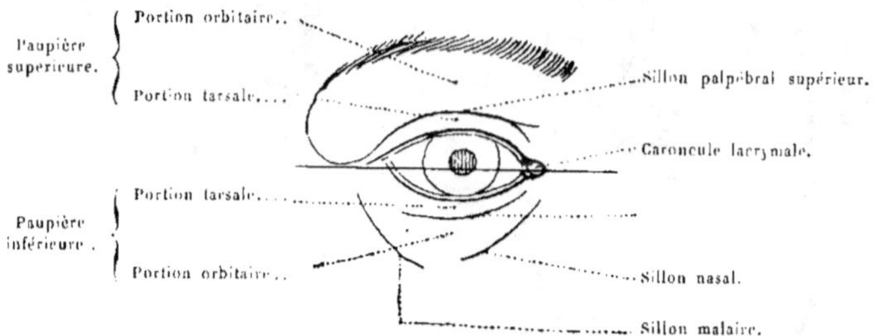

Fig. 120. — Plis des paupières.

relief assez léger qui surmonte la racine du nez. Mais ce qui est particulièrement remarquable c'est la façon dont sont traitées les paupières qui

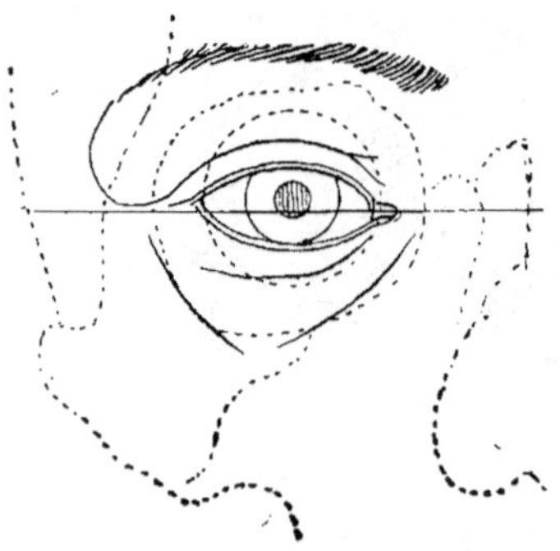

Fig. 121. — Rapports de l'oeil avec le globe oculaire a la base de l'orbite indiqués en pointillé.

sont représentées presque dans toutes leurs variétés. Mais si bon observateur qu'il ait été, l'artiste roman a complètement ignoré la caroncule lacrymale. Les deux angles de la fente palpébrale sont traités de la même façon. Les deux paupières se rejoignent, en dedans comme en dehors, à angle aigu, tandis que dans la nature, l'angle interne est marqué d'une échancrure arrondie qui loge une petite élevure rose formée d'un amas de glandes sébacées et qu'il ne faut pas confondre avec la glande lacrymale cachée sous l'angle externe et supérieur de l'orbite, c'est la caroncule lacrymale qui joue un rôle morphologique important. Pour bien juger de la forme des paupières il n'est pas inutile de reproduire ici un schéma publié dans un volume précédent (vol. II, fig. 20 et 21). La portion orbitaire de la paupière supérieure descend le plus souvent sur la portion tarsienne en formant un repli qui laisse à découvert une partie plus ou moins haute du bord libre de la paupière. Or, cette forme a été parfaitement bien reproduite ici

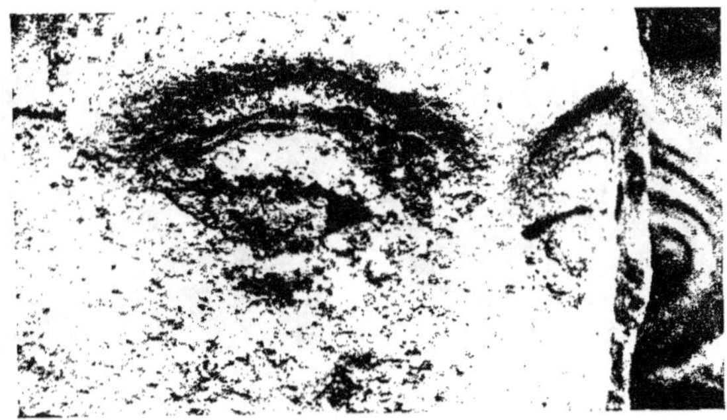

Fig. 122. — Reine de Juda (détail).
Portail royal de la cathédrale de Chartres. Baie centrale, côté gauche.
(D'après Ét. Houvet, *Portail royal*, p. 17.)
Double pli tarsal de la paupière supérieure.

sous ses aspects variables. On voit même ce pli se dédoubler comme il arrive quelquefois et un second pli dénommé *pli tarsal* plus étroit se dessiner au-dessous du précédent, détail de morphologie fine que l'artiste n'a point négligé (fig. 122, 123). A la paupière inférieure, les détails de morphologie sont très corrects. Le pli nasal est, comme il convient, accentué sur les personnes d'un certain âge.

Le globe oculaire bien arrondi montre le plus souvent entre les paupières, comme dans la statuaire antique, sa surface lisse qui ne porte aucune indication de pupille. Toutefois, cette dernière bien indiquée donne plus de vivacité au regard sur quelques grandes figures des portails, en particulier sur la belle figure du Christ en majesté dont l'œil à demi voilé donne à la face, malgré la sévérité des traits, une expression indéfinissable de douceur et de recueillement (fig. 124) et sur les petites figures du portail de droite consacré à la Vierge (fig. 125).

Les formes de l'oreille souvent négligées sont parfois reproduites avec un rare bonheur (HOUVET, *loc. cit.*, pl. 19) qui nous montre que lorsque l'artiste voulait s'en donner la peine, aucun détail des formes ne lui était étranger, depuis la petite oreille de la femme jusqu'à la longue oreille des Juifs.

Le nez est taillé par plans, avec le dos rectiligne, la base horizontale, large et pourvue de narines bien dessinées.

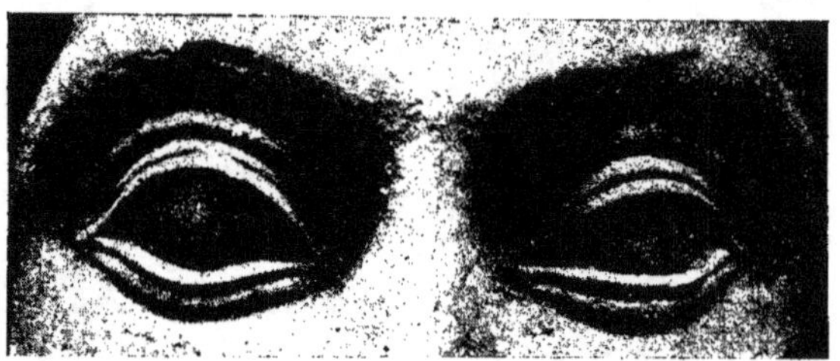

FIG. 123. — LES YEUX DE LA TÊTE DE CLOVIS.
Notre-Dame de Corbeil, XIIe siècle.
(Phot. Giraudon.)
Exagération des plis de la paupière indiqués sur la figure précédente.

La bouche a des lèvres correctement modelées avec le sillon naso-labial large, bien marqué et les rebords correctement ourlés. Si les visages sont imberbes (Pl. 27, HOUVET), on voit sur les plans des joues la saillie des pommettes bien placée, le sillon naso-labial superficiel ou profondément creusé, l'éminence commissurale plus ou moins saillante mais toujours indiquée et l'angle maxillaire bien noté de même que l'abaissement du plan en avant de l'oreille, etc.

La barbe et les cheveux sont traités par longues mèches bien isolées et agencées avec le goût du pittoresque. Chacune d'elles est gravée de petits sillons parallèles équidistants et très réguliers. La moustache ramenée en dehors ou coupée net au niveau de la lèvre supérieure découvre entièrement la bouche dont le modelé est toujours bien visible. On peut noter en outre qu'en son milieu, sous le nez, la moustache, traitée à la manière d'un bas-relief, ne fait qu'une saillie peu prononcée; c'est là un artifice de

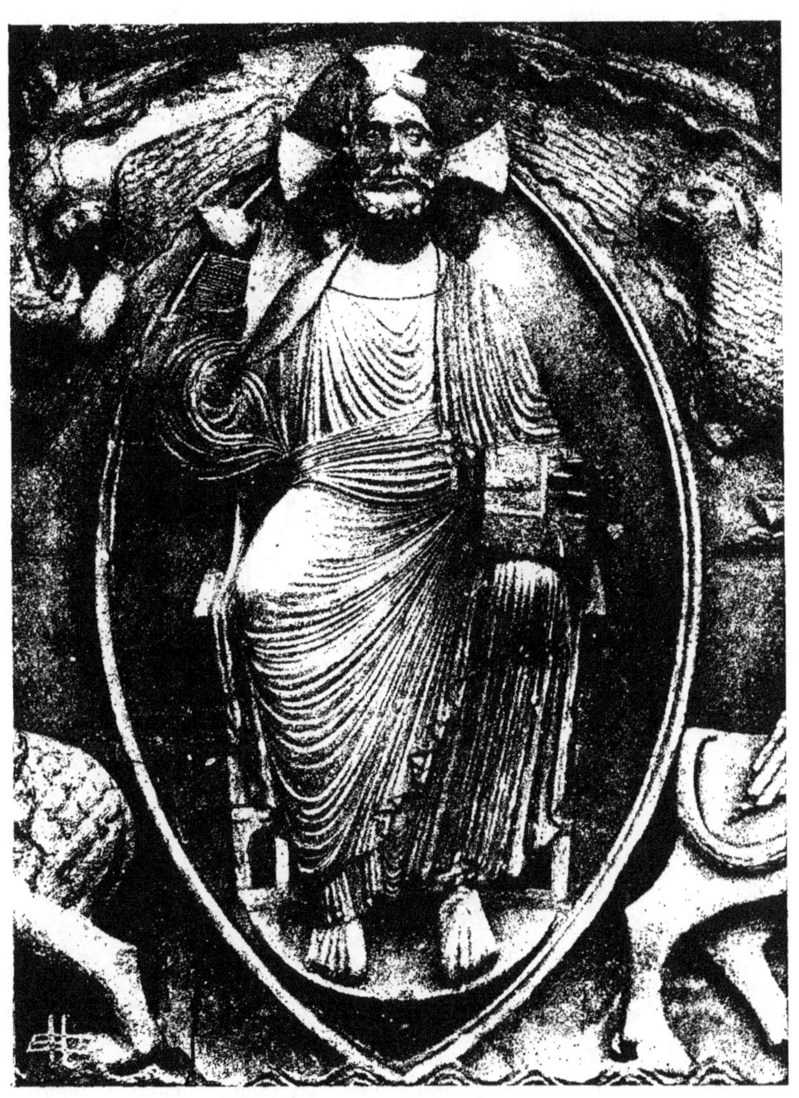

FIG. 124. — CHRIST DE L'APOCALYPSE.
Tympan de la baie centrale du Portail royal, Cathédrale de Chartres. Détail
(D'après Ét. HOUVET. *Monographie*, p. 23.)
Indication de la pupille sur le globe oculaire.

technique qui dénote une expérience déjà consommée (HOUVET, *loc. cit.*, pl. 19, 20, 22, 26).

On a comparé ces admirables statues aux couroi du sixième siècle grec

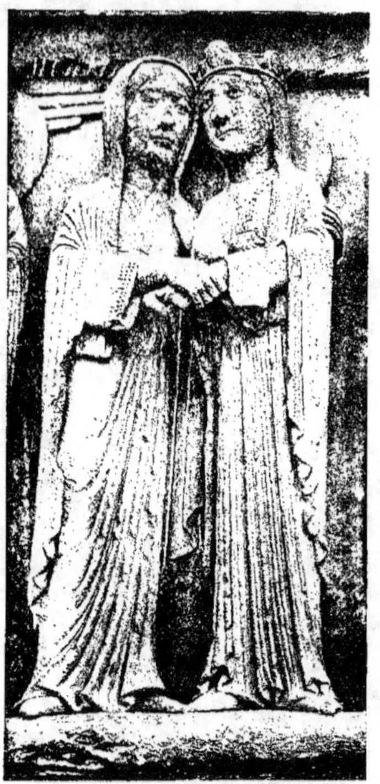

FIG. 125. — LA VISITATION.
Tympan de la baie de droite. Portail royal de la cathédrale de Chartres.
(D'après Ét. HOUVET, *Portail royal*, p. 53.)
Indication de la pupille sur le globe oculaire.

à cause de leur roideur de colonne. Mais c'était là une chose voulue, une convention qui faisait entrer le personnage dans la forme architecturale. Les figures des tympans, des linteaux et des voussures ne démontrent-elles pas que les artistes de cette époque étaient capables de leur imprimer les mouvements les plus variés et souvent fort justes? Quant aux faces, rien d'analogue ici à l'immobilité ou au sourire grimaçant des Apollons primitifs. Elles reflètent au contraire les expressions les plus variées, et l'on peut y lire la sévérité, le dédain, l'attention soutenue, l'admiration, l'étonnement, etc. Ce dernier sentiment, par exemple, a-t-il été jamais rendu avec plus de vérité que sur cette statue de vieillard de l'Apocalypse dont l'œil grand ouvert est surmonté d'un sourcil arrondi qui s'élève et dont la bouche s'entr'ouvre? (fig. 96).

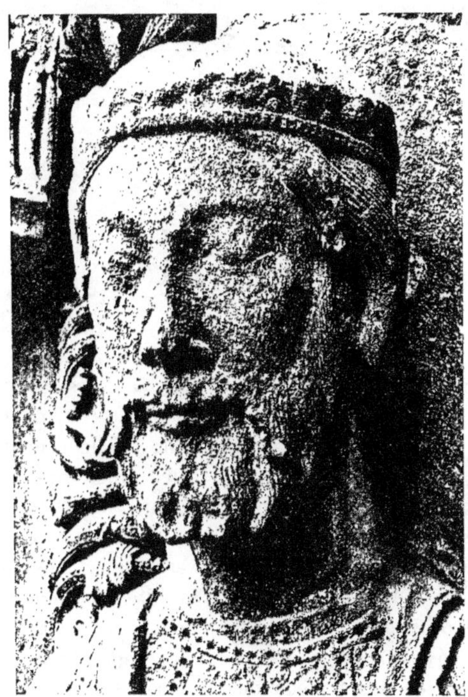

FIG. 126. — ROI DE JUDA.
Portail royal de la cathédrale de Chartres. Baie de gauche, côté gauche.
(D'après Ét. HOUVET. *Portail royal*, p. 14.)
Face en longueur.

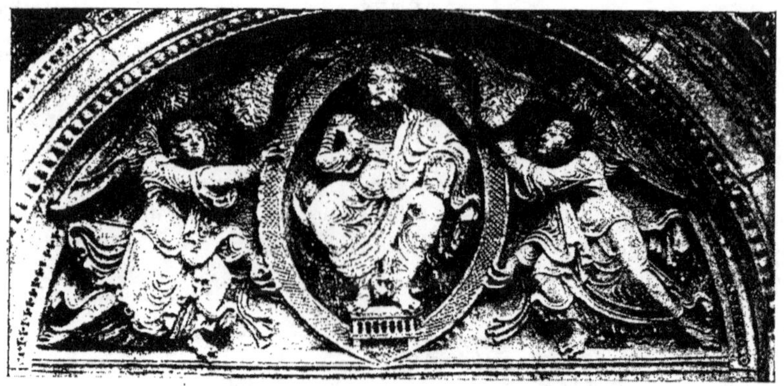

Fig. 127. — Jonzy (Saône-et-Loire). Tympan de l'église.
Envol des draperies; jets des plis exagérés.

ATTITUDES ET MOUVEMENTS

L'idée d'attacher une statue à chacune des colonnes d'un portail est née à Saint-Denis, vers 1135. M. Mâle attribue cette innovation au grand ministre Suger dont l'action fut considérable sur le renouveau artistique de cette époque. « Car, dit M. Mâle, transformer des personnages en colonnes est autant une idée mystique qu'une idée plastique » (1). Ces grandes statues-colonnes étaient donc par destination condamnées à la rigidité et à l'immobilité, ainsi qu'il convenait aux colonnes d'un temple (fig. 128). Elles participaient autant de l'architecture que de la statuaire. Aussi, bien que droites, n'avaient-elles aucune des caractéristiques de la station debout (Voy. vol. III, p. 44). Bien que reposant à plat sur un plan d'ailleurs très incliné, leurs pieds ne les portent pas. Les lois naturelles de l'équilibre ne sauraient leur être appliquées, si bien qu'elles semblent délivrées des servitudes de la matière; vivantes néanmoins par l'expres-

(1) Male, *l'Art religieux au douzième siècle*, p. 391.

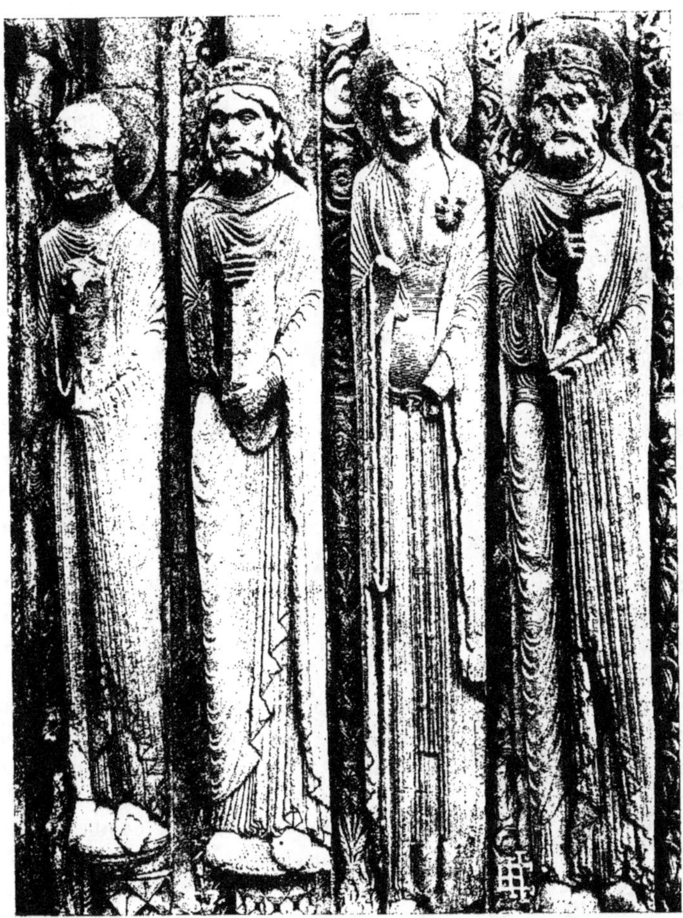

Fig. 128. — Rois et Reine de Juda.
Portail royal de la cathédrale de Chartres. Baie centrale, côté droit.
(D'après Ét. Houvet, *Portail Royal*, p. 10.)
Type de statues-colonnes.

sion de leur physionomie, ne sont-elles pas dignes de conduire au temple de celui qui a dit : « Mon royaume n'est pas de ce monde? »

Est-ce intentionnellement que l'artiste roman a négligé ainsi les lois de la statique humaine? Il est plus vraisemblable de croire qu'il ne les connaissait pas et que son inexpérience l'a servi. Il a simplement sculpté ces figures suivant l'idée qu'il avait reçue et sans s'écarter d'un gabarit donné. Dans la forme cylindrique d'une colonne il a enfermé son personnage qu'il a revêtu de draperies aux plis multipliés, la plupart verticaux, qui a fait comparer par M. Mâle les statues du Portail Royal de Chartres « à de délicates colonnes cannelées » (Male, *loc. cit.*, p. 392).

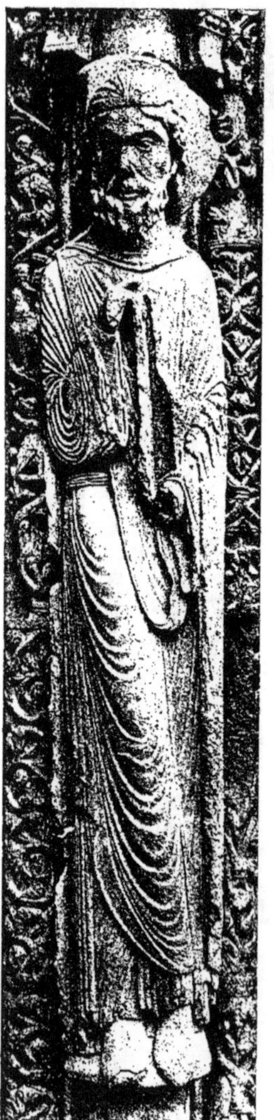

Fig. 129. — Roi de Juda.
Portail royal de la cathédrale de Chartres. Baie de gauche, côté droit.
(D'après Ét. Houvet. *Portail royal*, p. 8.)
Rotation du membre inférieur droit amenant le croisement des deux jambes.

Le sculpteur de Chartres ou de Saint-Denis n'abandonnait pas pour cela son amour du mouvement et, dans les autres parties d'un même édifice, les figures des tympans, des linteaux, des voussures et des chapiteaux remuent, s'agitent en des scènes variées et, malgré l'exiguïté de la place que souvent elles occupent, reproduisent les attitudes les plus diverses, les mouvements les plus expressifs et presque toujours les plus justes, ainsi que nous le verrons plus loin.

Pour l'instant il est curieux de faire remarquer les quelques mouvements qu'il a su imprimer aux différentes parties de ces statues-colonnes. Seul le torse, et pour cause, est toujours dans la rectitude absolue. Mais les membres supérieurs diversement fléchis tiennent soit un livre, soit une banderole. Ces gestes sont étriqués, car les bras restent collés au corps quelle que soit la flexion du coude. Les deux mains sont généralement occupées à tenir l'objet

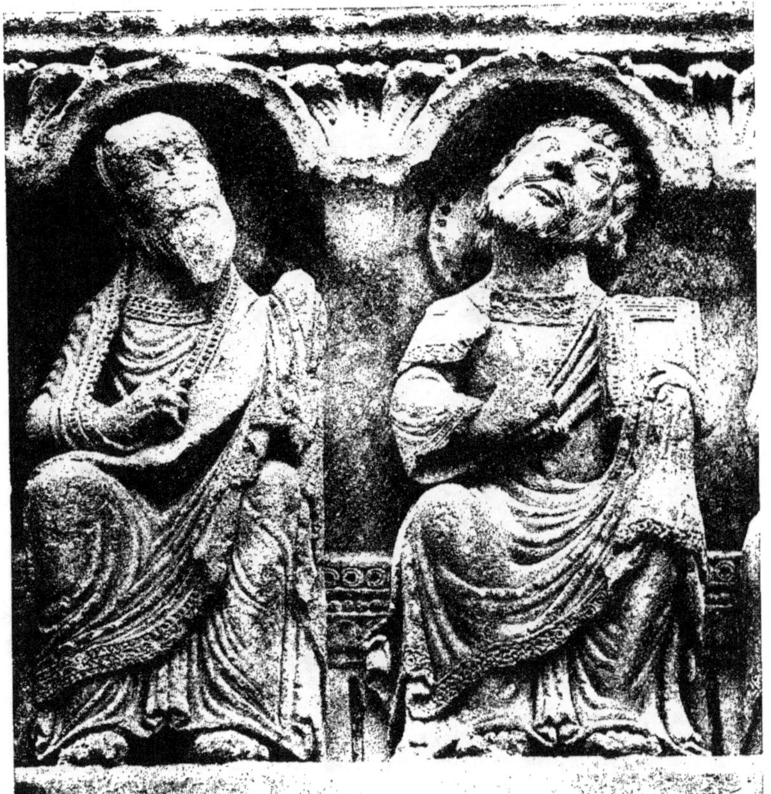

Fig. 130. — Apôtres regardant le Christ.
Portail royal de la cathédrale de Chartres. Tympan de la baie de gauche.
(D'après Ét. Houvet, *Portail Royal*, p. 31.)
Face tournée en haut avec inclinaison de la tête.

qu'elles portent. Lorsqu'une des mains est libre, elle s'élève la paume tournée en avant avec une extension parfois exagérée du poignet.

Quant aux membres inférieurs, il était impossible de les fléchir sans les écarter et les éloigner de la ligne médiane. Un seul mouvement restait possible, celui de la rotation. Et l'artiste en a usé. Il n'a pas manqué, dans l'immobilité générale, de représenter le seul mouvement qui fût possible

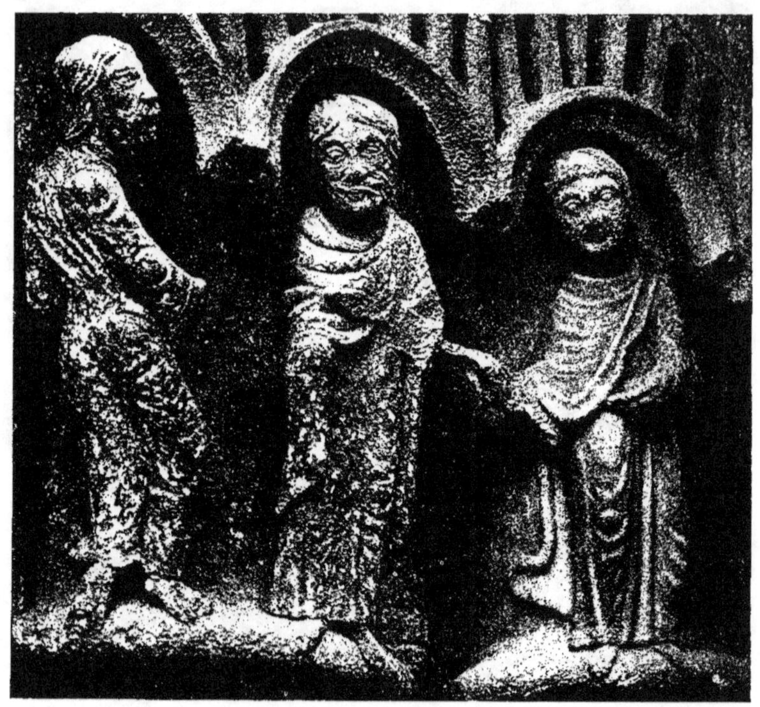

Fig. 131. — Pacte de Judas.
Portail royal de la cathédrale de Chartres. Baie centrale, côté droit (chapiteau).
(D'après Ét. Houvet, *Portail Royal*, p. 89.)
Torsion de la figure entière sur elle-même.

en faisant se croiser les jambes du personnage. Un des membres inférieurs dans toute sa longueur, depuis la hanche jusqu'au pied, passe au-devant de l'autre dont il croise la direction et se traduit sous le vêtement par une longue saillie oblique parcourue dans toute son étendue de plis courbes parallèles qui rompent avec la monotonie des plis verticaux voisins (fig. 129). En dehors des statues-colonnes des portails, l'artiste roman, héritier de l'amour du mouvement que recherche l'art byzantin, s'ingénie à assouplir la figure humaine et à mettre en jeu les diverses articulations. Les vieillards de l'Apocalypse ou les apôtres rangés sur le linteau tournent la tête pour contempler la scène qui se passe dans le tympan, Christ en majesté ou en ascension (fig. 130). Ces mouvements de torsion avec direction de la face en haut sont bien un peu forcés mais on n'y voit pas ces exagérations et ces invraisemblances dont les manuscrits byzantins nous offrent tant d'exemples. Je connais même un exemple de torsion de tout le corps sur lui-même très habilement représenté. Il existe dans les chapiteaux du Portail Royal de Chartres (fig. 131). Les inflexions latérales sont fréquentes ainsi que la flexion en avant. Quant au renversement en arrière nous en citerons plus loin de bien curieux exemples. Sous les doigts du sculpteur roman, le corps humain se plie dans tous les sens. — Il arrive même que le sculpteur de Souillac se livre à de singulières exagérations. Saint Pierre gesticule et le prophète Isaïe exécute un véritable pas de danse pendant que le vent de l'inspiration soulève ses draperies (fig. 132).

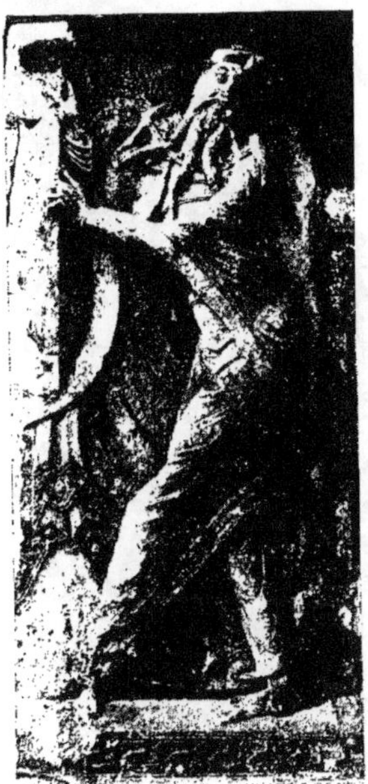

FIG. 132.
LE PROPHÈTE ISAÏE.
Souillac.
Exagération du mouvement.

Au siècle suivant, les statues des porches se détachent un peu des colonnes et leurs allures se rapprochent de la nature ainsi que nous le verrons plus loin. Mais dès maintenant nous retrouvons dans les autres parties de ces mêmes portails l'empreinte de la réalité qui commence à se montrer. C'est ainsi que l'on voit les figures s'incliner de côté comme les vieillards de l'Apocalypse des voussures de Chartres (fig. 96), ou les apôtres de la Transfiguration de la Charité (fig. 133), préludant ainsi aux formes onduleuses de la station hanchée qui se dessinent plus ou moins accentuées dans la série des apôtres qui assistent à la transfiguration sur le tympan de l'église de Mauriac et surtout sur celui de Cahors.

Une petite figure perdue dans la foule qui peuple les chapiteaux du Portail Royal de Chartres semble la réaliser assez correctement avec une jambe fléchie portée de côté (HOUVET, *loc. cit.*, pl. 89). Au tympan d'Autun,

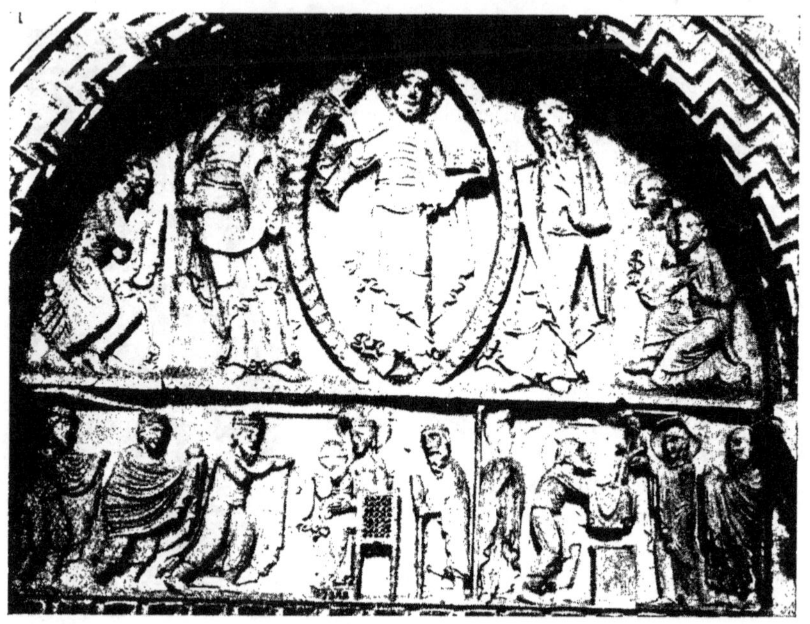

FIG. 133. — LA CHARITÉ. TYMPAN DU BAS-CÔTÉ DE L'ÉGLISE.
Inclinaison latérale des deux apôtres qui entourent le Christ. Ébauche de la station hanchée. Marche en flexion correcte des rois mages.

la *station debout* revêt, par la flexion des genoux, sur les petites figures des réprouvés une expression de crainte, de terreur ou d'affaissement admirablement exprimée. Le grand ange qui soutient un des plateaux de la balance où se pèsent les âmes voit deux de ces petites figures apeurées se réfugier sous sa robe (fig. 134).

Rien ne saurait plus s'éloigner de l'immobilité verticale des grandes

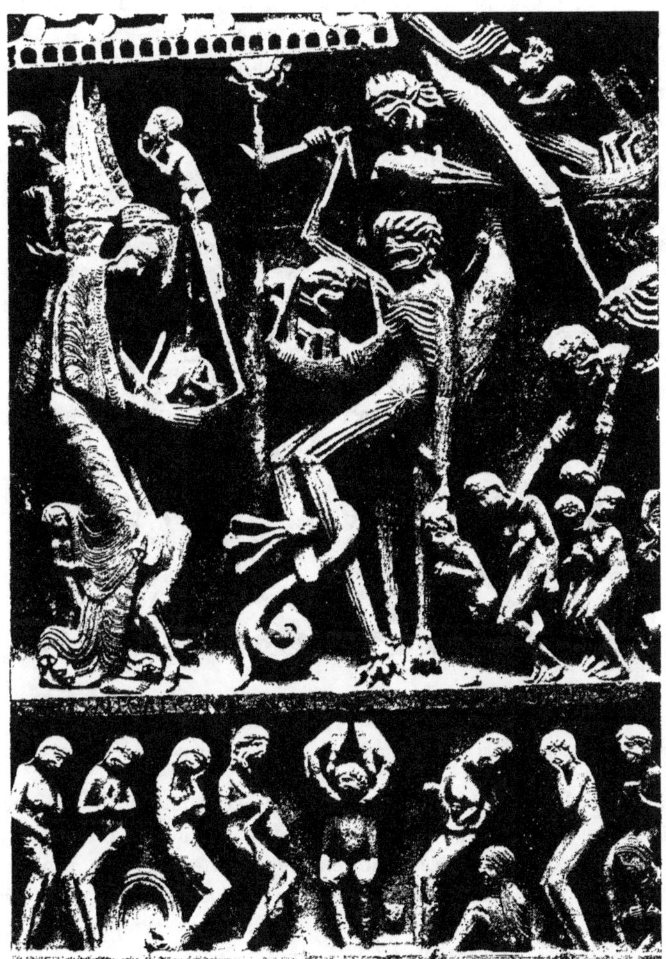

Fig. 134. — Pèsement des ames.
Détail du tympan de la cathédrale d'Autun.
(Giraudon, phot.)
Variété de la station debout avec flexion des jambes.

figures des colonnes que le violent renversement en arrière, jusqu'à l'arc de cercle, des deux anges qui, de chaque côté du Christ dans l'Ascension, avertissent les apôtres du miracle. Cahors en est l'exemple le plus accentué; sur ces figures le pied qui est en arrière indique qu'il s'agit là d'une sorte de station, d'un mouvement s'exécutant sur place (fig. 135).

Sur le tympan de Mauriac un semblable renversement en arrière des anges annonciateurs se trouve, bien qu'à un moindre degré.

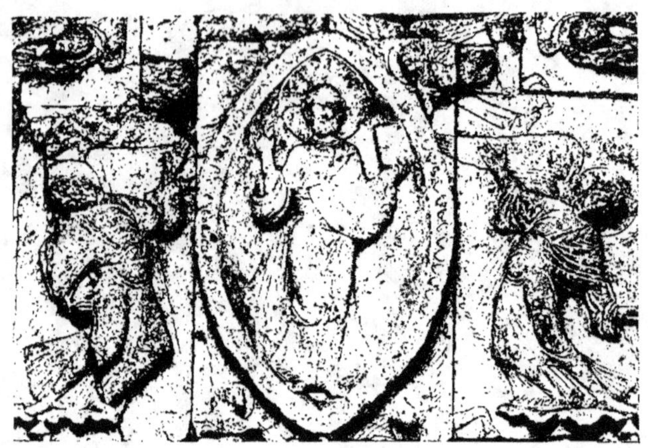

Fig. 135. — L'Ascension.
Cahors, tympan de la cathédrale.
Exagération du renversement en arrière des deux anges qui préviennent les apôtres du miracle.

A Chartres, la même scène est reproduite avec plus de mesure encore et les deux anges ont un mouvement qui devient élégant et plein de naturel.

La *station assise* a été fréquemment reproduite par l'art roman qui a cherché à la varier de maintes façons. En outre du grand Christ en majesté qui domine la scène, on voit, assis aux tympans des églises, nombre de figures, vieillards de l'Apocalypse, apôtres, etc...

A Moissac, assis sur leurs trônes, face aux spectateurs, les vieillards ont une grande liberté d'allure. Leurs jambes souvent correctement placées de face, les genoux plus ou moins écartés, sont d'autres fois entièrement tournées d'un côté ou de l'autre ou croisées de diverses manières, soit en forme d'X, soit une cuisse par-dessus l'autre et le pied ballant, soit même une jambe horizontalement placée, les chevilles posant sur le genou de l'autre jambe; chacune de ces attitudes varie par le degré d'accentuation, de telle sorte qu'il n'est pas deux de ces figures exactement semblables.

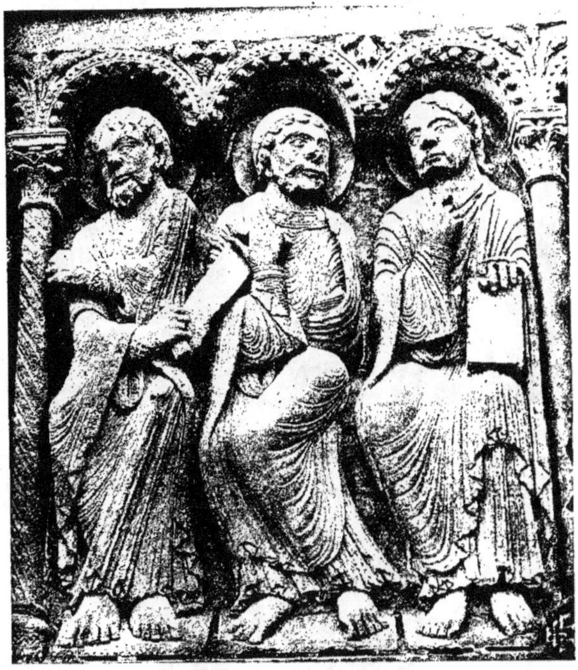

Fig. 136. — Apôtres.
Portail royal de la cathédrale de Chartres. Tympan central.
(D'après Ét. Houvet, *Portail Royal*, p. 43.)
Trois variétés de l'attitude assise.

Les apôtres de Charlieu ont plus de correction et plus d'uniformité dans leur attitude assise; à Chartres également où, sur les douze apôtres, quatre seulement ont les jambes croisées à partir du genou et un seul assis complètement de côté (fig. 136).

Le douzième siècle n'a pas craint d'exagérer dans la pierre l'envol des

A

B

C

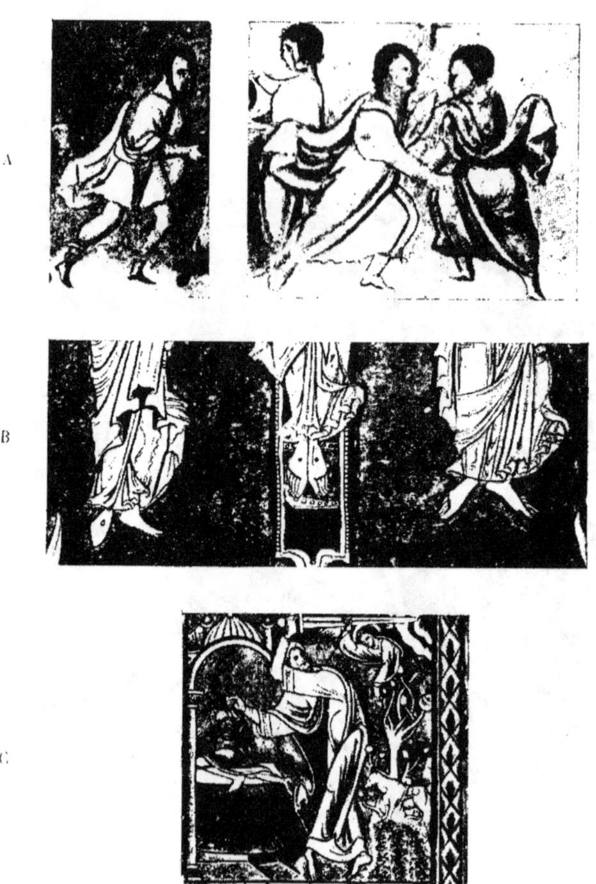

FIG. 137. — QUELQUES EXEMPLES DE DRAPERIES VOLANTES EMPRUNTÉS AUX ANCIENS MANUSCRITS.
A, Genèse de Vienne. Ve siècle. B, Manuscrit de Limoges. XIe siècle. C, Grande bible. XIIe siècle.

draperies et la violence des mouvements des corps. Cette audace n'a presque pas de limite; elle témoigne, malgré l'imperfection des formes, d'une vitalité puissante. C'est le propre des forces jeunes que ce besoin de

A

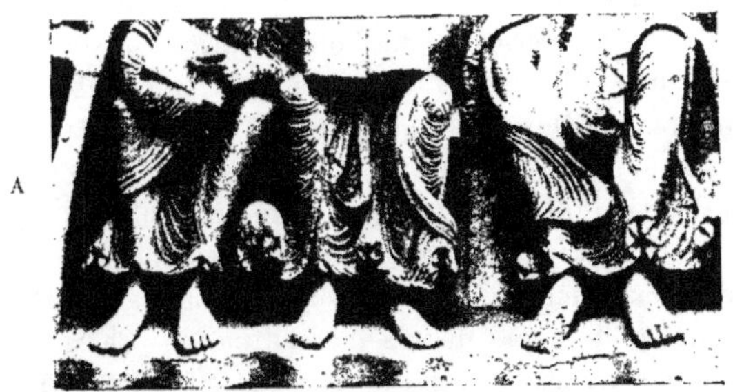

B

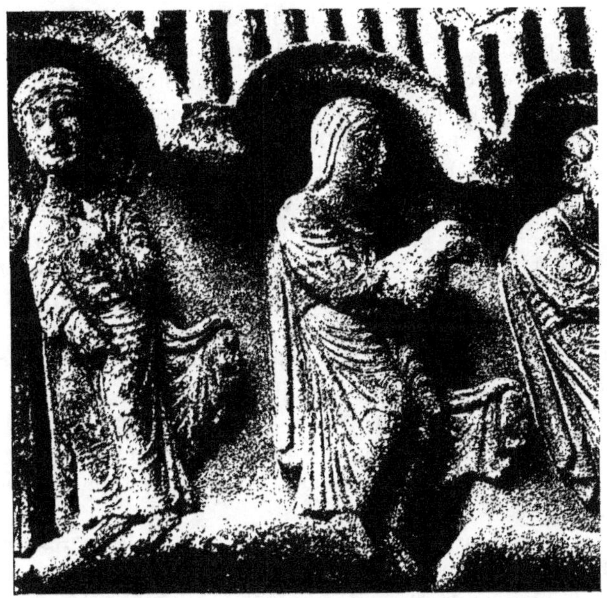

Fig. 138. — Exemples de draperies volantes dans l'art roman.
A, Tympan de Vézelay. B, Chapiteau de Chartres.

se répandre en violences que le temps assagira et perfectionnera. En cela le douzième siècle prépare le treizième,

L'art roman a développé, au point de la faire sienne, une forme de draperie assez singulière qui lui vient des anciennes miniatures de l'Orient. C'est une sorte de draperie volante d'une forme si spéciale qu'elle est facile à reconnaître. Elle consiste en ceci : un pan d'étoffe, morceau de robe ou de manteau, s'éloigne de la figure comme poussé par le vent, mais, en un point plus ou moins éloigné de son extrémité, le mouvement s'arrête comme retenu par un obstacle, par une main invisible, et de ce point fixe ce qui reste de la draperie retombe naturellement en plis tuyautés et étagés comme sous l'action de la pesanteur. La figure 137 en montre plusieurs exemples à divers degrés d'accentuation. Ceux empruntés à la *Genèse* de Vienne sont les plus caractéristiques. On les retrouve bien que réduits sur le manuscrit de Limoges et M. E. Mâle les a signalés, attirant l'attention sur les « mêmes plis bouillonnants du tympan de Moissac ». Un pan du manteau d'Abraham sur la Grande Bible du douzième siècle se relève de la même façon. Et l'on pourrait en signaler d'autres exemples mais ceux-ci suffisent pour démontrer l'imitation qu'en ont fait les artistes romans le plus souvent même en l'exagérant.

C'est ainsi que sur de nombreux tympans, à Moissac, à Autun, à Vézelay..., la robe du Christ se relève de cette curieuse manière qui n'a rien de naturel. Il en est de même des robes des anges et des apôtres à la Charité, à Beaulieu, à Autun, à Vézelay. A Jonzy, derrière les deux anges, deux grands jets d'étoffe se détachent au niveau de la ceinture. A Chartres, deux petites figures des chapiteaux du Portail Royal portent sur le côté ce véritable jet d'étoffe fort caractérisé et qui semble n'avoir d'autre but que de meubler un espace demeuré vide. (fig. 138).

Le Christ lui-même semble se tordre sur son siège et les deux anges tournés du côté opposé à l'auréole qu'ils soutiennent font le grand écart, un pied posé sur le dos des animaux, le lion et le bœuf qui représentent saint Marc et saint Mathieu.

Au tympan de Jonzy, occupé seulement par le Christ en majesté et deux anges, la violence, exprimée déjà par le geste outré des deux anges, l'est aussi par le tumulte des draperies aux plis multipliés comme soulevées par un vent de tempête.

Au portail de Charlieu, le tympan est uniquement occupé par le Christ en majesté avec les symboles des quatre évangélistes et deux anges. Or, dans cette scène apocalyptique majestueuse et terrible, tout est violence et mouvement.

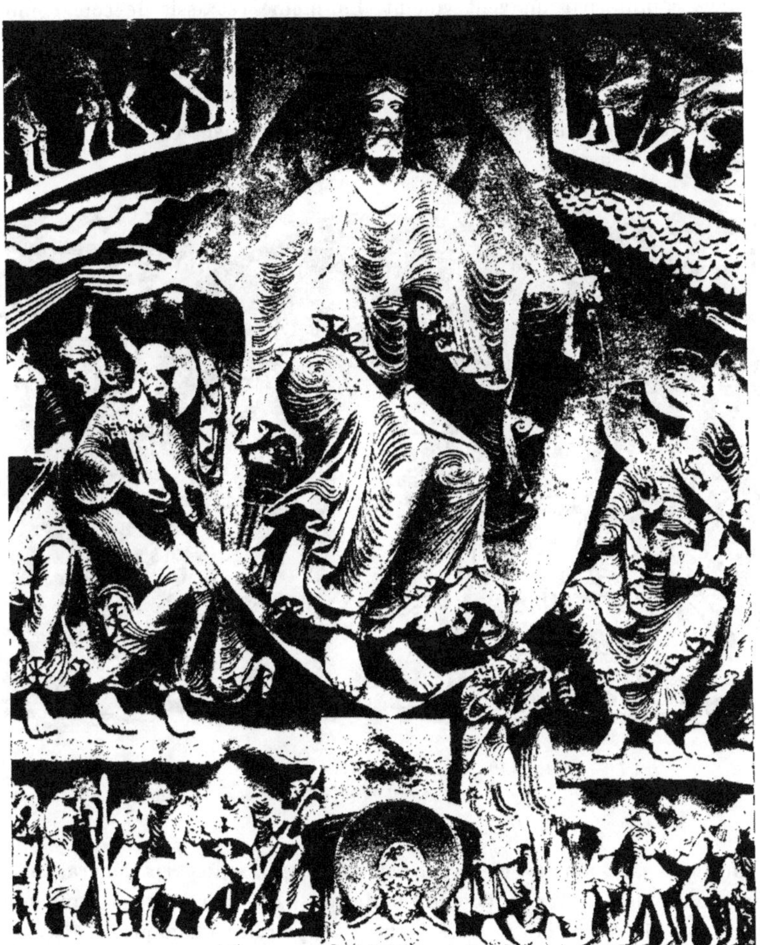

FIG. 139. — VÉZELAY. TYMPAN CENTRAL DU NARTHEX DE L'ÉGLISE DE LA MADELEINE.
Variété dans les poses des apôtres. Multiplication des plis : jets de draperies.

L'artiste qui sculpta le tympan de Vézelay met l'agitation partout (fig. 139). Les draperies du Christ sont gonflées et soulevées autour des jambes comme par un vent violent. Lui-même est assis de côté comme prêt à partir. Les figures des apôtres groupées par six de chaque côté sont pleines de mouvement dans des poses variées, assises ou debout; plusieurs placées derrière un premier rang, et les têtes malheureusement brisées se devinent à la position des auréoles diversement orientées. Nous dirons un mot tout à l'heure des petites figures du linteau.

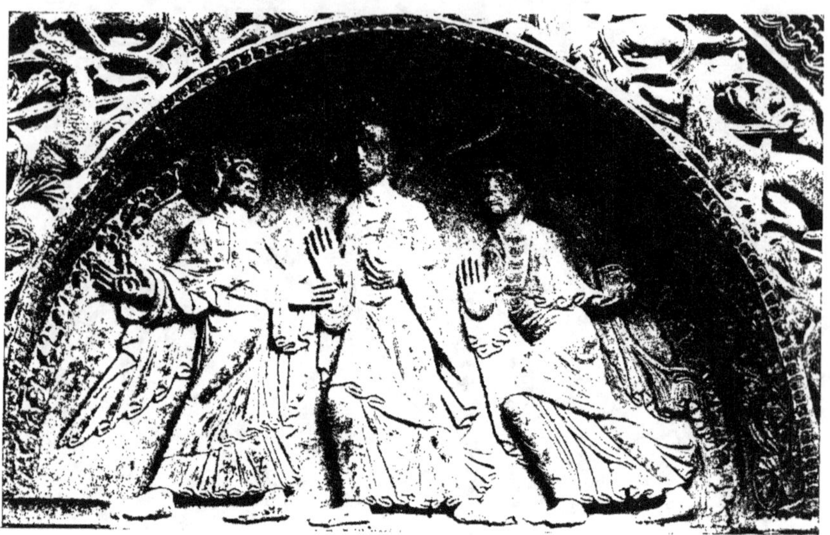

Fig. 140. — Trois apôtres en marche.
Tympan de la cathédrale d'Angoulême.
(Phot. Arch. phot. d'arch. et d'hist.)

Marche. — La marche assez correctement représentée en général est la marche en flexion sur la double plante ainsi qu'on le voit au tympan de la Charité dans l'Adoration des Mages. Le premier mage près d'atteindre le but précipite le mouvement et en soulevant le talon qui est en arrière donne une image de la marche fort correcte.

Mais l'artiste roman a su varier cette formule. Au portail (Mâle, *l'Art religieux au douzième siècle,* p. 429) de Neuilly-en-Donjon (Allier), sur les trois mages, les deux derniers posent sur la double plante en un pas de procession fort lente, pendant que le premier se précipite vers l'enfant-Jésus à peine soutenu par la pointe d'un pied.

Sur le tympan de la cathédrale d'Angoulème trois apôtres sont représentés allant prêcher l'Évangile (fig 140). Ils y mettent certes beaucoup d'ardeur et donnent de la marche trois figures différentes et d'inégale valeur. Le premier est d'un grand naturel et serait d'une correction parfaite si au lieu de reposer sur la double plante les pieds ne touchaient le sol que par un point de leur étendue, celui qui est en avant par le talon, celui qui est en arrière par la pointe. Le personnage qui suit montre une grosse incorrection dont nous ne saurions faire grief au sculpteur roman, puisque l'art grec l'a souvent commise. Elle consiste dans la position du

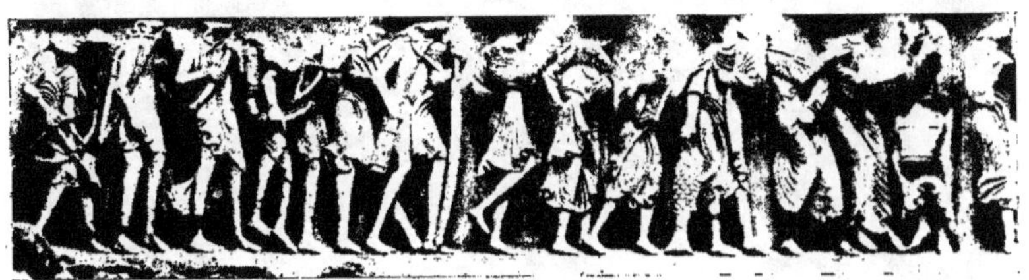

FIG. 141. — LINTEAU (PARTIE GAUCHE) DU TYMPAN DE L'ÉGLISE DE LA MADELEINE A VÉZELAY.

Variété des attitudes de la marche.

pied qui est en arrière et dont la pointe est tournée complètement en ce sens. Enfin le dernier marche en flexion peut-être un peu trop inclinée en avant mais son talon qui est en arrière se soulève correctement.

A Carennac, à l'étage supérieur du tympan deux petites figures marchent à très grandes enjambées sur la pointe des pieds. Les Égyptiens et ensuite les Grecs ont fait courir ainsi leurs personnages.

Sur le tympan de Vézelay, sur lequel nous avons déjà signalé un mouvement surprenant, les petites figures de la partie inférieure, qui toutes se dirigent vers le milieu de la composition en une longue théorie, donnent de la marche une représentation vraie et fort curieuse parce que nous n'en connaissons pas de semblable dans toute l'histoire de l'art. Tous les marcheurs sont représentés dans une attitude différente qui figure chacune un moment différent de la marche. La figure 141 est, à ce point de vue, très démonstrative. Les différents temps de la marche sont figurés, jusqu'à celui du milieu du pas au moment où la jambe au levé croise la jambe qui pose à terre.

Il est bien certain qu'au douzième siècle l'analyse de la marche n'avait pas été faite et à plus forte raison enseignée aux artistes. L'on peut se demander s'il ne s'agit pas là de l'effet d'un simple hasard heureux. Cependant non. L'artiste qui a sculpté le tympan de Vézelay avait des

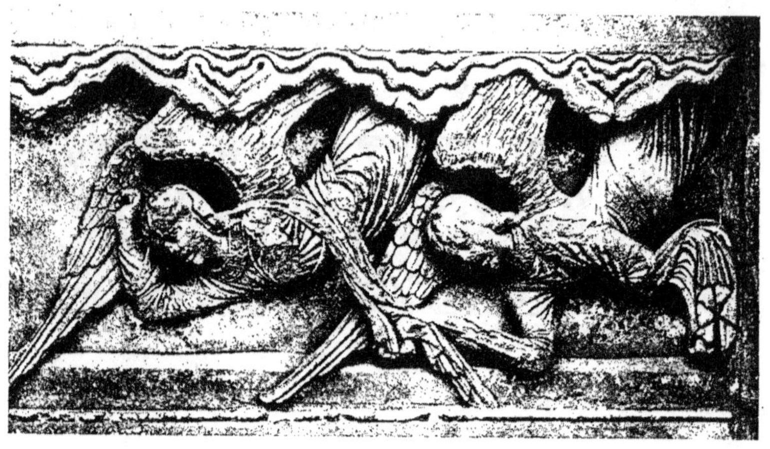

FIG. 142. — ANGES MONTRANT LE CHRIST AUX APÔTRES.
Portail royal de la cathédrale de Chartres. Tympan de la baie de gauche.
(D'après ÉT. HOUVET, *Portail royal*, p. 82.)

dons d'observation et d'originalité très développés, ainsi qu'en témoignent toutes les parties de son œuvre. Ayant eu à figurer des personnages marchant, il a regardé autour de lui ses contemporains en marche, seuls les uns après les autres ou en groupe, et il a remarqué que les jambes se croisaient de différentes manières et qu'à moins de marcher au pas, les jambes d'individus marchant en groupe avaient au même moment des positions fort différentes. En mettant en pratique cette simple observation, il est arrivé à donner une image exacte de la marche et quelques-unes de ses figures semblent empruntées à une série chronophotographique.

Vol. — Les anges, qui tiennent une grande place dans l'iconographie figurée par l'art roman, sont souvent représentés en plein vol, soit qu'ils sonnent la trompette du Jugement dernier, soit qu'ils accompagnent l'ascension du Christ, soit qu'ils soutiennent l'auréole du Christ en majesté, etc.

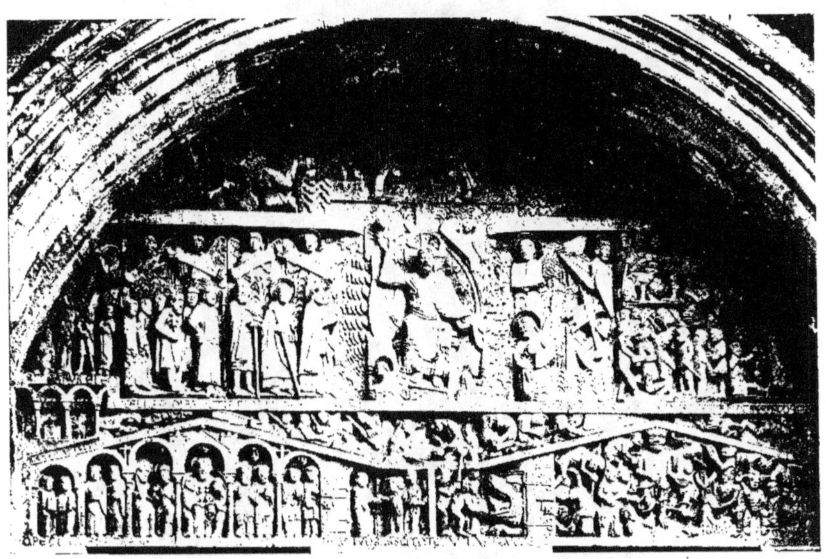

FIG. 143. — CONQUES. TYMPAN DE L'ÉGLISE SAINTE-FOY.
Ange volant dans l'attitude de la course.

Dans bien des cas ils semblent tomber du ciel tête première comme au tympan de Cahors ou de Conques; à Chartres, ils descendent en suivant de profil une courbe harmonieuse (fig. 142), comme aussi au tympan du portail gauche de Saint-Gilles. A Senlis, ils fendent l'air plus ou moins horizontalement.

Mais la figuration la plus intéressante du vol est celle qui se voit tout en haut du tympan de Cahors à droite et à gauche, où deux anges sonnant la trompette du Jugement dernier, ont les jambes dans l'attitude de la course, figurée depuis à la Renaissance.

Actions diverses. — La représentation des mois est l'occasion de figurer les gestes les plus variés avec un souci très vif de l'exactitude et de la réalité. C'est ainsi qu'on voit dans les voussures du Portail Royal de Chartres

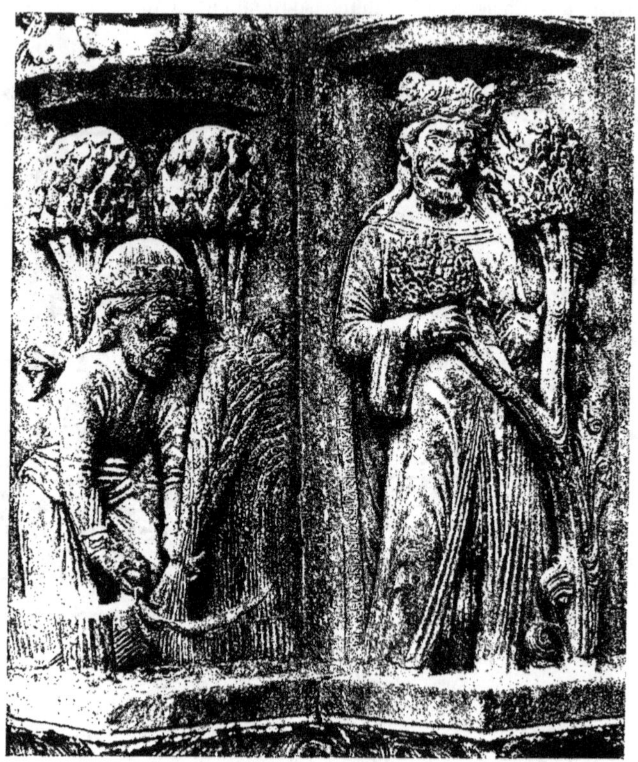

Fig. 144. — Juillet fauche son blé. Avril cueille une fleur.
Portail royal de la cathédrale de Chartres. Baie de gauche, cordons de voussures.
(D'après Ét. Houvet, *Portail royal*, p. 36.)

Février se chauffer, Novembre tuer son porc, Mars tailler sa vigne, Juillet faucher son blé (fig. 144), Avril cueillir une fleur (fig. 144), Août lier ses gerbes, Septembre faire la vendange, Juin faucher son pré, etc... Au siècle suivant ces travaux des mois prendront un grand développement, mais le naturel de certaines des scènes que nous venons de citer ne sera pas dépassé.

Les arts libéraux sont prétexte aussi à des scènes qui meublent les

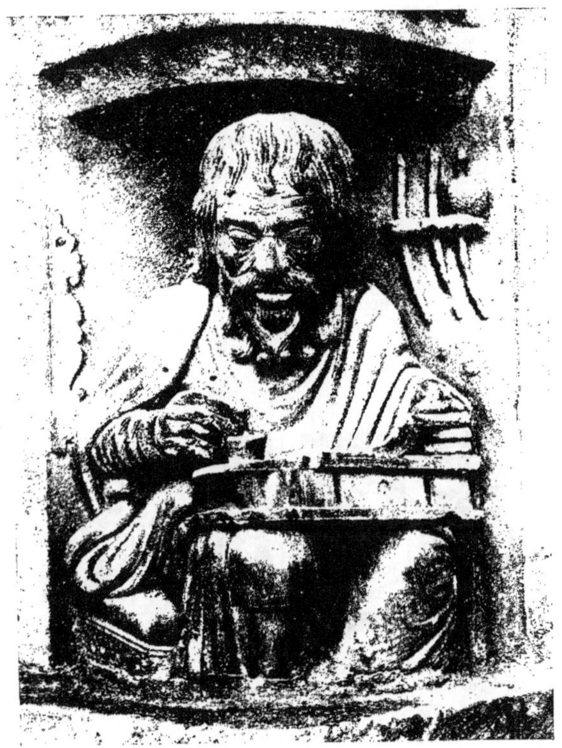

Fig. 145. — Aristote.
Portail royal de la cathédrale de Chartres, XIIe siècle. (Baie de droite, cordons de voussures.)
(D'après Ét. Houvet, *Monographie de la cathédrale de Chartres*, pl. 31.)
Remarquable exemple de ronde-bosse.

voussures; je citerai : la géométrie, Ptolémée, la grammaire, la musique. Mais les personnages de cette série les plus curieux et les plus intéressants sont Pythagore penché sur son pupitre et absorbé dans ses études et

Aristote d'une physionomie si attachante (fig. 145.). La main droite tient le calame brisé d'un mouvement fort juste et la face étudiée avec beaucoup de soin est pleine d'expression. Si l'on veut bien regarder cette tête avec un peu d'attention, on constatera que jamais tête ne fut construite dans l'espace avec plus de précision, plus d'exactitude, plus d'habileté. De plus elle ne relève d'aucune école. Comme d'ailleurs la plupart de celles des autres personnages du même portail, elle a un accent individuel si prononcé que l'artiste n'en a pas pris le modèle dans son imagination, mais bien autour de lui, parmi ses contemporains, c'est un portrait.

Nous verrons au siècle suivant ces accents de nature se multiplier, et peu à peu l'artiste amoureux de la réalité abandonnera le legs d'un passé périmé pour faire œuvre personnelle et originale.

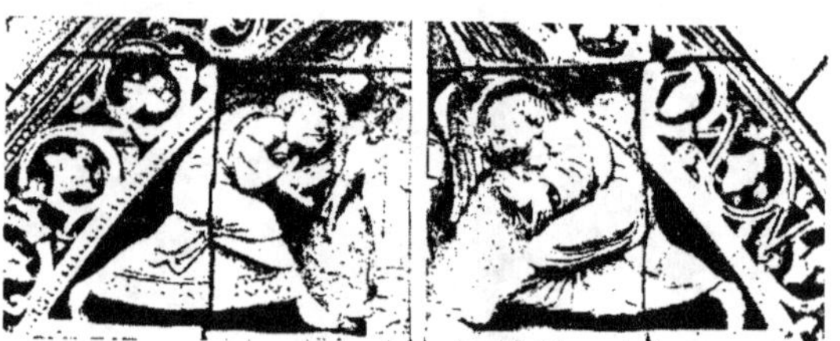

Fig. 146. — Course sur la pointe des pieds.
Tympan de l'église de Carennac (détail).
(D'après J. Roussel, *la Sculpture romaine*.)

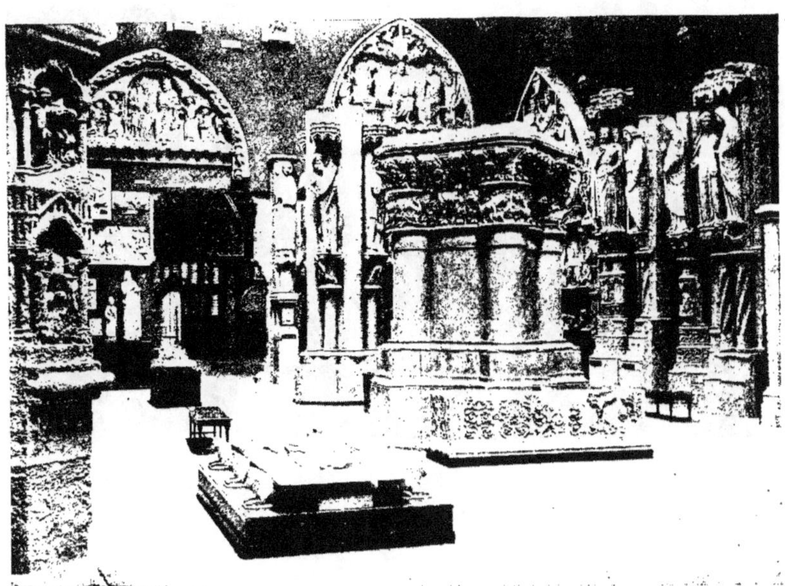

FIG. 147. — MUSÉE DU TROCADÉRO.
Salle du XIIIe siècle.
(*Phot. Giraudon.*)

II. — ART GOTHIQUE

La statuaire de l'art gothique est la continuation logique et comme l'épanouissement naturel de la statuaire romane. Il n'y a pas de heurt ni d'hiatus entre les deux grandes époques de l'art du moyen âge. Le treizième siècle continue le douzième, le complète et le perfectionne. Il poursuit la libération déjà commencée du lourd et long passé de l'emprise byzantine, par un retour à la nature, aussi bien dans les motifs décoratifs que dans le rendu de la figure humaine.

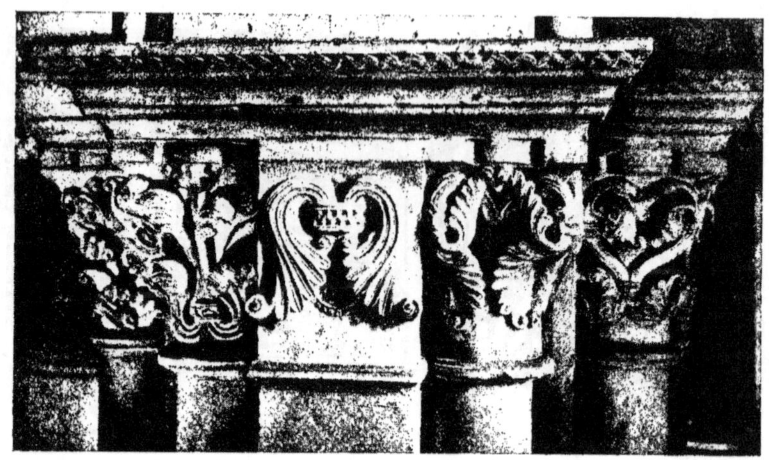

FIG. 148. — CHAPITEAU DE LA CHAPELLE DES FONTS BAPTISMAUX.
XIIe siècle. Chartres.
(D'après Ét. HOUVET, *Architecture*, p. 87.)

LES FORMES

Pour ce qui est de la décoration, le treizième siècle abandonne l'abstrait et les constructions géométriques pour en puiser les motifs dans le milieu où il vit et il y introduit progressivement la flore du pays étudiée avec amour. On suivra cette intéressante évolution en comparant les fig. 149 à 151. On voit d'abord au Portail Occidental de Chartres par exemple les bases et les fûts des colonnes décorés de dessins géométriques, et les chapiteaux de la même époque de la chapelle des fonts baptismaux sont également formés de végétaux d'une stylisation à outrance fort habilement d'ailleurs imaginés et sculptés. Au Portail Nord de la même cathédrale, le siècle suivant nous montre une abondante floraison naturelle qui pousse aux fûts des colonnes

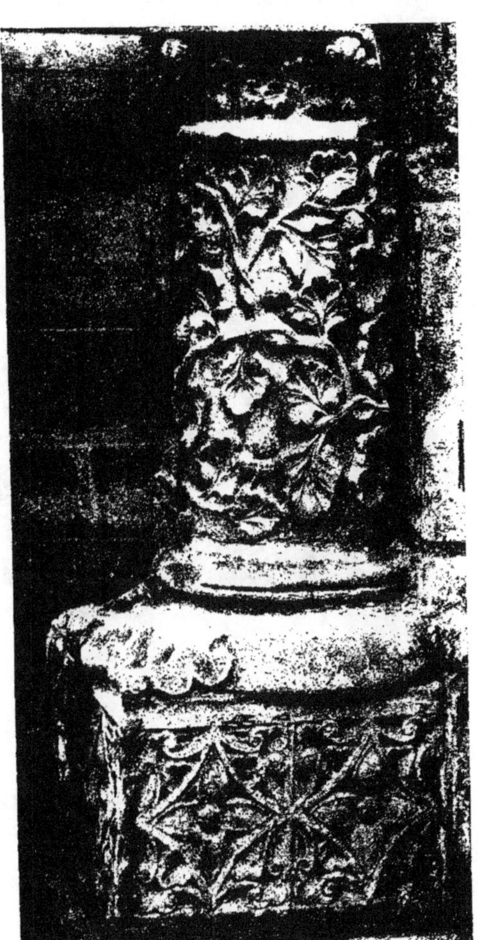

FIG. 149. — COLONNE DU PORTAIL NORD DE LA CATHÉDRALE DE CHARTRES.
(D'après Ét. HOUVET, *Architecture*, p. 10.)
Transition entre le décor emprunté au feuillage naturel et le décor géométrique.

(fig. 149). Mais la base, témoignage de méthodes bientôt abandonnées, porte encore la géométrie des feuillages. Bientôt la frondaison des chapiteaux se développe (fig. 150). L'œil amusé retrouve aux flancs de l'édifice sacré et jusque dans les recoins les plus imprévus, la plante familière qui l'humanise, le lierre ennemi des vieux murs et de l'arbre orgueilleux, la vigne qui donne la boisson réconfortante et joyeuse, l'érable, le chêne symbole de force et

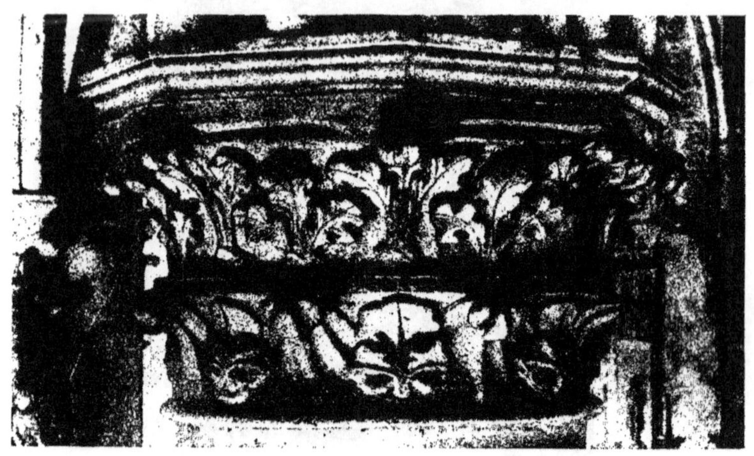

Fig. 150.
Chapiteau du déambulatoire sud de la cathédrale de Chartres.
(D'après Ét. Houvet, *Architecture*, p. 89.)

puissance, le pavot qui calme la douleur, le nénuphar orgueil des eaux, puis l'humble fraisier, le framboisier, le muguet timide, l'églantier qui évoque le printemps à côté de la rose qui pousse sous la neige, etc, etc... Et dans cette flore touffue et variée, le peuple reconnaît, à la place des bêtes fantastiques adossées ou affrontées des étoffes ou miniatures byzantines, mystérieuses et effrayantes, les animaux qui peuplent ses champs, ses bois ou sa demeure. (fig. 151)

Une évolution analogue se fit parallèlement dans le dessin de la figure humaine. La tête conserve son importance, mais le corps mieux construit commence à vivre vraiment. Les plis des draperies perdent toute roideur et habilement disposés font valoir les mouvements et les formes.

Très rapidement la statuaire prend des qualités de noblesse, de juste équilibre et de sérénité qui l'ont fait comparer à l'art du cinquième siècle antique.

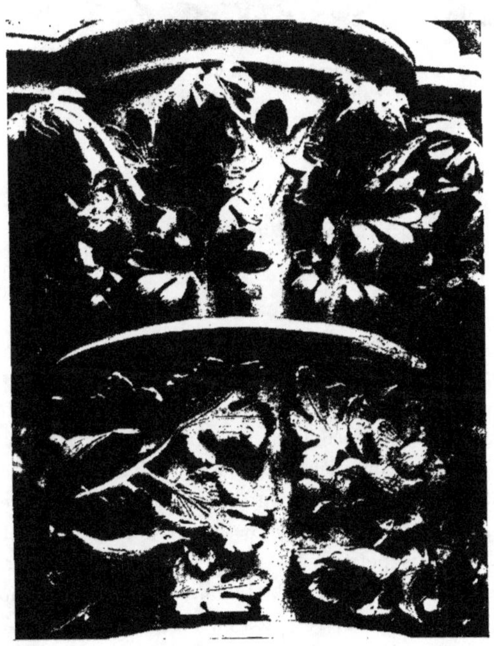

Fig. 151. — Chapiteau de la cathédrale de Reims. XIIIe siècle.

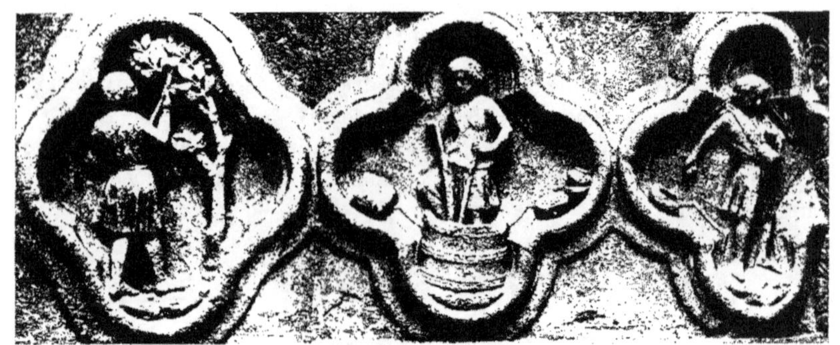

Fig. 152. — Récolte des pommes. Vendanges. Semeur.
Cathédrale d'Amiens. Soubassement.

ATTITUDES ET MOUVEMENTS

Les grandes statues des portails perdent peu à peu de leur rigidité, elles se détachent progressivement de la colonne à laquelle elles sont adossées. Les draperies sont de plus en plus naturelles et les attitudes deviennent variées : notamment elles s'orientent vers la station hanchée.

A Chartres, dans les Portails Nord et Sud qu'il est facile de comparer au Portail Royal du siècle précédent, on constate aisément le premier stade de cette évolution. Bien que toujours adossées à une colonne et séparées par des colonnes nues plus petites, les statues prennent du corps, les têtes se penchent, se tournent, s'inclinent latéralement ; les corps ondulent, s'infléchissent et revêtent les caractères plus ou moins accentués du hanchement, que certaines figures réalisent très heureusement et sans exagération (fig. 153). Il résulte de cette liberté d'allure que certaines statues empiètent un peu sur la voisine. Il y a dans l'ensemble moins de régularité, plus d'imprévu et de variété.

A Amiens, les statues sont un peu plus écartées, surtout pour celles qui sont en dehors de l'ébrasement. Leurs gestes se développent alors avec plus d'aisance encore.

A Reims, la liberté est encore plus grande et les statues plus espacées finissent, en dehors de l'ébrasement, par perdre complètement leur colonne : à Strasbourg, les statues des portails sont entièrement libérées. Elles se trouvent logées dans de véritables niches peu profondes, continuation de l'excavation des voussures.

C'est ainsi que la statue abandonne l'architecture pour vivre sa vie propre, en même temps qu'elle progresse et atteint à Strasbourg et à Reims jusqu'à une perfection universellement reconnue. Le treizième siècle s'est plu à représenter les actions les plus variées dans la figuration des travaux des mois déjà entreprise au douzième et il y a parfois réussi avec beaucoup de naturel et de vérité. Là comme ailleurs le treizième siècle continue et perfectionne l'œuvre déjà commencée au siècle précédent.

Nous n'avons que l'embarras du choix pour en citer des exemples parmi l'œuvre sculptée de nos grandes cathédrales.

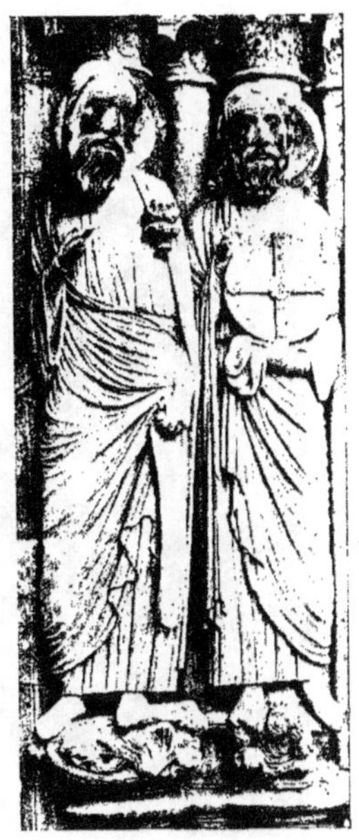

FIG. 153.
ISAÏE ET JÉRÉMIE.
Deux statues de l'ébrasement à droite de la baie centrale du portail nord de la cathédrale de Chartres.
(D'après Ét. HOUVET, *Portail nord*, I, pl. 10.)
Hanchement naturel de la figure représentant Isaïe.

A Chartres, dans les voussures du Portail Nord, les mois sont représentés par de petits personnages se livrant aux occupations ordinaires de la saison. C'est ainsi que Février se chauffe, Mars taille sa vigne (fig. 154) pendant qu'Avril tient en main les épis de la moisson future. Mai couronné de fleurs dresse le faucon de la chasse, Juin se prépare à faucher son pré (fig. 155), Juillet porte une gerbe, Août coupe le blé, Septembre vendange, Octobre sème, Novembre abat les glands, Décembre tue son porc, autant d'actions qui sont l'occasion de figurer des mouvements souvent pleins de naturel.

Mais entre tous le geste du semeur est le plus épineux à représenter, car il est fait de deux mouvements combinés, celui des jambes dans la marche et celui des bras qui jettent le grain. Or ces deux mouvements ont un synchronisme déterminé par la marche elle-même. L'oscillation des membres, bras et jambes, d'un même côté se fait en sens inverse. Lorsque la main droite qui sème est en avant, le pied droit est en arrière et *vice versa*. C'est

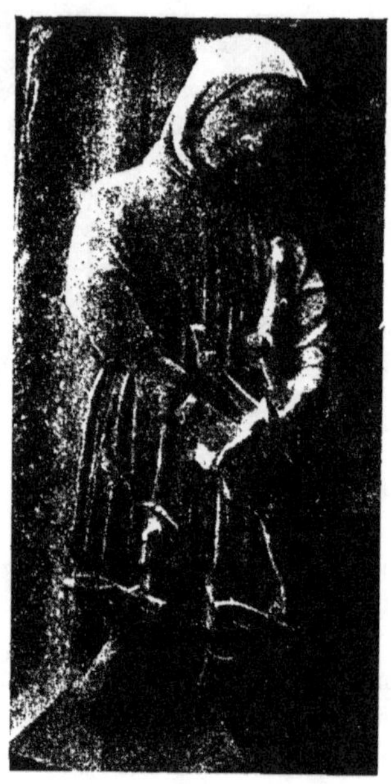

FIG. 154.
MARS TAILLE SA VIGNE.
Portail Nord. Cathédrale de Chartres.
D'après Ét. HOUVET, *Portail Nord*, II, p. 78.)

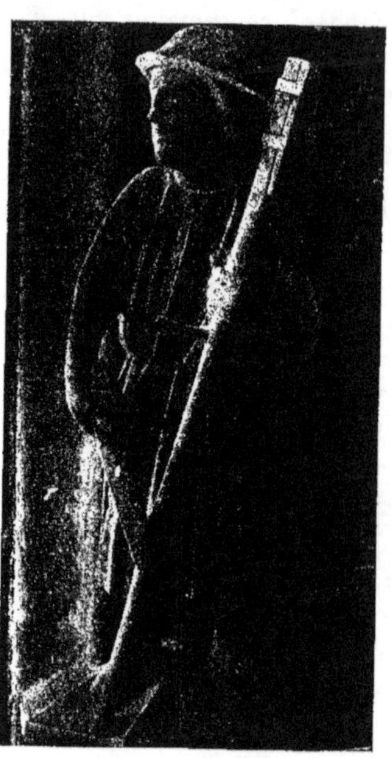

FIG. 155.
JUIN SE PRÉPARE A FAUCHER SON BLÉ.
Il tient d'une main la longue pierre à aiguiser sa faux qu'il tient de l'autre main.
(D'après Ét. HOUVET, *Portail Nord, cathédrale de Chartres*, II, p. 81.)

une des conséquences de la loi de la locomotion qui maintient la rectitude du torse. Le semeur ne peut s'y soustraire. Mais il arrive souvent que l'artiste qui figure un semeur néglige d'observer cette règle. Nous pourrions même de nos jours en citer de nombreux exemples.

Le sculpteur des cathédrales ne s'est guère trompé et le semeur de Chartres, ainsi qu'on peut le voir sur la fig. 156, opère le plus naturellement du monde.

A Amiens (fig. 152), c'est sur le soubassement de la porte nord de la façade occidentale que les travaux des mois sont représentés en de petits bas-reliefs inscrits dans des quatrefeuilles. Mais ici l'artiste a été moins heureux qu'à Chartres en ce qui concerne le semeur. Il en est de même à Notre-Dame de

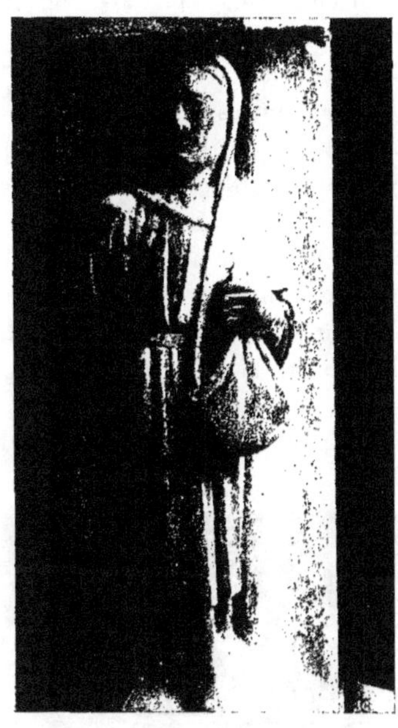

Fig. 156.
Octobre fait les semailles.
Portail Nord de la cathédrale de Chartres.
(D'après Ét. Houvet, *loc. cit.*, p. 85.)

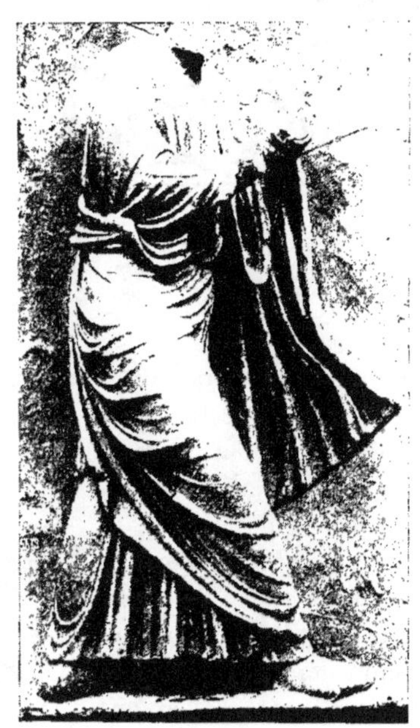

Fig. 157.
Personnage en marche.
Église Notre-Dame de Laon, XIIIe siècle.
(N. D., phot.)

Paris. Quant aux autres actions, elles sont fidèlement figurées, en particulier celles de faucher, de couper le blé à la faucille, de battre au fléau, etc.

Pour ce qui est des mouvements de la locomotion l'artiste du treizième siècle les a souvent représentés avec bonheur, témoin cette figure du personnage marchant de la cathédrale de Laon.

Mais l'artiste n'a pas craint d'aller plus loin et de représenter avec beaucoup de correction les mouvements acrobatiques les plus osés, comme la marche sur les mains avec complet renversement du torse en arrière. La danse de Salomé devant Hérode lui en fournit l'occasion, comme nous le voyons sur le linteau du portail de la cathédrale de Semur-en-Auxois, Côte-d'Or (fig. 158); au tympan du portail gauche de la façade de la cathédrale de Rouen (fig. 159), et sur nombre d'autres tympans.

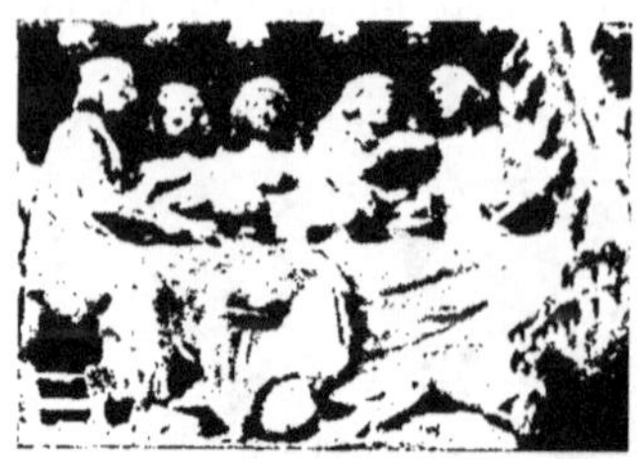

Fig. 158. — Danse de Salomé.
Tympan (détail) de l'église de Semur-en-Auxois (Côte-d'Or.)
(N. D., phot.)

Mais le treizième siècle avait été précédé, là comme ailleurs, par le douzième et la même scène se retrouve dans la décoration de Saint-Martin de Boscherville et nous nous souvenons avoir vu dans le cloître de Saint-Trophime d'Arles à la retombée d'une voûte une femme faisant l'arc de cercle complet, sorte de Salomé échappée au festin d'Hérode.

Mais, au milieu de toute cette agitation pleine de naturel, que devient la représentation du nu, ici notre principal objectif?

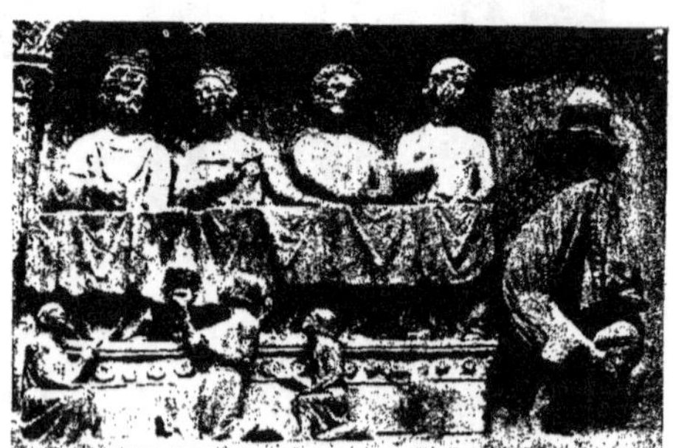

Fig. 159. — Danse de Salomé.
Portail gauche de la façade occidentale de la cathédrale de Rouen.
(N. D., phot.)

Nous possédons d'un architecte du milieu du siècle, Villard de Honnecourt, un album de dessins parmi lesquels, à côté de croquis pour la solution des problèmes de mécanique que soulève l'architecture ogivale en voie de se constituer, on trouve un bon nombre de dessins de figures entièrement nues. Non seulement Villard de Honnecourt dessine un Christ en croix (fig. 160) dont le torse et les membres font voir des formes bien particulières que nous étudierons dans un instant, mais, ce qui est exceptionnel et dont nous ne connaissons pas d'autre exemple à cette époque, c'est une véritable « académie », dessin soigné d'un personnage nu dont le seul but uniquement didactique est d'en montrer les formes telles que l'artiste les concevait (fig. 161).

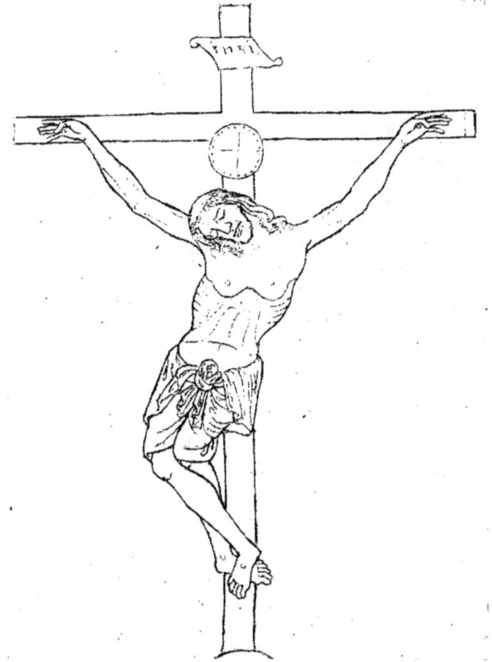

FIG. 160. — CHRIST EN CROIX.
(VILLARD DE HONNECOURT, Pl. IV.)
Nu ne dépendant pas des formules antérieures.

Cette académie, qui occupe toute la planche XXI, est le seul dessin de tout l'album qui soit lavé au bistre, ce qui prouve l'importance qu'y donnait l'auteur et son désir de faire ressortir le modelé.

Le commentateur qui a publié le précieux album est fort embarrassé pour établir la signification de ce dessin et il laisse « le champ ouvert à toutes les conjectures ». Pour nous, il est, malgré le vase qu'il tient de la main droite, le geste de la main gauche et la draperie jetée sur les épaules, une simple planche anatomique, inaugurant les figures de squelettes ou d'écorchés, que nous verrons bientôt les anatomistes toujours figurer dans une action quelconque.

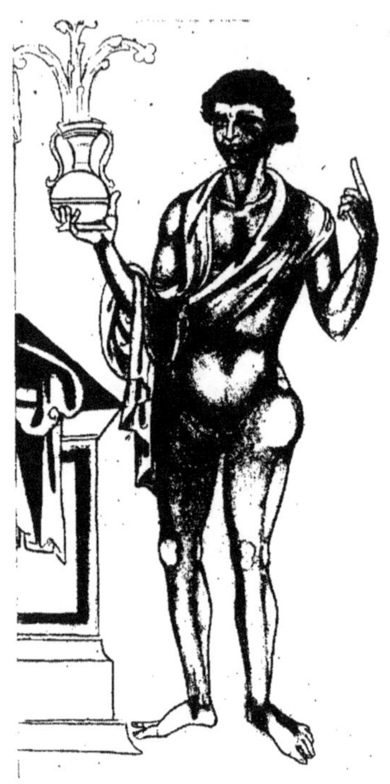

Fig. 161. — Figure nue.
Album de Villard de Honnecourt *publié en fac-similé par J.-B. Lassus et Darcel.* Pl. XXI.

En outre de cette figure, notre architecte a dessiné au trait nombre de personnages nus en entier ou en partie. Celui qui occupe debout le milieu de la planche XLII (fig. 162), offre de grandes analogies avec la figure précédente, le geste de la main gauche est identique. Près de lui un autre personnage assis est entièrement nu.

On a pensé voir dans ces deux hommes, l'un assis, l'autre debout, deux études de nu d'après nature et d'un « réalisme brutal ». Ces types sont loin, en effet, de tendre vers un idéal de beauté. Il n'en est pas moins vrai qu'ils constituent une très curieuse tentative de généralisation, ainsi qu'en témoignent les autres figures nues du même auteur toutes conçues sur le même modèle (1) qui peut être résumé ainsi : Aucune trace des arts antérieurs n'apparaît.

L'artiste, s'il a connu les formes du « nu byzantin », de parti pris les oublie. Il spécule sur son propre fonds et cherche à prendre la nature pour guide.

Mais la difficulté est grande pour qui ignore tout des formes. L'observa-

(1) Comme les deux génies du mausolée de la planche X; les deux joueurs de la planche XVI; les deux lutteurs de la planche XXVI, etc.

tion même est plus malaisée qu'on imagine et par suite le dessin est souvent incorrect, je n'en veux pour preuve que le dessin de l'oreille, un peu complexe, il est vrai, mais que l'artiste a constamment sous les yeux.

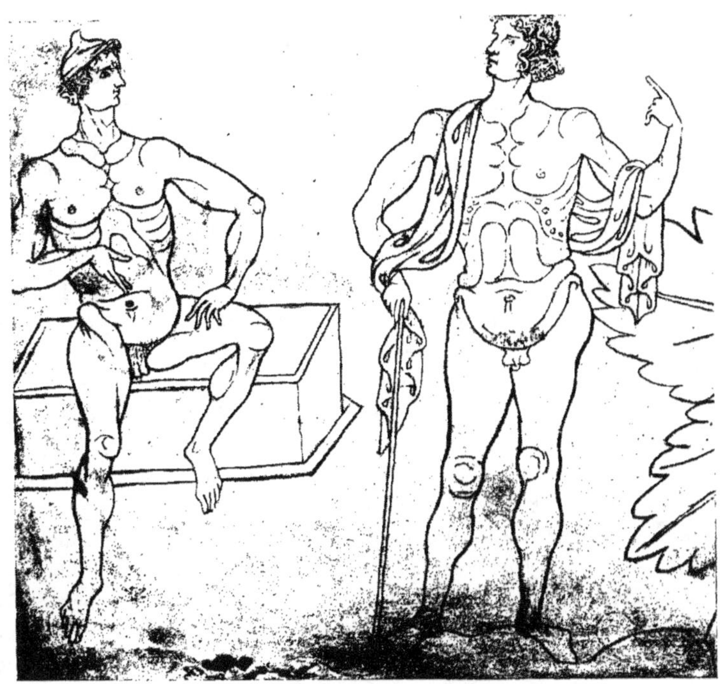

FIG. 162. — DEUX FIGURES NUES.
(VILLARD DE HONNECOURT, *loc. cit.*, Pl. XLII.)

Malgré son talent de dessinateur consommé il n'arrive pas à en donner une représentation conforme à la vérité. En effet sur une grosse tête de saint Pierre (fig. 163) où tous les traits du visage sont étudiés avec soin, on voit sur le pavillon de l'oreille la confusion la plus grande. L'anthélix volumineux est limité à la partie supérieure. L'hélix commence bien, mais il s'arrête trop tôt, ce qui donne à la conque une dimension exagérée. Le tragus et l'antitragus sont à peu près bien placés. mais l'incisure qui les sépare, très exagérée, descend jusqu'au milieu du lobule.

On comprendra que le dessin du corps lui-même, avec ses formes souvent indécises, comme fuyantes, présente des difficultés bien considérables, encore augmentées par la rareté des occasions que l'artiste avait d'observer le nu. Il n'est pas douteux que Villard de Honnecourt n'ait eu plus d'une fois recours à la complaisance d'un compagnon qu'il priait de se dévêtir. Ses dessins en témoignent, mais même alors quel nu avait-il sous les yeux? Un fait certain c'est que l'artiste du treizième siècle n'y attachait qu'un médiocre intérêt. Ce qu'il cherchait surtout dans l'étude du corps humain, c'était un support pour les draperies.

Néanmoins il n'est pas sans intérêt de résumer et de préciser la formule à laquelle, lorsqu'il a dessiné le nu. il était arrivé.

Le torse, avec ses deux grandes régions, le thorax plus près de la nature, l'abdomen au contraire qui s'en éloigne singulièrement, fait voir des formes originales qu'on ne retrouve guère ailleurs.

Sur les côtés du sternum, le dessin de l'attache, en cet endroit, des gros faisceaux du muscle grand pectoral est évident. Il ne s'agit plus là, comme dans l'art byzantin, de l'indication de côtes sternales. La saillie claviculaire parfois fort exagérée (fig. 162) sépare nettement du cou la région pectorale dont la limite inférieure et externe est faite d'une double inflexion qui, de prime abord, paraît singulière, mais où il convient de reconnaître, dans la partie externe, la saillie bien observée du bord antérieur de l'aisselle. Ajoutons que le trait qui remonte sur le bras, mieux indiqué encore sur le petit Christ, est bien conforme à la nature. La région sous-mammaire est parcourue par les reliefs obliques de cinq côtes dont les parties antérieures sont marquées par des petits ronds.

A l'abdomen, s'accumulent les formes les plus curieuses. A son pourtour, dans la moitié supérieure, un gros bourrelet onduleux le circonscrit, de chaque côté, se terminant à la région du flanc dont il constitue la moitié inférieure formant une grosse saillie indépendante qui se continue avec la région sous-ombilicale de l'abdomen, de telle manière que le flanc apparaît coupé en deux par un sillon transversal profond. Cette description ne se rapporte qu'au côté gauche de la figure debout de la planche XLII (fig. 162); à droite ce n'est plus tout à fait la même chose, mais il faut remarquer que la figure penchant à gauche, le côté droit

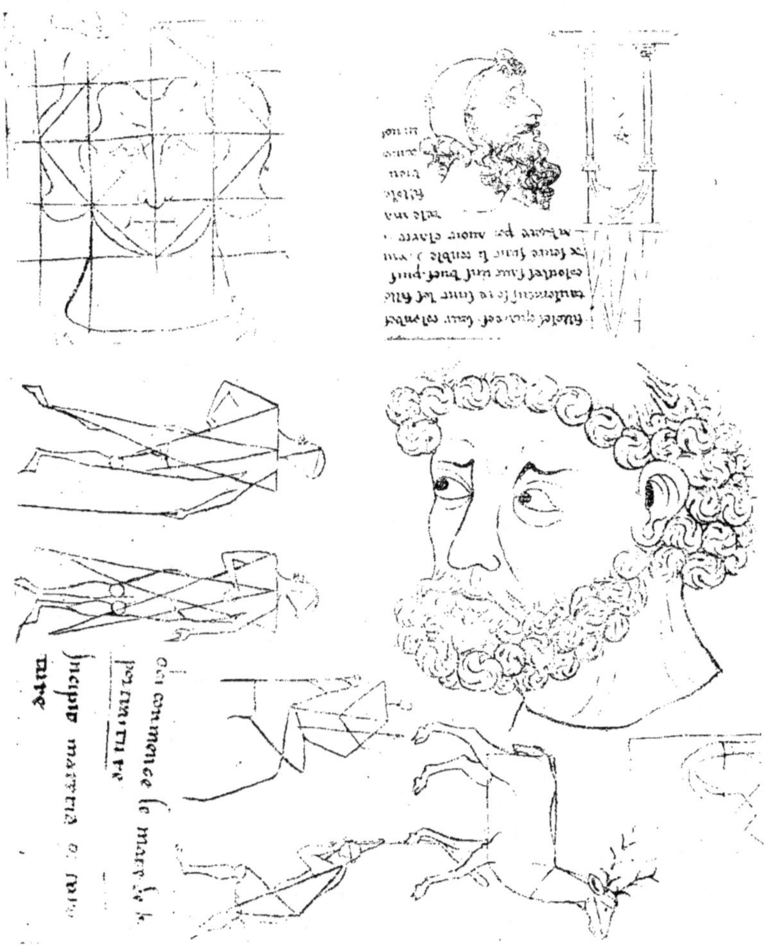

FIG. 163. — SCHÉMATISATION DES ATTITUDES. ÉTUDES DE TÊTES.
(VILLARD DE HONNECOURT, *loc. cit.*, Pl. XXXIV.)

tend à se simplifier. Le dessin des membres se fait remarquer par des contours souvent fort justes, surtout aux bras. Il n'en est pas de même des modelés indiqués par des traits intérieurs dont la disposition ne varie pas, quel que soit l'aspect sous lequel se présente le membre. Il faut cependant noter que la rotation de l'avant-bras est parfois nettement et correctement indiquée, pendant qu'aux jambes la différence entre la face externe et la face interne n'est pas assez sensible. Je n'insisterai pas plus longtemps sur ces descriptions anatomiques. Nous en avons assez dit pour montrer des tendances manifestes à l'observation de la nature.

Mais il nous faut ajouter que la connaissance des formes extérieures du corps humain n'était pas le but que poursuivait l'artiste des cathédrales. Lorsqu'il étudiait la figure nue, c'était pour en déterminer les formes osseuses qui formaient la charpente qu'il se proposait de recouvrir de draperies. La planche XXI (fig. 161.) est particulièrement démonstrative à cet égard. On y voit notées avec soin et cernées d'un dur contour l'ossature du genou, les malléoles, l'olécrane, etc., jusqu'aux épines iliaques dépendant du bassin. Mais sur ce dernier point, l'artiste fait erreur. Il n'a point vu le grand trochanter qu'il remplace par une sorte de loupe graisseuse fort disgracieuse.

Sur les autres figures, le souci des formes osseuses est également indiqué par des cercles aux épaules, aux coudes, aux genoux.

Quant aux traits du visage, on peut relever un certain nombre de caractères constants particuliers au dessinateur. L'espace intersourcilier est large. Le nez, de profil ou de face, pointe vers le bas. Le sillon médian sous-nasal est bien indiqué. Des deux lèvres, l'inférieure est la mieux étudiée avec ses deux moitiés saillantes et symétriques. Le relief médian de la lèvre supérieure est mal compris. Des deux paupières, la supérieure est toujours la mieux indiquée.

Sur les profils, l'œil est rarement bien dessiné. On peut relever d'autres erreurs, comme le sillon naso-labial remontant beaucoup trop haut sur la tête de saint Pierre, etc.

Les extrémités sont en général incorrectes, cette petite main (pl. LVIII) est toutefois fort habilement indiquée avec les deux éminées thénar et hypothénar et la longueur inégale des doigts (fig. 166).

Les pieds généralement très longs montrent l'inégalité de longueur des orteils fort accentuée. Le second orteil est le plus long (fig. 167).

Mais si les formes locales anatomiques ne préoccupaient guère l'artiste du moyen âge, il n'en était pas de même des formes d'ensemble d'où

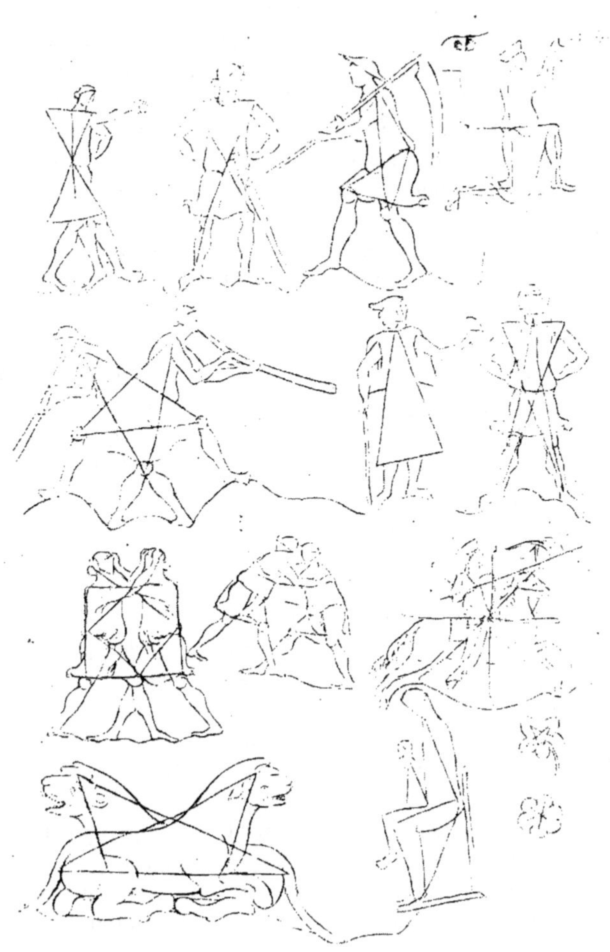

FIG. 164. — SCHÉMATISATION DES ATTITUDES.
(VILLARD DE HONNECOURT, *loc. cit.*, Pl. XXXVI.)

résulte le mouvement de la figure. Aussi Villard de Honnecourt consacre-t-il plusieurs pages de son album à rechercher en d'habiles et rapides croquis les moyens de résumer par quelques simples traits ce mouvement et à définir géométriquement le procédé pour camper rapidement un personnage dans des attitudes variées. « C'est cette méthode expéditive de dessin que Villard de Honnecourt nous donne (1) et non des principes fixes de mesures exactes ni des relations mathématiques définies, qui auraient répugné au sentiment général de l'époque où il vivait. Mais cette méthode, bien qu'arbitraire, rend trop exactement l'allure que donnent aux personnages la sculpture et la peinture du treizième siècle pour ne pas supposer qu'elle devait être générale dans les ateliers. », Au milieu des nombreux croquis du visage humain chargé de triangulations arbitraires, il en est un qui mérite d'être relevé (fig. 163).

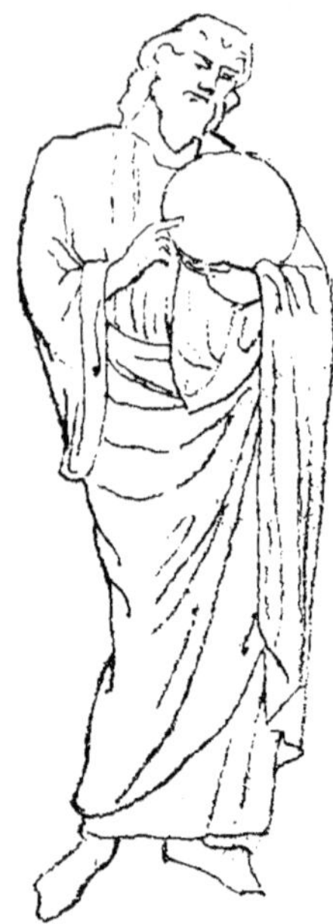

FIG. 165.
HANCHEMENT SUR UNE FIGURE DRAPÉE.
(*Album de* VILLARD DE HONNECOURT, Pl. L.)

Toute la tête vue de face s'inscrit dans un carré parfait, la face n'a en largeur que deux des divisions de la hauteur. Des lignes horizontales traversent la face de façon à diviser la tête en parties à peu près égales. Les cheveux occupent la première, le front la seconde, le nez la troisième, et la bouche et le menton la dernière. Deux siècles plus tard Albert Durer reprendra cette méthode.

En résumé, le dessinateur du treizième siècle joint ses efforts aux sculpteurs du douzième dont nous avons étudié en détail les traits des grandes statues des portails, yeux, nez, bouche, oreilles et sur lesquels nous ne reviendrons pas. Quant au nu de toute la figure, le treizième siècle s'est échappé de la formule byzantine persistante au douzième, et nous verrons plus loin aux portails de Chartres, de Bourges, de Notre-Dame de Paris, de Rampillon, etc., le nu d'abord fruste s'affirmer progressivement dans une voie naturaliste heureuse.

(1) Album de Villard de Honnecourt, manuscrit publié en fac-similé par J. B. A. Lassus et A. Darcel, p. 139.

Nous ne pouvions passer sous silence le curieux essai de Villard de Honnecourt pour poser les règles du dessin du nu, à une époque surtout où l'on ne se préoccupait guère de le mettre à l'honneur. Sa tentative fut donc méritoire et valait de nous arrêter un instant dans cet ouvrage consacré à la forme humaine. Mais nous n'avons à en retenir que le soin qu'il a apporté à la mise en place des extrémités osseuses qui déterminent les plis des vêtements, la recherche de procédés rapides pour figurer les attitudes et les mouvements (fig. 164) dans leur vérité naturelle, et nous pouvons ajouter qu'il y a parfaitement réussi, et les pages de son album consacrées aux mouvements d'ensemble résument admirablement l'allure générale que donnent aux personnages la sculpture et la peinture du treizième siècle.

L'album de Honnecourt nous conduit tout d'abord à étudier les plis des étoffes dont le sculpteur du treizième siècle a revêtu ses personnages. Les plis compliqués aux courbes concentriques, aux cassures multipliées et illogiques, les jets d'étoffes sans raison que l'art roman avait empruntés à l'art byzantin sont abandonnés. Le personnage est habillé normalement et les plis de sa robe ou de son manteau sont occasionnés par sa charpente même et l'attitude qui lui est donnée. Il nous semble donc logique, avant de chercher à définir le nu du treizième siècle, de rechercher comment il a traité le personnage vêtu, et nous verrons qu'il l'a excellemment traité.

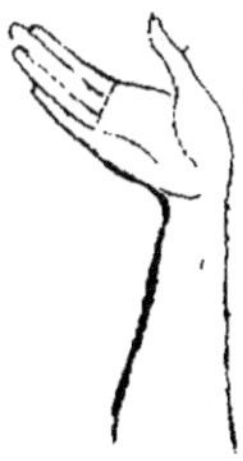

FIG. 166. — DESSIN D'UNE MAIN. Pl. LVIII.

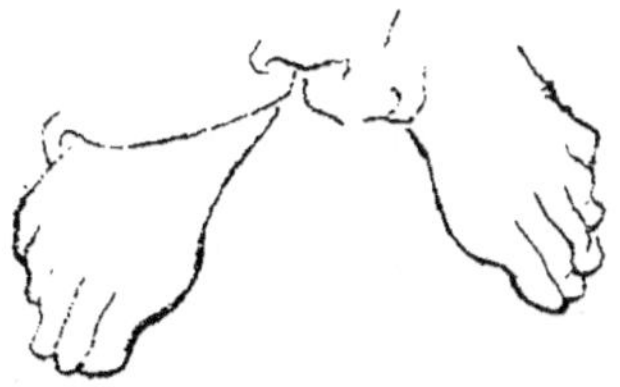

FIG. 167. — DESSIN DE DEUX PIEDS. Pl. XXXII.

(*Album de* VILLARD DE HONNECOURT.)

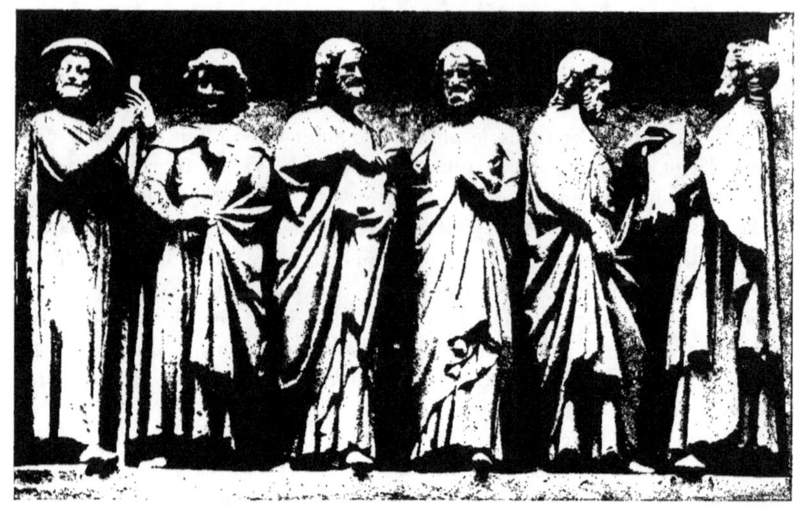

Fig. 168. — Les Apôtres de la cathédrale d'Amiens (partie gauche).

LA FIGURE HABILLÉE

Le nu, il faut bien le dire, n'a été traité qu'exceptionnellement par l'art gothique, ce qui ne l'a pas empêché, lorsqu'il y a été contraint par le sujet qu'il avait à représenter, de le faire souvent avec une maîtrise qui nous surprend parce qu'il n'emprunte rien aux arts qui ont précédé. On pouvait d'ailleurs le prévoir, à constater sous les draperies des statues vêtues, une charpente bien construite, un corps sain et robuste, car le plus souvent l'artiste a bien soin d'en révéler par le jeu des plis, les principaux contours. Déjà au douzième siècle, sur les statues-colonnes des reines du Portail Royal de Chartres, on voit la saillie des seins et de l'abdomen se modeler sous la robe. Mais au siècle suivant cette tendance encore timide s'affirme. Quoi de plus chaste, en même temps que de mieux révélateur qu'au Portail Nord de Chartres, la poitrine de la Vierge dans le groupe de l'Annonciation (fig. 169), celle des deux visiteuses dans la Visitation, celle de sainte Modeste, ou des petites figures des Béatitudes des voussures. Il est vrai que les rondeurs des hanches ne sont point le fait de l'artiste gothique. C'est que, tout en cherchant à copier la nature, il obéissait à un idéal très pur et très élevé. N'avons-nous pas vu quelque chose d'analogue se produire dans l'art antique au cinquième siècle d'avant notre ère et nous avons rappelé à ce propos que l'étroitesse relative du bassin pouvait exister sur des sujets qui n'en étaient pas moins femmes et présentaient, dans le modelé des autres parties du corps, les caractères essentiellement féminins. Il est certain que cette preuve par le nu nous manque ici. Mais elle n'est point nécessaire, et le personnage de la Vierge (fig. 169) dans la scène de l'Annonciation au Portail Nord de la cathédrale de Chartres, est une figure qui, si elle présente encore quelque inexpérience dans la disposition des plis, n'en offre pas moins le type accompli de la vierge pure et soumise. Cette statue féminine est bien certainement une des plus belles, une des plus parfaites que l'art gothique ait produites (fig. 169).

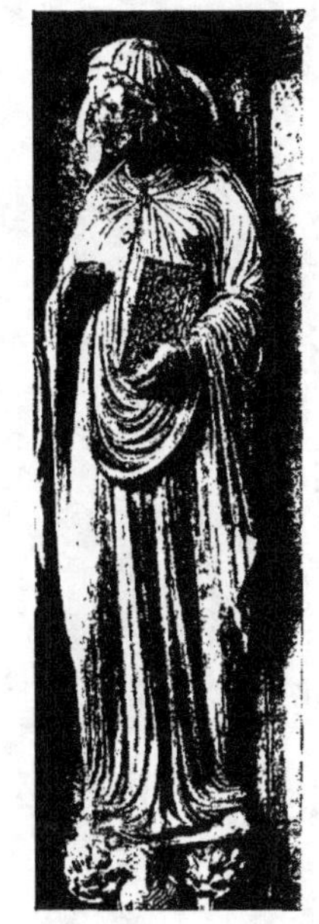

FIG. 169. — VIERGE DU GROUPE DE L'ANNONCIATION.
Cathédrale de Chartres, Portail nord, baie de gauche (côté gauche).
(D'après Ét. HOUVET, *Portail nord*, I, p. 5.)
Le nu de la poitrine se devine sous les draperies.

Les grandes figures des prophètes qui se pressent aux ébrasements du même Portail comptent parmi les plus impressionnantes de la statuaire du treizième siècle à ses débuts. M. Mâle y voit une réalisation étonnante de l'idée qu'on pouvait se faire de ces acteurs surhumains des temps prophétiques (fig. 170).

« Ces grandes statues, dit M. E. Mâle, comptent parmi les plus extraordinaires du moyen âge. Elles semblent appartenir à une autre humanité... On les dirait pétries du limon primitif, contemporaines des premiers jours du monde... Ces patriarches et ces prophètes apparaissent vraiment comme les pères des peuples, comme les colonnes de l'humanité (1). »

Et d'autre part parlant de ces mêmes personnages : « On les voit, dit M. L. Hourticq, au Portail Nord de Chartres encore hors nature; un art embarrassé de roideur archaïque a fixé leurs personnalités

(1) E. MALE, *l'Art religieux du treizième siècle en France*, p. 184.

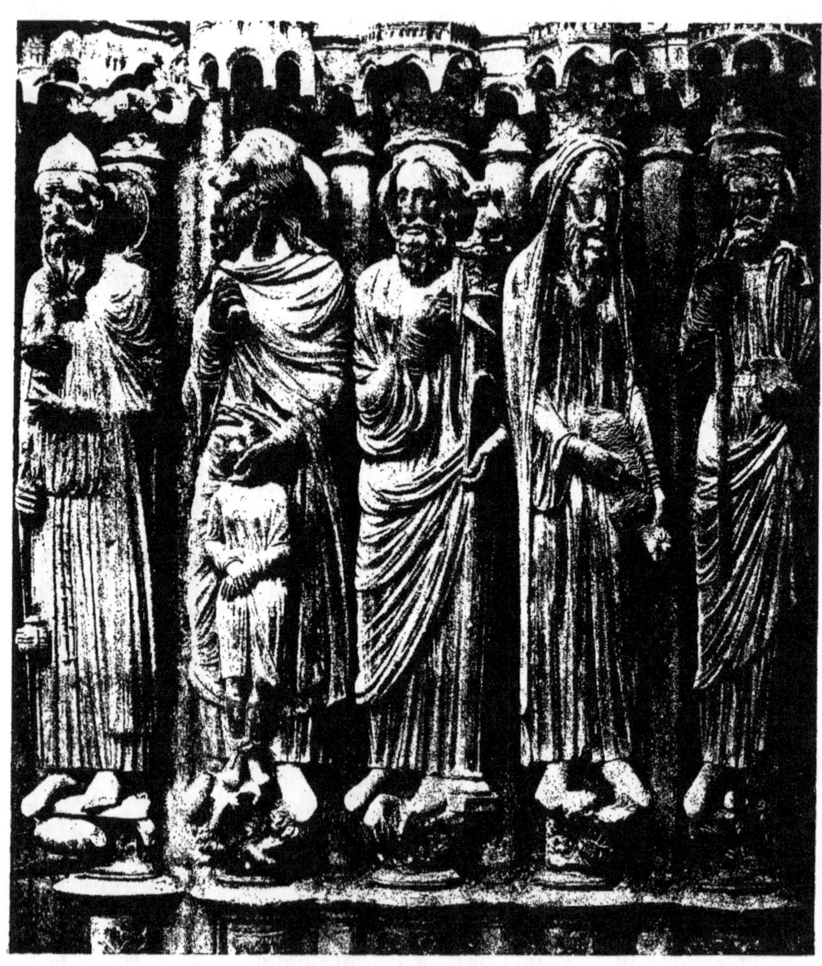

FIG. 170. — MELCHISÉDEC, ABRAHAM, MOÏSE, SAMUEL, DAVID.
Cathédrale de Chartres, Portail Nord, baie centrale, côté gauche.
(D'après Ét. HOUVET, *Portail Nord*, I, p. 8.)

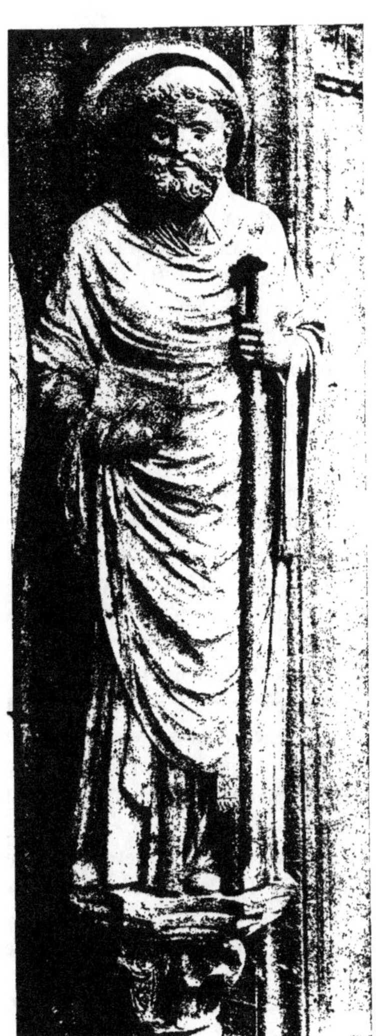

FIG. 171. — SAINT AVIT.
Portail Sud, baie de droite, de la cathédrale de Chartres.
(D'après Ét. HOUVET, *Portail sud*, I, p. 13.)

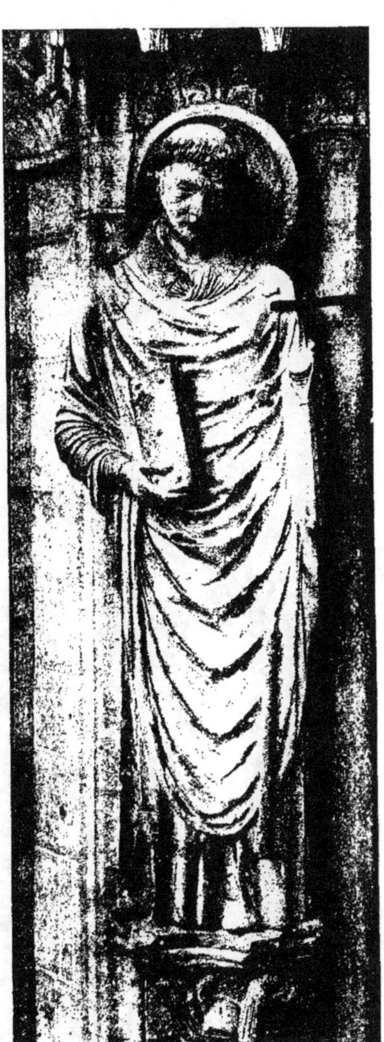

FIG. 172. — SAINT LAUMER.
Portail Sud, baie de droite, de la cathédrale de Chartres.
(D'après Ét. HOUVET, I, p. 13.)

violentes; ce sont là ces visionnaires tumultueux et furibonds de la Bible qui, bien avant la sérénité radieuse de l'Évangile, en des tempêtes d'invectives, lançaient parfois des éclairs de vérité. Ils conservent durant le moyen âge leur physionomie redoutable (1) »...

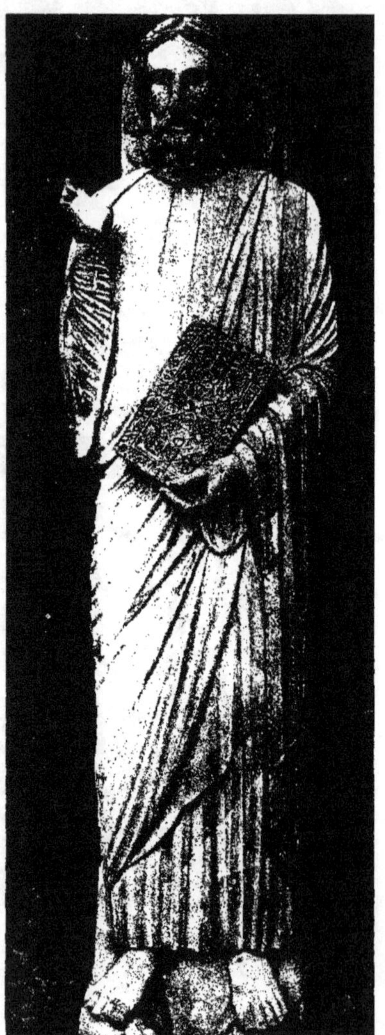

A ces appréciations remarquables issues d'un profond sentiment de l'art et de la vérité, nous ajouterons notre modeste contribution en faisant remarquer combien, malgré une roideur encore incontestable, les poses sont variées, tendant vers le naturel (Isaïe a une attitude souple remarquable, de même que Siméon), comment les plis très habilement variés s'appliquent étroitement sur un nu qui commence à se révéler sérieusement construit. Mais les progrès en ce sens sont rapides et d'autres statues de la même époque, au Portail Sud, tels deux guerriers, saint Théodore et saint Georges, et deux confesseurs, saint Avit (fig. 171) et saint Laumer (fig. 172), sous leurs vêtements si différents touchent à la perfection au double point de vue de

(1) L. Hourticq, *Histoire générale de l'art, la France,* p. 72.

Fig. 173. — Le Christ enseignant.
Portail sud, Baie centrale sur le trumeau. Cathédrale de Chartres.
(D'après Ét. Houvet, *Portail sud,* I, p. 9.)

la disposition des plis et de la traduction du nu parfaitement senti, dans une attitude hanchée modérée admirablement interprétée.

Les apôtres des Portails d'Amiens et de Paris prêtent aux mêmes remarques. Mais là comme à Chartres, et ailleurs, il faut observer que toutes ces statues, dont la plupart sont fort remarquables pour la pose générale et le naturel des plis, sont loin d'avoir toutes la même valeur.

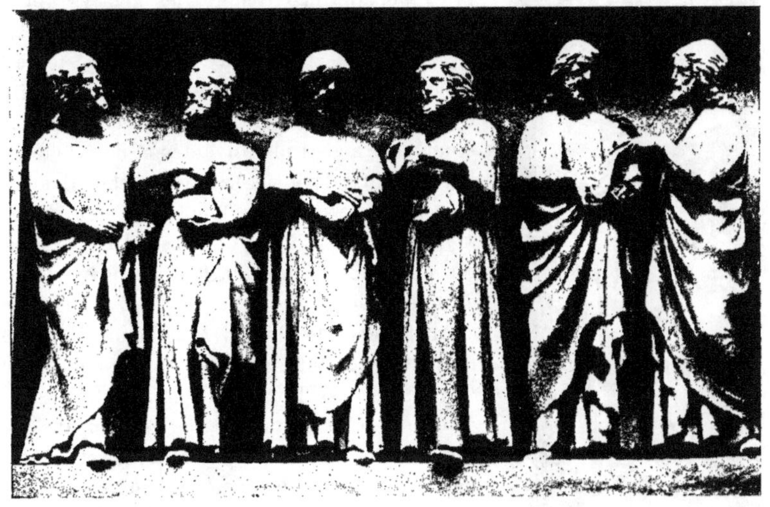

Fig. 174. — Les Apôtres du portail d'Amiens (partie droite).

Dans les ateliers où se taillait l'œuvre anonyme, tous les ouvriers n'avaient pas la même habileté.

Je crois que, dans ces chefs-d'œuvre précoces de l'art gothique, on ne saurait voir quelque chose de comparable à l'archaïsme grec comme on serait tenté de le faire. S'ils ont conservé encore quelque roideur, ils sont d'un art plus avancé que les Apollons archaïques ou les Korai de l'ancien Parthénon. On ne peut pas parler ici de la fameuse frontalité inventée au sujet de ces œuvres primitives. Si l'on voulait trouver la période archaïque de l'art gothique, il faudrait la chercher dans l'art roman, dans ces longues statues-colonnes où les détails des costumes aux broderies finement ciselées compensent l'imprécision des formes. Malgré l'exagération des gestes et des attitudes, malgré l'illogisme des draperies qui bouillonnent, se retroussent et lancent comme des jets qui retombent brusquement, c'est bien lui qui a précédé l'art gothique et en constitue comme la phase de préparation.

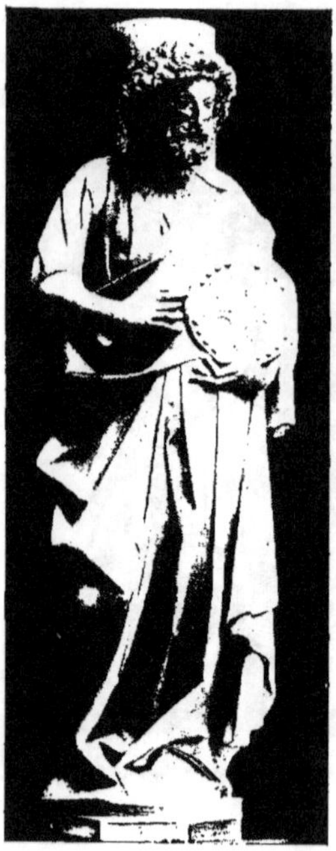

Fig. 175. — Apôtre de la Sainte-Chapelle a Paris. Fin XIIIe siècle. (*Arch. phot. d'art et d'hist.*)

Le Christ est descendu du tympan des églises romanes, pour s'adosser au trumeau de certains portails et enseigner les apôtres alignés dans les ébrasements. D'une main il tient le livre de Vérité, de l'autre il fait le geste de la bénédiction. D'une majesté douce et tranquille, d'une noblesse souveraine, il est vêtu à Amiens d'une robe à gros plis tuyautés et d'un manteau habilement relevé sur le bras gauche. Il a conquis l'admiration de la foule qui l'a surnommé « le beau Dieu ». A Chartres, l'arrangement est plus simple, mais la figure a plus de bonté et de grandeur.

Au linteau du Portail Méridional d'Amiens, l'artiste a résolu le difficile problème d'aligner, dans un espace libre, les douze apôtres côte à côte sans qu'ils se nuisent, en les groupant deux à deux dans une paisible discussion et en donnant à chacun un caractère individuel. Les draperies sont d'un style simple, souple et ample sans excès (fig. 168 et 174). Il n'en est pas toujours ainsi; à la Sainte-Chapelle, les apôtres qui portent la croix de consécration se font remarquer par des draperies vraiment exubérantes sous les plis lourds desquelles le corps disparaît entièrement, mais c'est là une exception (fig. 175).

Dans cette note de belle tenue, de mesure parfaite, de juste équilibre, de perfection sereine qui dénote le grand art, Notre-Dame de Paris possède plusieurs ensembles de premier ordre. Ce n'est pas à nous de les décrire ici en détail. Il me suffira de citer entre autres le tympan du portail gauche de la façade occidentale consacré à la résurrection de la Vierge et à son ensevelissement. Mais nous ne pouvons pas ne pas nous arrêter un instant

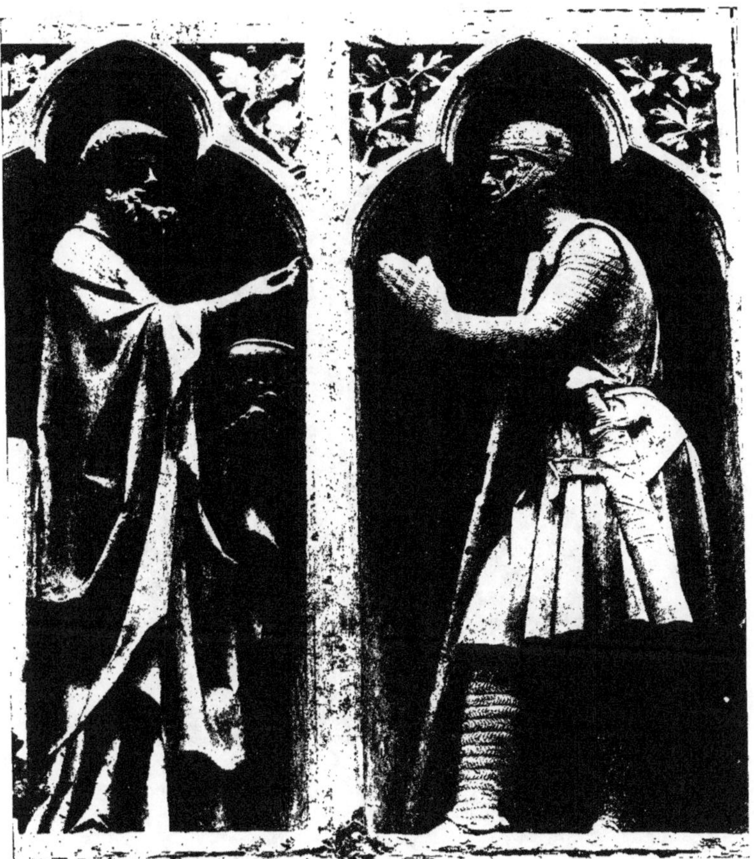

FIG. 176. — LA COMMUNION DU CHEVALIER.
Cathédrale de Reims. Intérieur ouest du Portail central.
(Arch. phot. d'art et d'hist.)

sur la statuaire de Reims où les artistes plus libres qu'ailleurs ne semblent plus obéir qu'à leur inspiration, et créent des œuvres d'une grande originalité, où la vie circule en des formes neuves très simples ou plus recherchées.

La paroi intérieure de la façade occidentale est décorée, au-dessus d'un soubassement tendu de tentures de pierre, de niches, entre des panneaux de feuillage très fouillés, qui abritent des figures en ronde-bosse au nombre d'une cinquantaine. Parmi ces figures, toutes remarquables, nous en citerons deux bien connues : un prêtre revêtu des habits sacerdotaux donne la

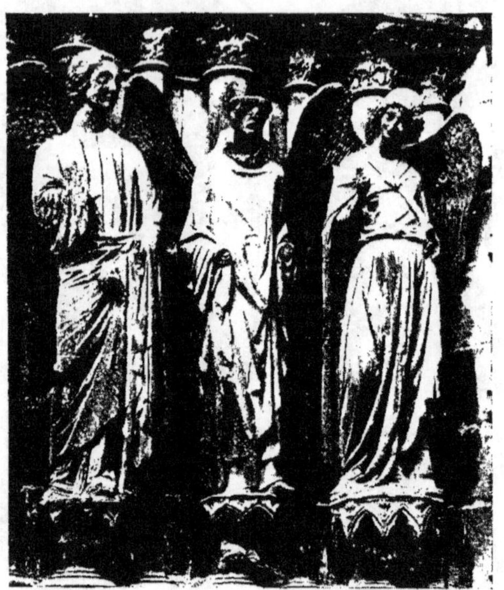

FIG. 177. — L'ANGE AU SOURIRE (PERSONNAGE A DROITE).
Cathédrale de Reims. Façade occidentale, ébrasement de gauche du portail nord.
(Arch. phot. d'art et d'hist.)

communion à un chevalier en costume du treizième siècle. Les gestes, d'une admirable simplicité, ne laissent plus rien à désirer au point de vue de la souplesse et de la vérité, et si les plis abondants des vêtements du prêtre cachent vraisemblablement le corps émacié d'un ascète, la cotte de maille du soldat recouvre des membres solides habitués aux durs travaux de la guerre (fig. 176).

D'autre part, aux porches de la même cathédrale, la plupart des statues qui les ornent ont une liberté d'allure dans les attitudes et dans les draperies inconnue ailleurs. Mais c'est surtout parmi les figures d'anges, très nombreuses à la cathédrale de Reims, toutes conçues en un même style

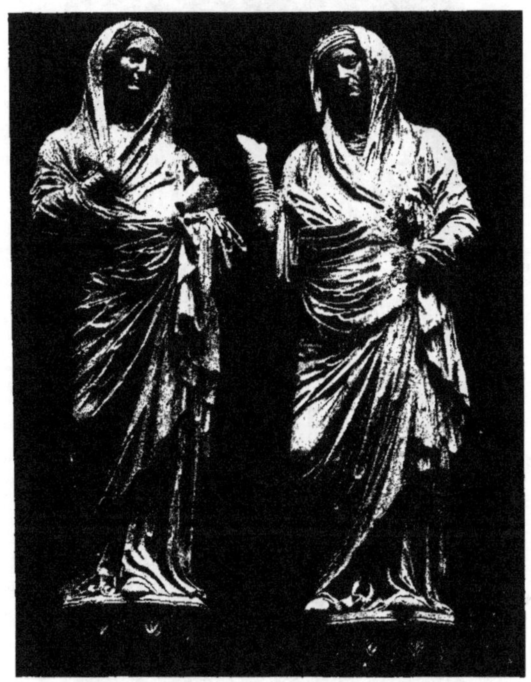

FIG. 178. — LA VISITATION.
Cathédrale de Reims. Façade occidentale, groupe de l'ébrasement droit de la porte centrale.
(Phot. Giraudon.)

distingué, délicat, spirituel, peut-être un peu maniéré, que se trouvent les œuvres les plus originales. Il nous suffira de rappeler l'ange de l'Annonciation et l'un de ceux qui conduisent saint Rémi pour montrer jusqu'à quel degré l'artiste rémois a su assouplir les formes, draperies et nus que ces dernières révélaient (fig. 177).

Et voici qu'apparait ce groupe étonnant de la Visitation (fig. 178) dont les rondeurs charnues des épaules chez la Vierge et les mille plis qui

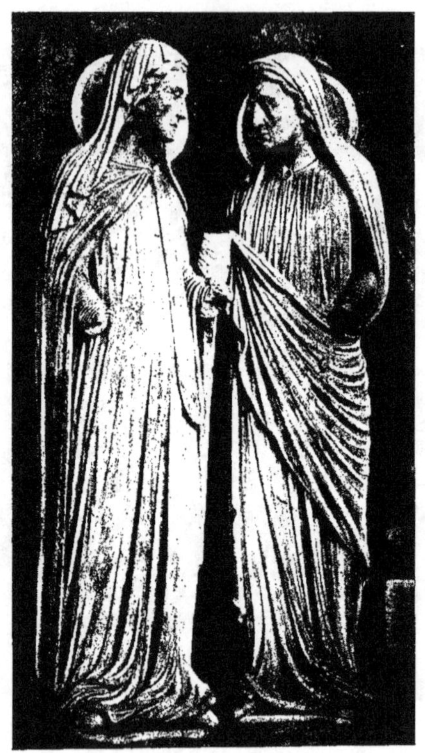

Fig. 179. — La Visitation.
Statues du Portail Nord de la cathédrale de Chartres, baie de gauche, côté droit.
(D'après Ét. Houvet, *Monographie*, p. 34.)

recouvrent les deux figures, contrastant avec les autres personnages du même portail, rappellent le faire et les draperies mouillées de l'art antique. Ce rapprochement d'ailleurs a déjà été fait et M. André Michel, qui rappelle que les sculptures antiques, sarcophages, stèles, statues avaient abondé dans le Nord-Est, jusque dans la vallée du Rhin, se demande s'il y eut imitation directe par les imagiers champenois de quelques-uns de ces modèles. Mais il ajoute : « En tout cas, il y eut transposition plus que

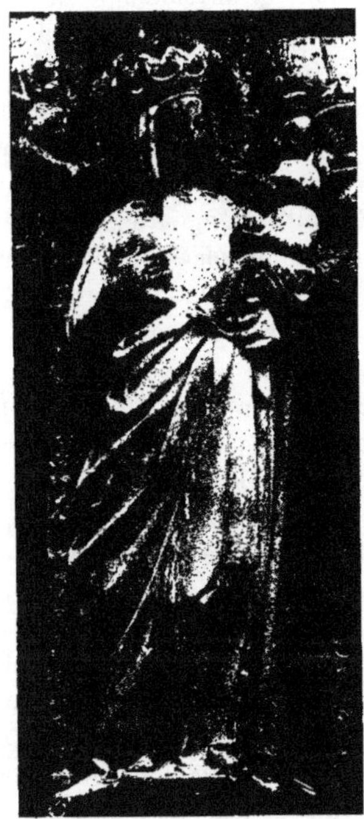

FIG. 180. — VIERGE DORÉE D'AMIENS.
(Arch. phot. d'art et d'hist.)

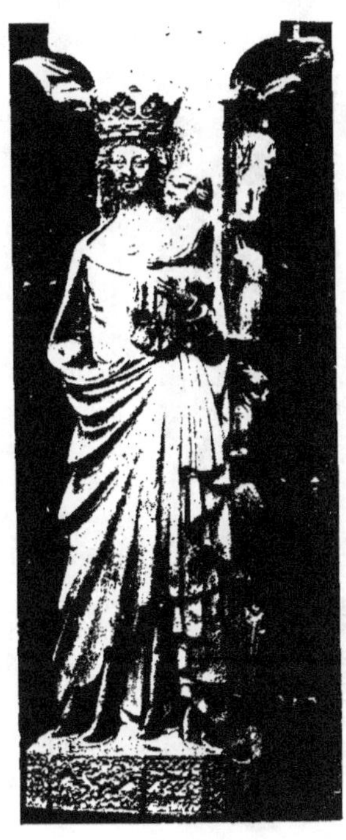

FIG. 181. — LA VIERGE DE REIMS.
(Arch. phot. d'art et d'hist.)

copie véritable, et cet incident de l'histoire de la sculpture n'eut à l'heure où il se produisit aucune conséquence durable (1). »

Je m'empresse de souligner cette appréciation d'un maître qui fait autorité en matière d'art médiéval, car nous verrons que l'examen des formes du nu nous conduit aux mêmes conclusions.

(1) A. MICHEL, *Histoire de l'art*, t. II, 2e part., p. 154.

L'artiste qui a conçu et réalisé ces deux figures est certainement sorti des voies coutumières et il a fait preuve d'originalité. La Vierge s'éloigne du type simple et modeste de ses autres images de cette même cathédrale et de celles d'Amiens ou de Chartres (fig. 179). Sa physionomie douce et charmante avec ses lourds bandeaux, son grand front, ses yeux un peu saillants surmontés de sourcils élevés et arqués, son nez fin un peu court, ses joues pleines et rondes, n'ont rien du masque grec. Elle est de chez nous. Mais un souffle profane a passé sur cette œuvre dont la pose banchée à l'extrême atteste la liberté d'allure de même que le bijou placé sur la poitrine et le soin avec lequel les ondulations des cheveux sont disposées bien visibles en avant du pan du manteau qui recouvre la tête trahissent un brin de coquetterie qu'on chercherait en vain ailleurs. Quant à Elisabeth, son torse puissant et étoffé est celui d'une bonne matrone de la même famille. Il n'y a donc pas lieu en somme, malgré les plis mêmes des draperies, de chercher à ce groupe original, délicat et puissant à la fois, un modèle dans l'Antiquité.

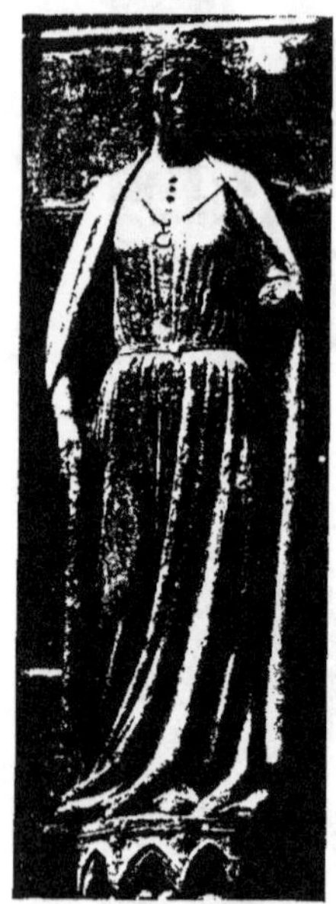

Fig. 182.
Reine de Saba.
Reims. Façade occidentale.
(Arch. phot. d'art et d'hist.)

La Vierge reine et mère, coiffée d'un lourd diadème et parée de bijoux, est un thème que l'art gothique a créé et qu'il a su rendre avec une grâce touchante. L'enfant tenu sur la hanche gauche légitime de ce côté un hanchement parfois exagéré. Un grand pan du manteau retenu sous le bras du même côté retombe en lourds plis étagés. Le type le plus célèbre est celui de la cathédrale d'Amiens connu sous le nom de la Vierge dorée (fig. 180). Mais il a été répété partout dans ces églises élevées à son culte et qui étaient des Notre-Dame. Nous n'en parlerions pas ici si nous ne voulions faire remarquer que, sur un certain nombre de ces statues, ce hanchement suppose parfois un développement du bassin qui, opposé à l'étroitesse de la poitrine, réalise le type féminin par excellence que nous avons longuement décrit ailleurs. La Vierge de Reims en est l'exemple le plus frappant (fig. 181).

Plus tard les plis de la robe et du manteau se font plus larges et plus amples et la Vierge disparaît presque sous l'abondance des étoffes qui retombent sur le côté et s'étalent à terre autour des pieds.

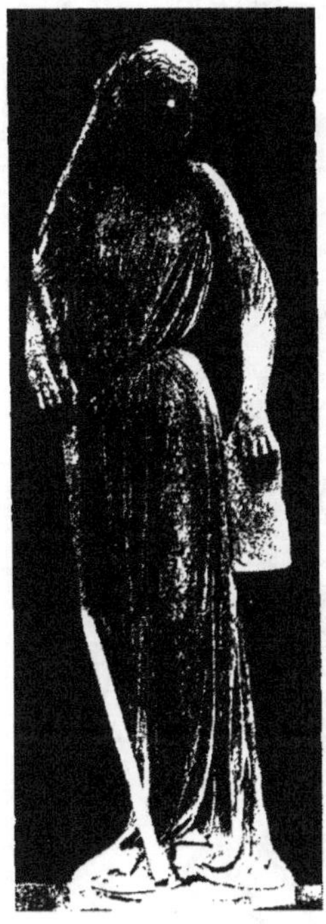

FIG. 183. — LA SYNAGOGUE.
Cathédrale de Strasbourg.
Portail méridional.

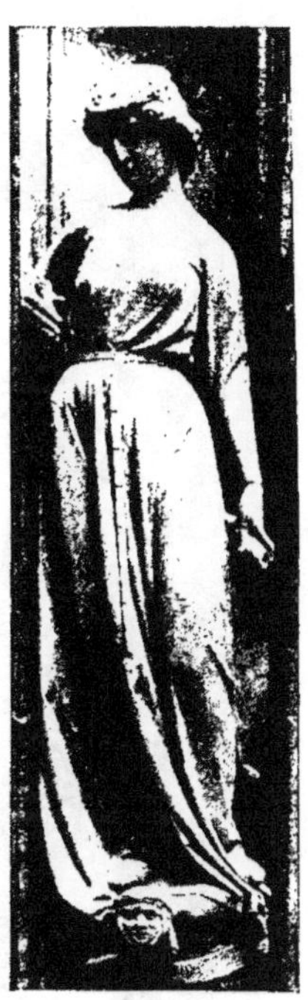

FIG. 184. — UNE VERTU.
Strasbourg. Cathédrale.
Portail de gauche, façade occidentale.
(Photo N. D.)

Nous voyons naître à Reims un type féminin tout à fait différent. Enveloppé d'une longue robe le nu se distingue par une taille étroite et très serrée; les hanches sont saillantes et la figure dans son ensemble est d'une grande souplesse. La reine de Saba de Reims, située à l'éperon entre le portail central et le portail nord de la façade occidentale, est, à notre connaissance du moins, la première figure où les traits que nous venons d'indiquer se révèlent mais sans exagération (fig. 182). Par contre, à Strasbourg, ce même type se retrouve avec une accentuation qui atteint jusqu'à la limite extrême ainsi qu'on le voit notamment sur la figure de la synagogue et sur la figure d'une Vertu (voir fig. 183 et 184).

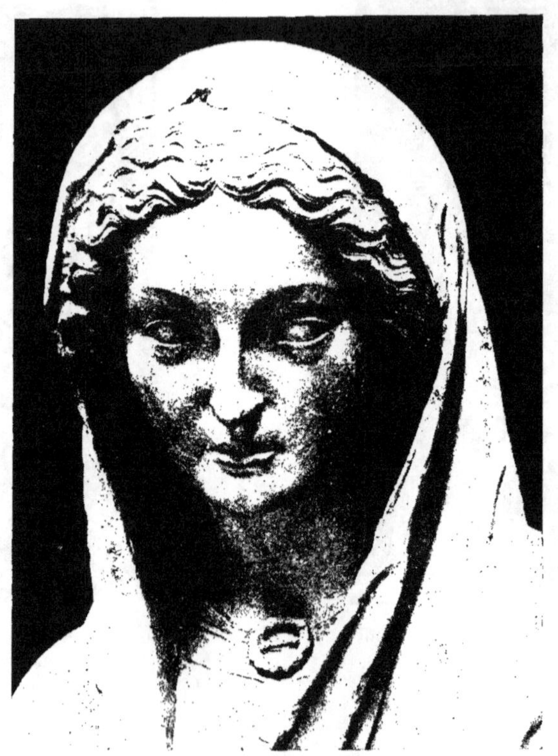

FIG. 185. — TÊTE DE LA VIERGE DU GROUPE DE LA VISITATION.
XIIIe siècle.
Cathédrale de Reims.
(Arch. phot. d'art et d'hist.)

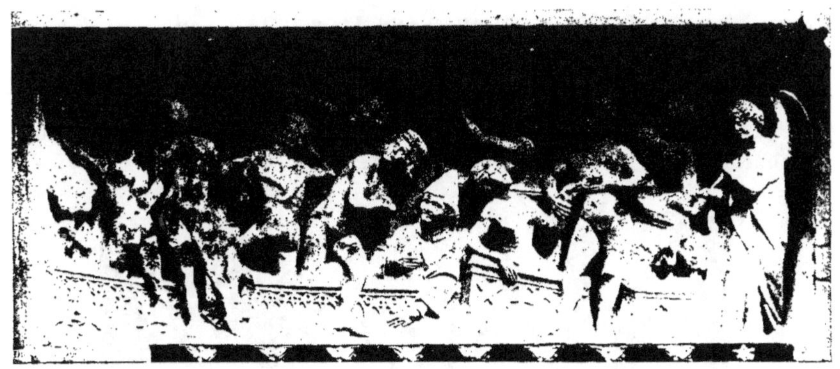

Fig. 186. — Résurrection des morts.
Église de Rampillon. Linteau du Portail occidental.
(Phot. Giraudon.)

LE NU

Nous avons vu qu'au douzième siècle le nu portait l'empreinte byzantine. Au treizième siècle, aux portails de nos grandes cathédrales, il n'en conserve plus que des marques éloignées et finit par lui échapper complètement. Les artistes qui avaient si bien su le faire sentir sous le vêtement n'ont pas manqué de le reproduire souvent sommairement, mais assez exactement lorsque l'occasion s'en présentait. Les exemples n'en sont pas très nombreux, mais ils sont suffisants et nous verrons qu'il en est même de tout à fait remarquables.

Le diable, toujours nu, conserve le plus longtemps le tracé brutal des côtes de la formule byzantine, et, dès le début, le nu affecte une forme étrange, destinée à inspirer l'effroi. Les diables d'Autun, par exemple, sortes de squelettes cannelés marqués d'une étoile au niveau du grand trochanter, avec leurs bouches en gueule de four et leurs membres disproportionnés, sont des êtres d'une invraisemblance telle que la crainte et l'horreur qu'ils devaient inspirer ne pouvaient que s'en trouver diminuées d'autant. Avec la queue et les pieds fourchus, tels sont les traits constants du diable de l'époque romane.

Sur un chapiteau de Vezelay (fig. 187) nous remarquons les membres cannelés et l'étoile au niveau de la hanche.

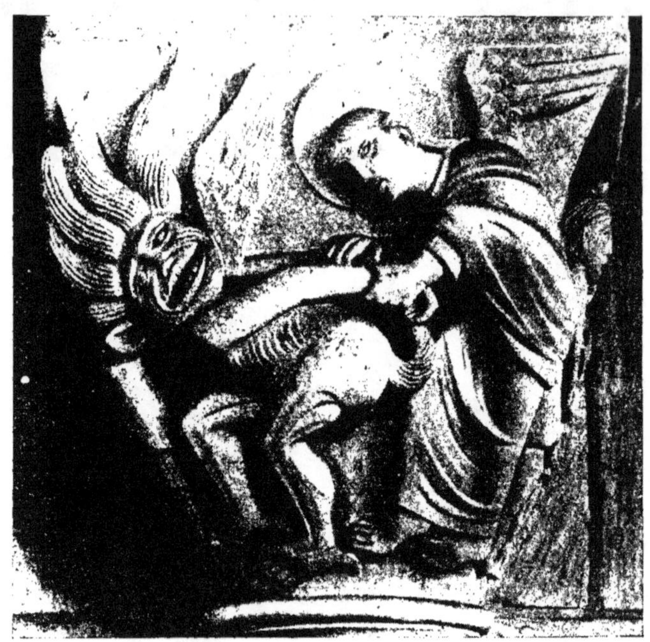

Fig. 187. — Le Démon enchaîné par un ange.
Chapiteau de Vézelay.
(Phot. N. D.)

A Chartres (fig. 188), le diable prend des formes plus plausibles, son masque grotesque ne vise plus à la seule laideur, on y lit l'expression de sentiments variés : la concupiscence sur celui qui attire vers son mufle la face de la grande dame qu'il a conduite en enfer; la joie du triomphe bestial sur celui qui porte sur son dos une femme nue renversée. Les corps sont trapus, épais, puissants, mais de construction très rudimentaire, taillés par plans sans aucun modelé musculaire, aucun attribut sexuel — les jambes sont très longues par rapport aux cuisses.

A Bourges (fig. 189), le diable se fait encore plus humain pour ainsi dire malgré ses griffes d'animal, malgré les têtes fantastiques qui ornent les fesses, l'abdomen ou le bas-ventre ou qui terminent les seins. Les proportions sont meilleures. Les faces qui grimacent sont plus vivantes. Il est doué d'attributs virils volumineux. Les modelés musculaires sont nette-

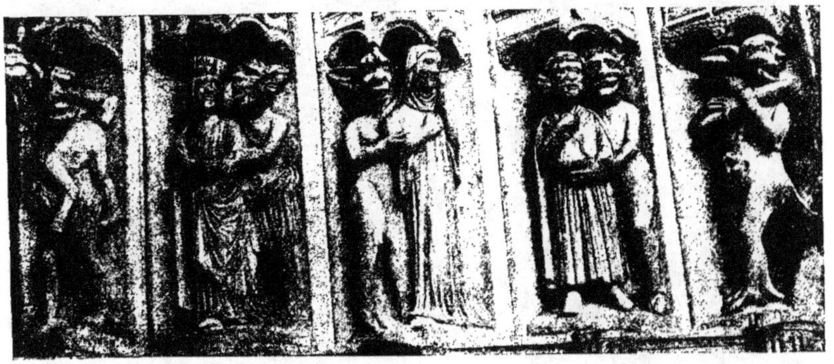

Fig. 188. — Les Damnés conduits en enfer.
Cathédrale de Chartres, Portail Sud.
(D'après Ét. Houvet, *Portail Sud*, II, p. 2.)

ment marqués aux membres et au torse où les côtes se dessinent également. On le voit, dans la représentation diabolique, l'imagination populaire se donne libre cours. Mais il n'en est plus de même lorsqu'il s'agit de figurer l'humanité, Adam et Ève par exemple. On voit alors l'artiste s'essayer à serrer de près la réalité et marquer son œuvre de traits pris sur nature.

Les scènes dramatiques du Jugement dernier aux portails des cathédrales du treizième siècle sont l'occasion de figures nues qui s'étalent à tous les yeux.

Déjà, au tympan de la cathédrale d'Autun, les élus et les réprouvés sont de petits personnages qui n'ont plus aucun rapport avec le « nu » byzantin. Le torse fluet, les membres longs et minces se redressent dans l'attente du paradis ou s'affaissent, genoux fléchis, dans les affres de l'enfer ou déjà

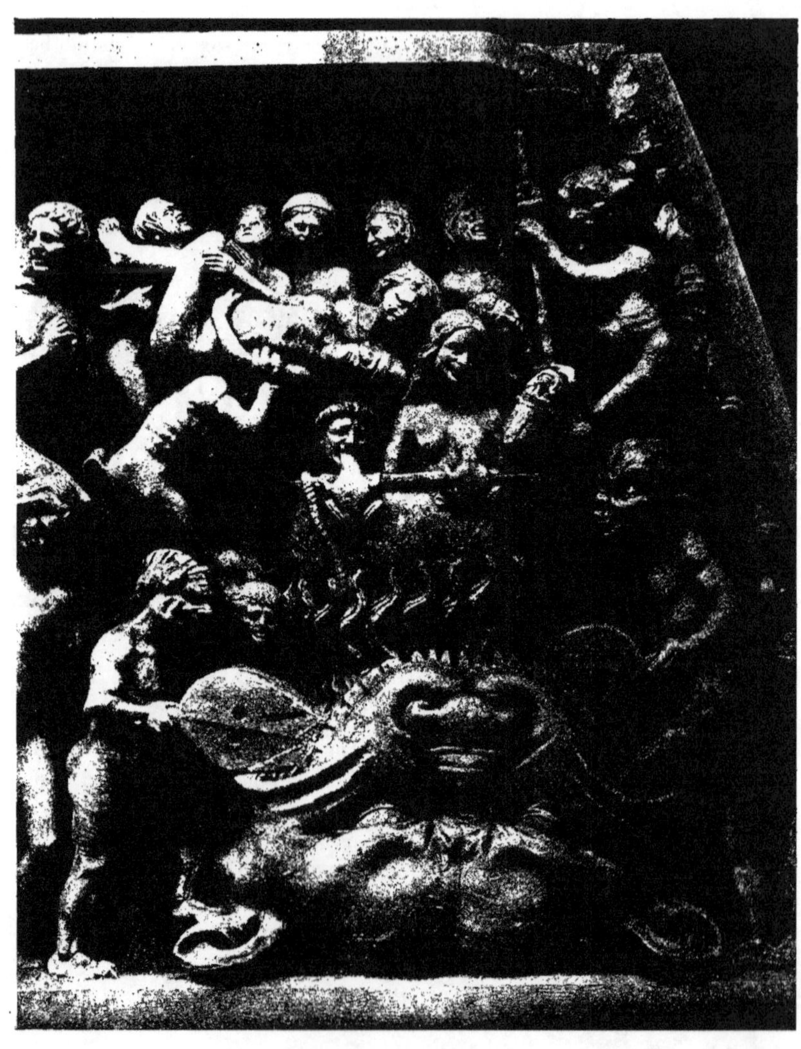

Fig. 189. — Les Damnés précipités dans la chaudière, symbole de l'enfer.
Cathédrale de Bourges.
(Phot. Giraudon.)

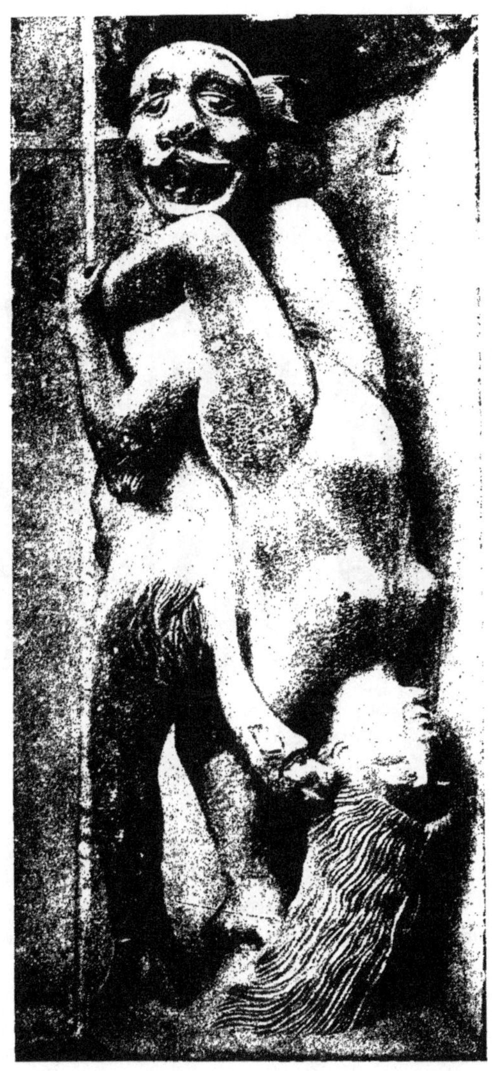

Fig. 190. — Femme conduite en enfer.
Cathédrale de Chartres, Portail Sud.
(D'après Ét. Houvet, *Portail Sud*, II. p. 7.)

aux griffes des démons. Et à part le rare dessin des côtes inférieures sur un ou deux personnages, on n'aperçoit pas le détail des formes ; cependant, à la cuisse, apparaît nettement le sillon latéral externe généralement bien placé. Les femmes n'ont aucun signe distinctif autre que les mamelles tombantes. Les faces des réprouvés grimacent atrocement pendant que les élus, de même que les anges, ébauchent un sourire encore incertain.

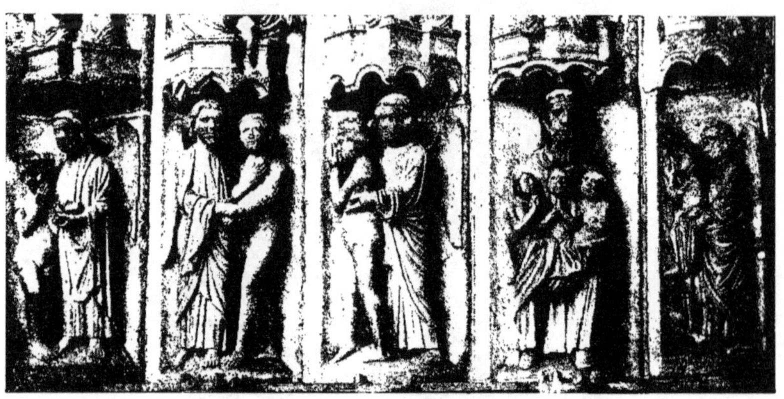

Fig. 191. — Les Élus emmenés dans le sein d'Abraham.
Cathédrale de Chartres, Portail Sud.
(D'après Ét. Houvet, *Portail Sud*, I, p. 85.)

Mais, au treizième siècle, les « nus » s'affirment sans contrainte et les corps souvent solidement bâtis se précisent.

C'est ainsi qu'à Chartres les torses sont lourds et puissants, sans distinction de sexe, les membres sont arrondis, les proportions s'approchent de la normale, bien que le type court et trapu soit le plus fréquent. La jambe, comme chez les démons, est en général trop longue par rapport à la cuisse. La malheureuse qu'un démon porte renversée sur son dos est fortement charpentée. Elle offre aux regards sa nudité plantureuse encore un peu fruste (fig. 190).

Les élus conduits par les anges dans le sein d'Abraham sont loin d'atteindre la perfection. On sent dans les trois figures nues de la figure 191 une grande hésitation au sujet des proportions et aussi des formes. La mieux construite est celle du milieu, elle annonce les nus que montrera un peu plus tard la cathédrale de Bourges, car les progrès furent rapides. Mais ce que nous constatons déjà ici, c'est l'absence de toute formule. L'artiste ne cherche plus un guide et un appui dans les arts périmés. Il

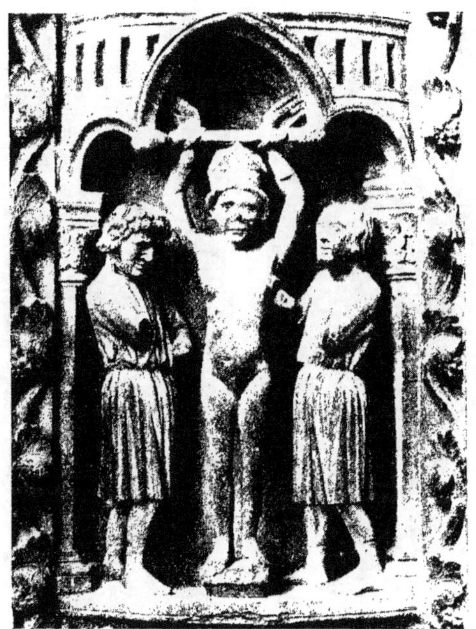

Fig. 192. — Saint Blaise écorché vif.
Baie de gauche, pilier de gauche, face orientale du Portail Sud de la cathédrale de Chartres.
(D'après Ét. Houvet, *Portail Sud*, II, p. 77.)

vole de ses propres ailes. Dans toutes les figures nues de la cathédrale de Chartres (il est vrai qu'elles ne sont pas très nombreuses), je n'en connais guère qu'une (fig. 192) qui porte dans l'accentuation des côtes sous-mammaires une trace de la forme byzantine. C'est celle de saint Blaise écorché vif à la façade orientale du Portail Sud (fig. 192).

Les ressuscités, encore partiellement recouverts de leur suaire, occupent le bas des voussures, juste au-dessus des réprouvés traînés en enfer et des élus présentés à Abraham. A demi sortis du tombeau, ils n'ont pas la variété d'attitude et d'expression qu'on voit dans d'autres cathédrales, presque tous font le même geste de supplication, en joignant les mains. Leur nudité est assez sommaire. Sur l'un d'eux, cependant, il est intéres-

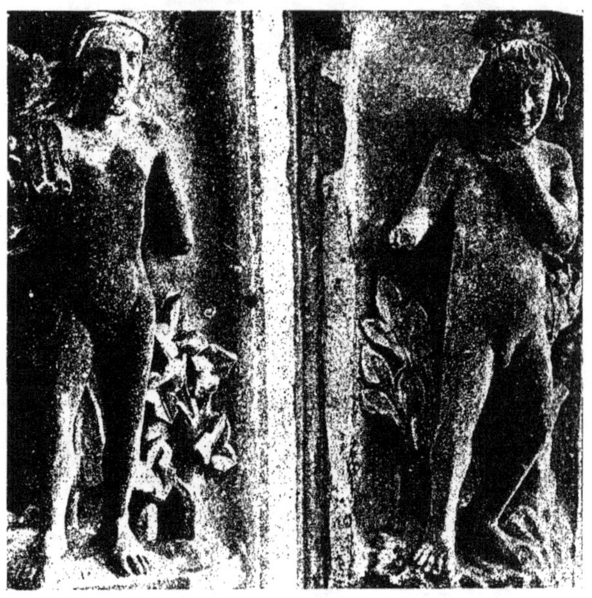

Fig. 193. — Tentation d'Adam.
Cathédrale de Chartres, Portail Nord.
(D'après Ét. Houvet, *Portail Nord*, II, p. 34.)

sant de signaler le modelé de la partie antérieure du torse où se distinguent le relief des pectoraux et les saillies des rebords des fausses côtes au-dessus de l'abdomen. Indice encore timide des formes exactes et détaillées que nous trouverons ailleurs un peu plus tard. A Chartres, c'est le nu de synthèse, comme vu de loin, et qui laisse toute sa valeur à l'expression de l'ensemble. Des figures d'Adam et d'Ève dans la tragédie du péché originel nous montrent la justesse du mouvement auquel l'artiste a su atteindre. Devant Ève qui lui présente la pomme, Adam une main tendue en avant, l'autre sous le menton, se demande s'il doit la prendre, pendant que l'attitude de tout le corps témoigne de son indécision (fig. 193). Plus loin, il n'y a plus place au doute. Devant l'épée flamboyante de l'ange,

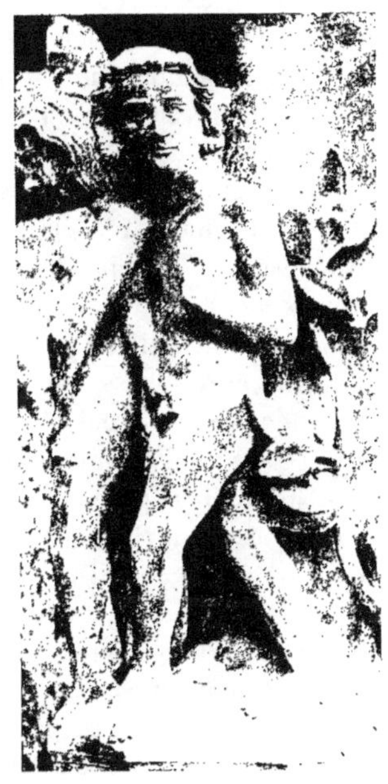

FIG. 194. — ADAM ET ÈVE CHASSÉS DU PARADIS TERRESTRE.
Cathédrale de Chartres, Portail Nord.
(D'après Ét. HOUVET, *Portail Nord*, II, p. 37.)

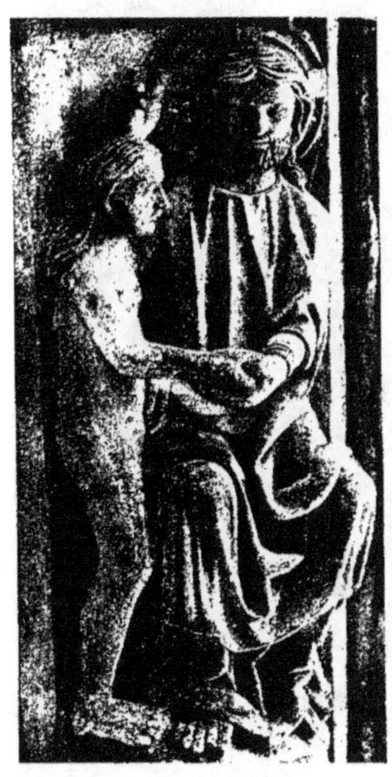

FIG. 195. — ÈVE DEVANT DIEU.
Cathédrale de Chartres, Portail Nord.
(D'après Ét. HOUVET, *Portail Nord*, II, p. 42.)

il faut s'en aller et c'est l'allure décidée, qu'Adam, poussant Ève, quitte le Paradis (fig. 194). Faut-il citer encore cette petite figure d'Ève devant Dieu. Rien ne saurait mieux exprimer sa faiblesse et sa timidité en présence du Créateur que son attitude droite, les jambes légèrement fléchies (fig. 195).

Nous voyons en somme qu'à Chartres la figuration du nu s'engage dans une voie neuve et pleine de promesses.

Les nus d'Adam et Ève qu'on observe à la cathédrale de Reims rentrent dans ce même type prometteur mais encore imparfait (fig. 196 et 197).

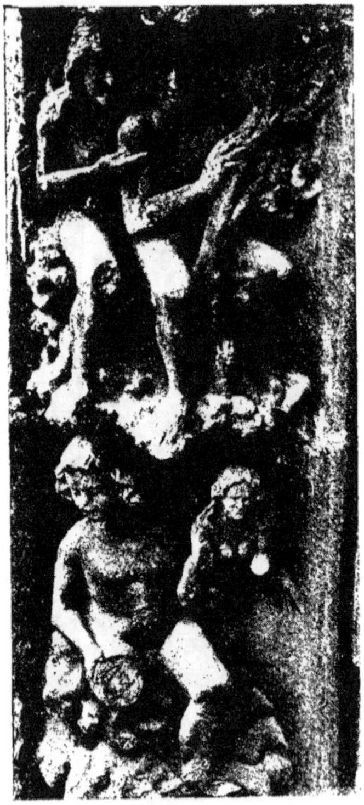

Des progrès sont à faire. Ils se réalisent. Au tympan de Bourges, d'époque un peu postérieure (début quatorzième siècle), la nudité s'y fait précise et naturelle (fig. 198). L'homme ne cache point sa virilité. L'homme et la femme sont toujours taillés sur le même modèle il est vrai, et cette dernière, également mince, ne se distingue de l'autre sexe que par la présence des seins; elle n'a pas la largeur du bassin et des cuisses si caractéristique. Mais à part un seul torse où le dessin des côtes sous-mammaires et au milieu du sternum rappelle la formule byzantine (c'est celui de l'évêque qu'un démon tient renversé au-dessus de la chaudière) (fig. 198), tous les autres sont dessinés sans exagérations musculaires, d'un modelé fin, souple et exact.

FIG. 196.—ADAM ET ÈVE SE CACHENT. NAISSANCE D'ÈVE.
Reims. Cathédrale, voussure de portail. (Arch. phot. d'art et d'hist.)

Déjà, R. de Lasteyrie avait noté le nombre et la bonne exécution des figures nues du portail de Bourges. Il est étonné de la vérité anatomique et du souci des proportions qui s'y révèle. Et il en conclut que « bien avant la renaissance italienne, nous avons eu en France des artistes qu'une étude sérieuse du corps humain avait rendus capables d'en traduire les belles proportions. » (1).

(1) R. DE LASTEYRIE, *l'Architecture religieuse en France à l'époque gothique.* Ouvrage posthume, publié par Marcel AUBERT, II, p. 407.

Nous ajouterons qu'ils sont arrivés à ce résultat par leurs propres moyens sans y être incités ni aidés, comme plus tard en Italie, par la vue de la nudité conquérante d'anciens modèles gréco-romains.

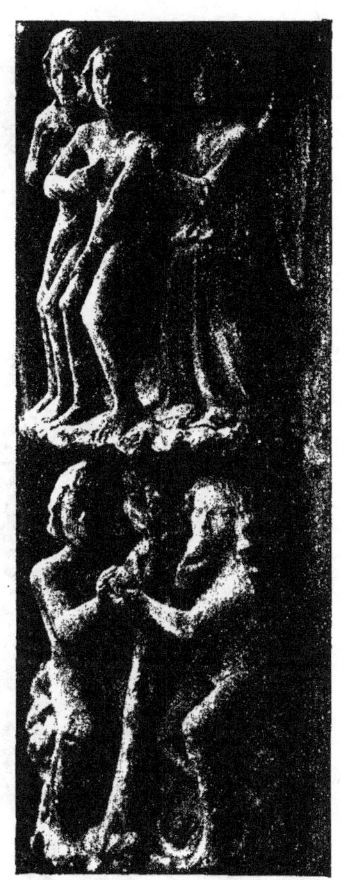

Fig. 197. — Adam et Ève chassés du paradis. Ève mange la pomme.
Reims. Voussure de portail.
(Arch. phot. d'art et d'hist.)

L'analyse des nus de Bourges nous amène à des conclusions bien faites pour surprendre. Le dos d'un réprouvé par exemple (fig. 198) est habilement traité. Les deltoïdes se dessinent distincts des masses scapulaires et les muscles sacro-lombaires sont fort bien reproduits. Quant aux membres, un peu graciles peut-être, d'une facture délicate et coulante, ils ont un galbe dicté par les formes musculaires cachées. Sous quelque point de vue qu'on les considère, ils se montrent sans défaut. Et la petite figure que protège l'ange à la balance, déjà soulevée de terre, est d'un dessin général exact et charmant (fig. 199). Les physionomies ne sont pas moins réussies. Les élus comme les anges ont des faces poupines où tous les traits rient, les yeux, les bouches, les joues (fig. 200), pendant que les réprouvés grimacent douloureusement (1).

Dans la scène des morts qui ressuscitent, nous pouvons relever quelques traits des plus intéressants. Les ressuscités sont animés des sentiments les plus divers. Pendant qu'un vieillard encore assis sur le bord du tombeau n'est pas sans inquiétude, une jeune femme se dresse près de lui, toute

(1) Nous verrons plus loin comment les artistes de cette époque ont su fort habilement représenter l'expression de la douleur.

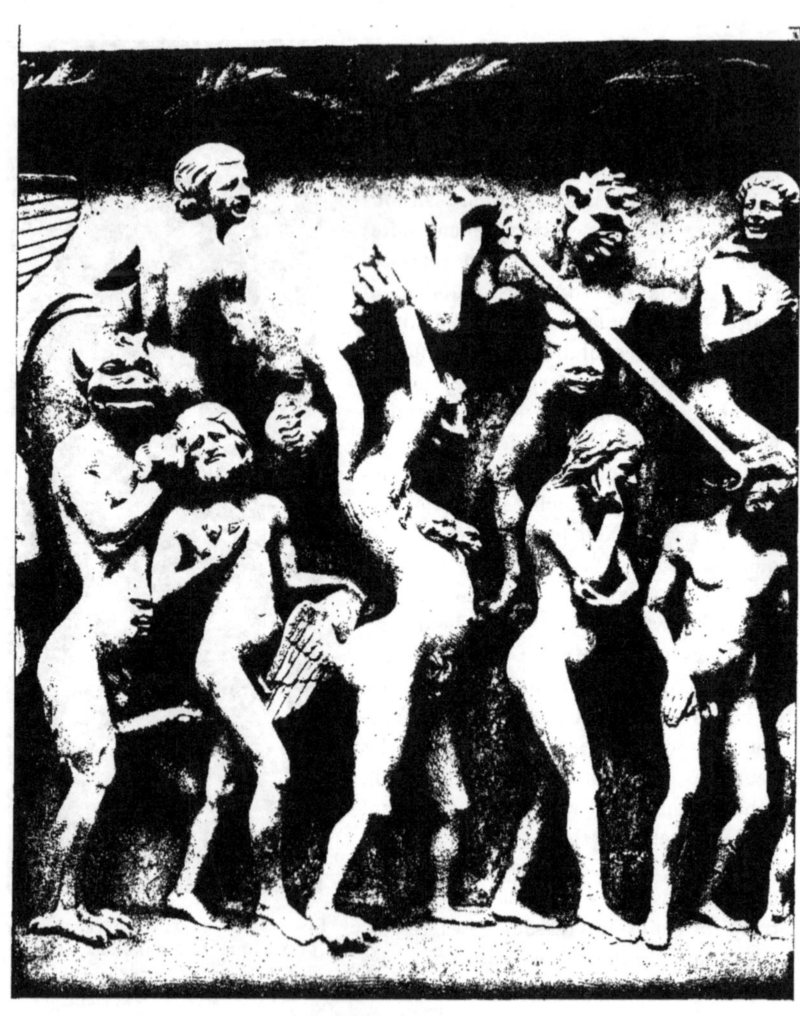

Fig. 198. — Les Damnés poussés par les démons vers la chaudière.
Cathédrale de Bourges.
(Phot. Giraudon.)

souriante. Ses petits seins arrondis et éloignés l'un de l'autre indiquent la prime jeunesse.

Mais le morceau le plus étonnant, véritable morceau anatomique, est le

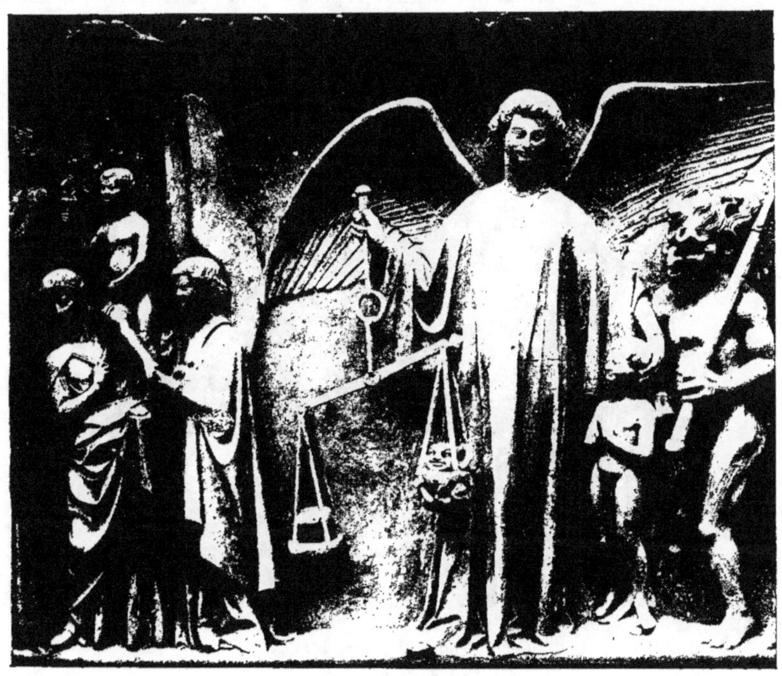

FIG. 199. — NU DES ÉLUS.
Cathédrale de Bourges.
(Phot. Giraudon.)

dos de cet enseveli qui soulève avec effort le couvercle de son tombeau (fig. 201). On peut y lire et dans la forme physiologique voulue, commandée par l'effort, tous les modelés musculaires, depuis ceux des muscles de l'omoplate, plus distendus à gauche, depuis le faisceau radié du grand dentelé et le grand dorsal, jusqu'aux masses sacro-lombaires, distendues à droite, relâchées à gauche, jusqu'aux fossettes lombaires latérales, jusqu'à la saillie du flanc gonflé à gauche, aplati à droite. Nous pourrions pousser beaucoup plus loin l'analyse anatomique de ce torse vraiment extraordinaire. J'en ai dit assez pour montrer avec quel degré d'exactitude l'artiste du treizième siècle avait su par instant reproduire la réalité. Mais, dans le

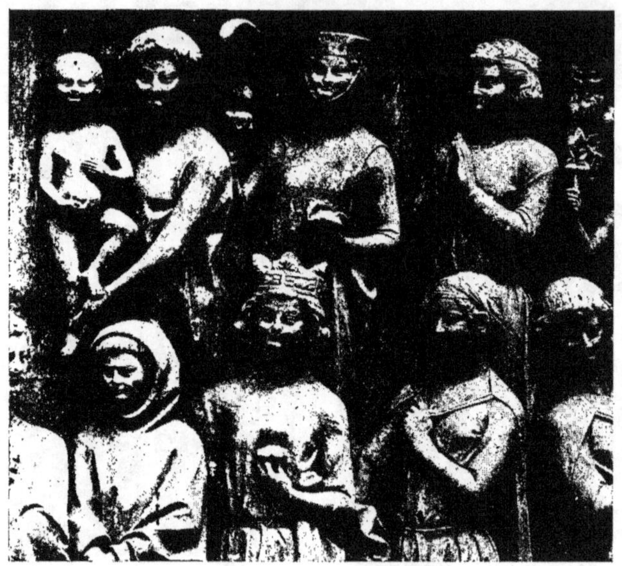

Fig. 200. — Têtes d'élus.
Cathédrale de Bourges.
(Phot. Giraudon.)

même morceau de sculpture, je veux attirer l'attention sur un détail morphologique minime qui nous semble gros de conséquence.

Dans l'angle de droite, en haut, un ressuscité, les mains jointes, penché en avant, est à moitié sorti du tombeau, une jambe dehors. J'appelle l'attention sur la région sous-mammaire découverte par le geste et bien éclairée sur la photographie (fig 201). On peut constater sur le trajet des côtes plusieurs modelés qui répondent aux digitations musculaires qui les recouvrent. Nous voilà loin du gril costal de l'art roman et ces détails morphologiques dont l'artiste du treizième siècle parsème son œuvre sont comme les éclairs de génie qui annoncent la perfection.

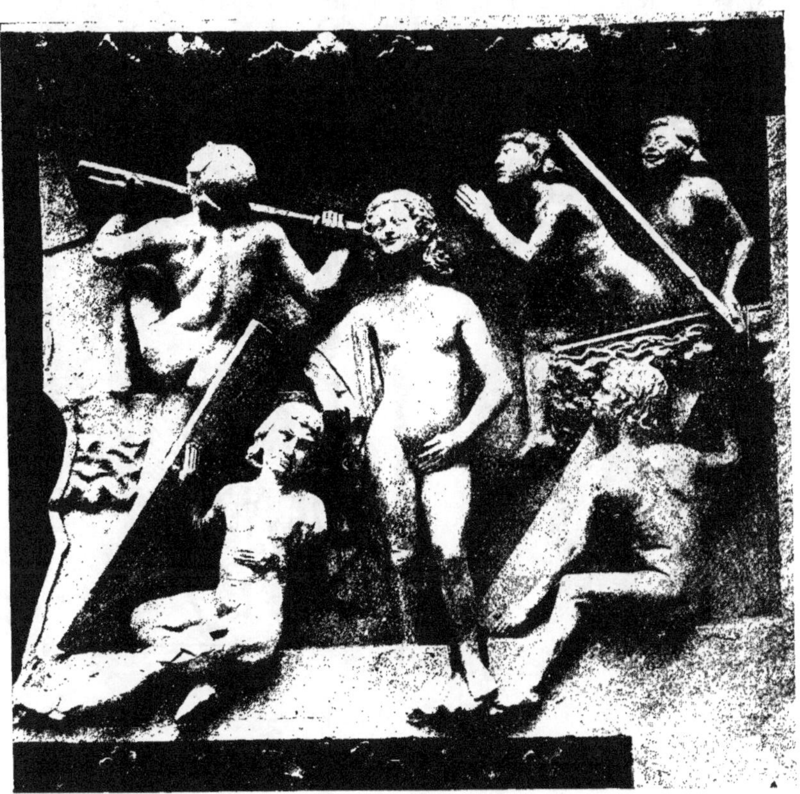

FIG. 201. — RÉSURRECTION DES MORTS.
Cathédrale de Bourges. Tympan du portail central, détail.
(Phot. Giraudon.)

Les sculptures de l'église de Rampillon, au linteau qui représente la résurrection des morts, sont de la même école, mais un peu inférieures (fig. 186). Les têtes ont encore de la finesse, mais les corps sont plus frustes.

D'un côté une jeune femme avec de petits seins écartés l'un de l'autre, la cuisse charnue, ne manque pas de souplesse et d'élégance dans la pose expressive de la station hanchée. De l'autre côté, un jeune homme également bien construit mais aux jambes trop lourdes prend à deux mains le

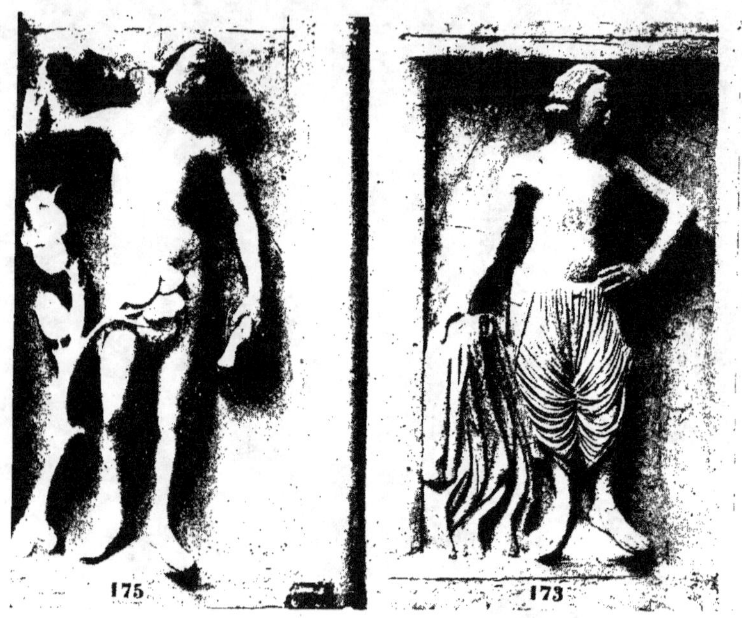

FIG. 202. — DEUX PETITES FIGURES NUES.
Notre-Dame de Paris.
(Phot. Giraudon.)

bras d'une jeune femme qu'il aide à sortir du tombeau. Le geste est touchant, l'homme sourit, la femme lève la tête vers lui. L'ensemble ne manque pas de charme. Mais dans tout ce panneau il n'est pas un morceau qui vaille, même de loin, les torses signalés au fronton de Bourges. Les dos en particulier sont imparfaits et maladroits.

Dans la personnification des mois, Notre-Dame de Paris montre deux petites figures, l'une entièrement nue, l'autre à demi. Elles sont de la même famille que les personnages du Jugement dernier de Bourges. Corps jeunes, minces, finement modelés, ils se distinguent en ce qu'ils ne portent la trace d'aucune formule et qu'ils relèvent directement de la nature. (fig. 202).

Des torses de grandeur nature, torse masculin et torse féminin attribués

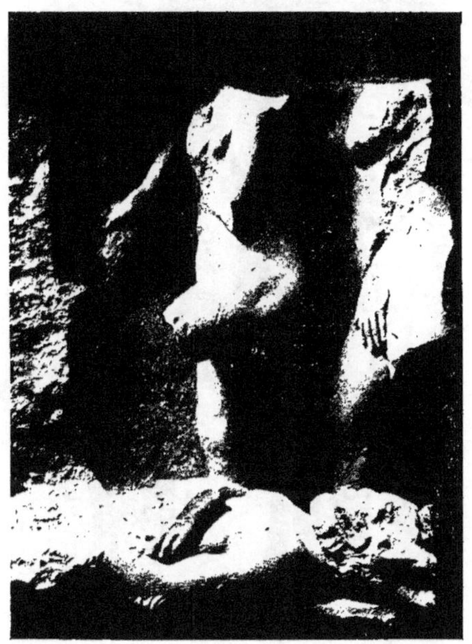

Fig. 203. — Adam et Ève aux limbes.
Fragment de l'ancien jubé de la cathédrale de Bourges.
(Phot. Giraudon.)

à la fin du treizième siècle ou au commencement du quatorzième, témoignent de semblables tendances. Ce sont des nus puissants que le sculpteur des cathédrales a tirés de son propre fonds. Il s'agit d'Adam et Ève aux limbes. On en possède deux exemples. L'un provient de l'ancien jubé de la cathédrale de Bourges (fig. 203). Son moulage est au Musée du Trocadéro, l'autre, fragment du jubé de Notre-Dame de Paris, est au

Musée du Louvre (fig. 209). Dans les deux cas, les deux torses sont placés l'un devant l'autre, très rapprochés à Paris, un peu plus distants à Bourges. Ils sont malheureusement l'un et l'autre très mutilés, n'ayant ni tête, ni

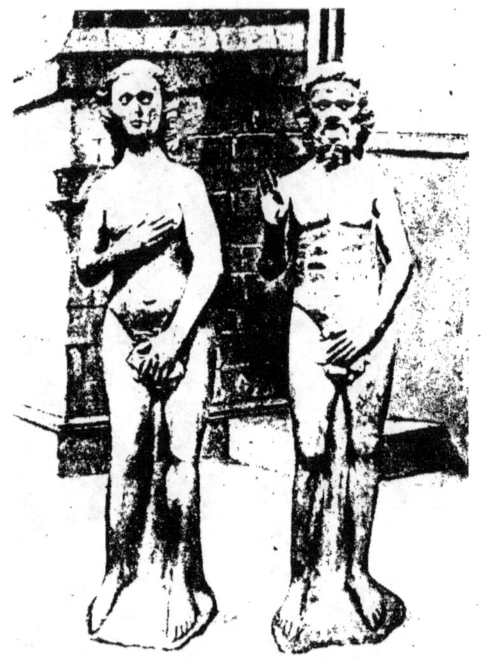

FIG. 204. — ADAM ET ÈVE.
Cathédrale de Rouen, aujourd'hui au musée Saint-Laurent.
(Phot. L. L.)

bras, ni jambes. Ce qui en reste suffit néanmoins pour apprécier, comme il convient, à Bourges, la puissance charnue du rendu, à Paris, la silhouette spéciale que donnent à tout le torse le bassin incliné et certaine finesse de modelé. Dans l'un comme dans l'autre cas, l'artiste n'a point pris ces formes dans son imagination. Il n'a pu les puiser que dans la nature. Sur les deux torses d'Ève les seins sont hémisphériques et haut placés. Sur les torses de Paris, la vue de profil met en valeur le diamètre antéro-postérieur

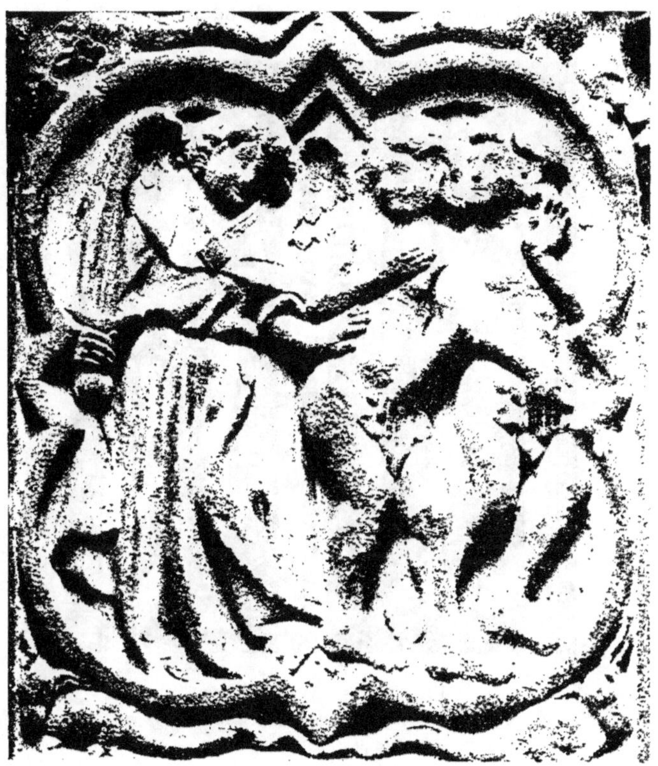

FIG. 205. — LA CRÉATION.
L'ange armé d'une épée interdit l'entrée du paradis à Adam et Ève
Portail des Libraires de la cathédrale de Rouen.
(Phot. Marcel Raitre.)

du thorax plus puissant chez Adam et la saillie sous-ombilicale plus forte chez Ève, en même temps que l'ensellure lombaire plus marquée, caractères propres à chacun des sexes, fort bien observés et reproduits. On peut noter de plus chez Adam, placé en avant, le modelé délicat de la partie antérieure du torse, avec la région sous-mammaire laissant paraître discrètement les côtes, les rebords costaux obliques n'ayant rien du plein cintre cher à l'art antique, les droits de l'abdomen montrant leurs plans

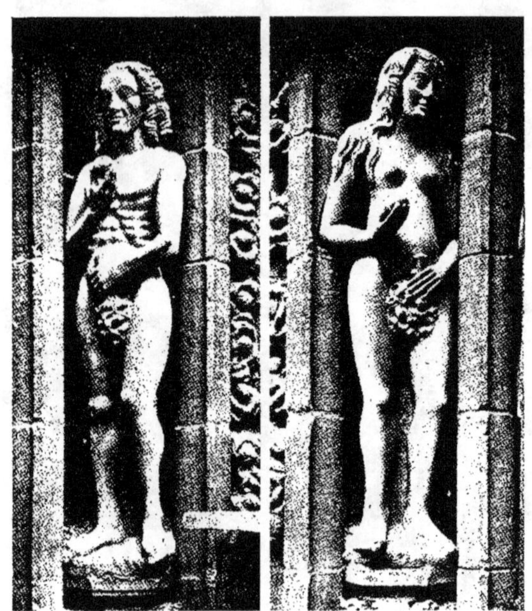

Fig. 206. — Adam et Ève.
Église Saint-Laurent à Nuremberg, milieu du XIVe siècle.
(D'après *phot. de Ch. Muller.*)

musculaires sans les accuser trop et le flanc discret sans grande saillie, autant de signes qui nous prouvent que l'artiste n'a rien emprunté ici aux formes choisies et formulées par l'Antiquité.

Le quatorzième siècle nous a laissé au portail des cathédrales de grandes statues d'Adam et d'Ève. A Rouen, sur la Tour de Beurre, on distingue dans les hauteurs deux statues d'Adam et Ève mais la distance où elles sont placées ne permet pas d'en apprécier les formes. Il n'en est pas de même heureusement de deux autres statues découvertes récemment derrière le buffet des orgues lors des réparations de celles-ci.

Elles ont quitté la cathédrale pour le Musée Saint-Laurent où l'on peut les examiner de près et à loisir. Elles offrent le plus grand intérêt. Le

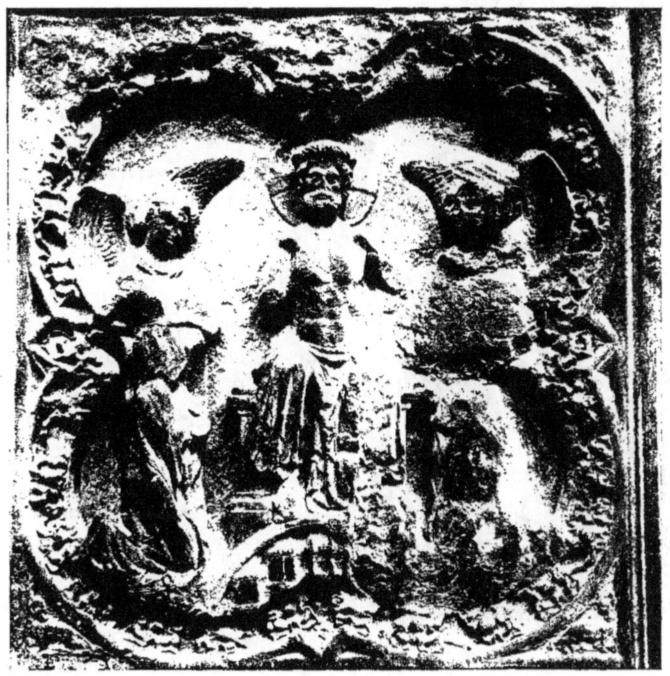

Fig. 207. — Le Christ entre deux anges.
Cathédrale de Paris. Bas-relief extérieur, côté nord.
(Phot. Giraudon.)

torse d'Adam montre le modelé très soigné, bien que rendu schématiquement, des muscles de l'abdomen avec leurs intersections aponévrotiques, encadrés supérieurement par le plein-cintre thoracique. Les formes dérivent manifestement du torse grec. Sur le côté, le dessin des côtes sous-mamm ires est régularisé et accentué à la manière du type assyrien.

Peut-on voir là l'influence lointaine de la formule byzantine? On pourrait peut-être hésiter, mais nous ne le pensons pas pour deux raisons. D'abord il manque un élément à cette formule. Les raies sternales n'existent pas. D'autre part Ève, avec ses seins hémisphériques bien modelés, éloigne toute idée de rapprochement avec la forme byzantine. De plus, l'abdomen lisse et saillant annonce la forme qui sera en faveur à la Renaissance. Et voilà qui est bien fait pour nous ouvrir les yeux. Si la figure d'Ève avec son grand front découvert, son geste de Vénus pudique, ses épaules tombantes, son ventre saillant évoque la forme Renaissance, Adam, par son dessin de l'abdomen et surtout son plein-cintre thoracique accentué, ne peut-il se rattacher également aux mêmes tendances, de sorte que ces deux statues au lieu de porter l'empreinte de lointaines ascendances, seraient comme les annonciatrices des temps nouveaux.

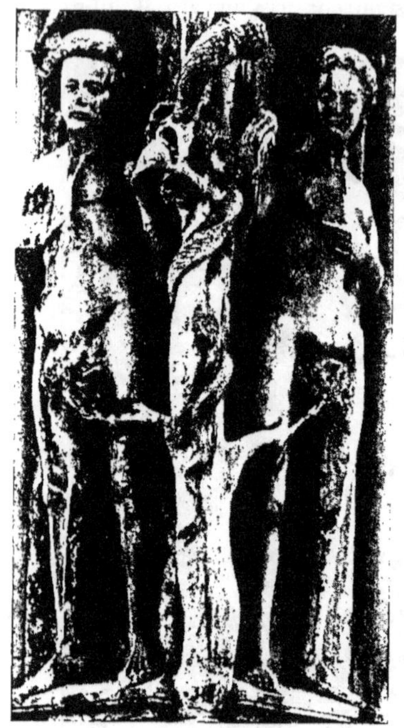

FIG. 208. — ADAM ET ÈVE.
Giov. et Bart. Bon.
Palais ducal, Venise.
(Phot. Alinari.)

D'ailleurs ces formes se retrouvent sur de petites figures d'Adam et Ève du portail des Libraires (quatorzième siècle?) (fig. 205). Des statues analogues se retrouvent à Nuremberg (milieu du quatorzième siècle). Elles sont d'une exécution beaucoup plus brutale, mais elles présentent les mêmes caractères.

L'artiste allemand, qui d'ailleurs n'a rien su inventer, n'a même pas pu copier avec intelligence et sans brutalité les modèles qu'il s'est proposés (fig. 206).

Il existe encore deux grandes statues d'Adam et Ève en Italie, à la façade du palais des doges, à Venise. Ève s'y distingue par des seins hémisphériques mais le reste des formes est un peu indécis.

On voit aussi la même forme sur un torse de Christ assis dans un petit bas-relief encastré au mur nord de Notre-Dame de Paris (fig. 207).

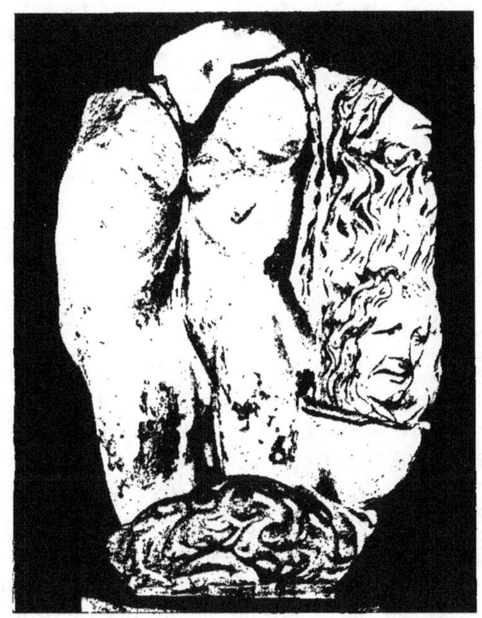

FIG. 209. — ADAM ET ÈVE AUX LIMBES.
Fragment du Jubé de Notre-Dame de Paris. Musée du Louvre.

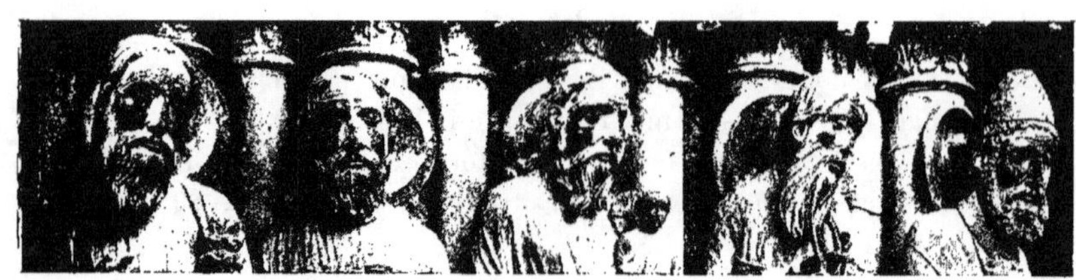

FIG. 210. — ISAÏE, JÉRÉMIE, SIMÉON, SAINT JEAN-BAPTISTE, SAINT PIERRE (DÉTAIL).
Cathédrale de Chartres, Portail Nord, baie centrale à droite.
(D'après Ét. HOUVET, *Portail Nord*, I, p. 10.)

TÊTES

Nous avons déjà signalé la tendance qu'avait au douzième siècle l'artiste roman à augmenter la hauteur du visage de ses personnages en donnant à la moitié inférieure de la face plus de longueur. Au treizième siècle, semblable exagération se retrouve et se précise.

Au Portail Nord de la cathédrale de Chartres, les grandes et majestueuses figures, rangées de chaque côté de la baie centrale dont nous avons déjà parlé, montrent des visages impressionnants où, sous la variété des formes et des expressions, on constate un caractère commun dépendant des proportions et qui ne se retrouve nulle part aussi développé. Or, ce caractère n'est-il pas la cause en grande partie de cette expression si singulière que je viens de signaler? Il consiste dans le grand développement de l'étage moyen de la face qui est l'étage respiratoire correspondant extérieurement à la hauteur du nez.

La même disposition se retrouve sur la tête de sainte Anne sur le trumeau de la baie centrale et sur les visages du Christ (fig. 211) et de la Vierge dans la scène du couronnement du tympan de la même baie. Et aussi sur la tête de Melchisédech (fig. 212). Il semble même que la tête de la Vierge du groupe de la Visitation participe aux mêmes tendances (fig. 213).

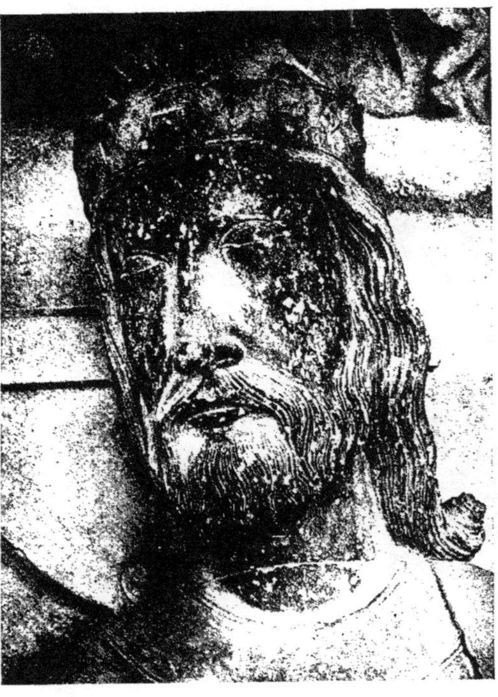

Fig. 211. — Tête de Christ couronnant la Vierge.
Portail Nord, tympan central. Cathédrale de Chartres.
(D'après Ét. Houvet, *Portail Nord*, I, p. 61.)

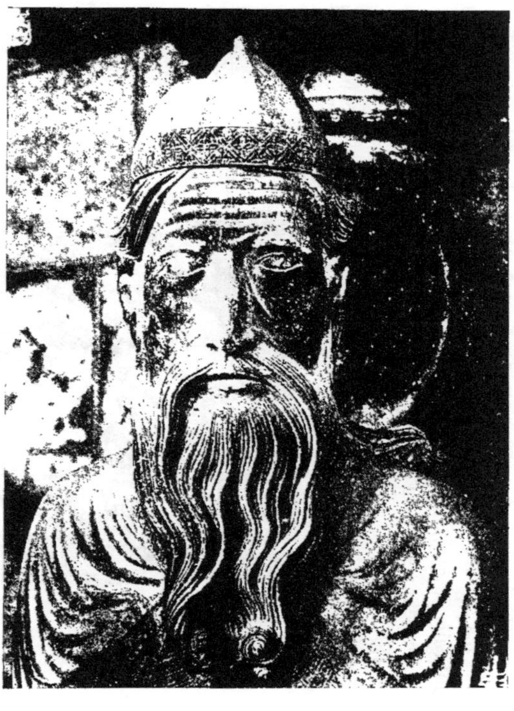

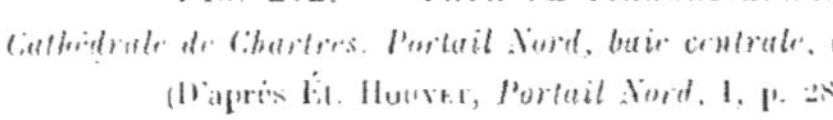

Fig. 212. — Tête de Melchisédech.
Cathédrale de Chartres. Portail Nord, baie centrale, côté gauche.
(D'après Ét. Houvet, *Portail Nord*, I, p. 28.)

Aux baies latérales du même portail, les proportions des traits du visage ne sont plus les mêmes. Et sur les grandes statues des ébrasements un peu moins nombreuses, au nombre de trois de chaque côté, les proportions des traits du visage changent et l'égalité de hauteur des différents étages apparaît (fig. 214).

Au Portail Sud, les mêmes proportions du visage se retrouvent avec

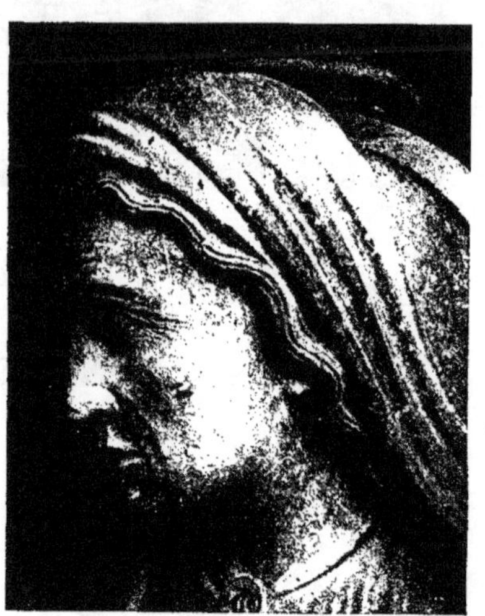

FIG. 213. — TÊTE DE LA VIERGE DU GROUPE DE LA VISITATION.
Cathédrale de Chartres. Portail Nord, baie de gauche, côté droit.
(D'après Ét. HOUVET, *Portail Nord*, I, p. 24.)

prédominance de l'étage moyen, surtout dans la baie centrale consacrée à Jésus enseignant et aux apôtres, pendant qu'aux baies latérales consacrées aux confesseurs et aux martyrs, si cette même prédominance de l'étage moyen existe c'est avec moins de constance ; et de belles têtes bien proportionnées se montrent.

Nous savons que ces proportions différentes correspondent à des types physiologiques différents.

Les morphologistes, à la suite du docteur Sigaud de Lyon, ont distingué, suivant la prédominance de l'un des étages du visage correspondant à certaines formes du corps, quatre types morphologiques : le type respiratoire, le type digestif, le type cérébral et le type musculaire.

Le type respiratoire, dans lequel prédomine l'étage moyen, comprendrait les audacieux, les grands voyageurs, les chefs de grandes entreprises...

Nous ne prétendrons pas que les sculpteurs du Moyen Age fussent guidés par les conceptions morphologiques modernes que nous venons de rappeler. Mais il est curieux de constater ici un singulier rapprochement, car

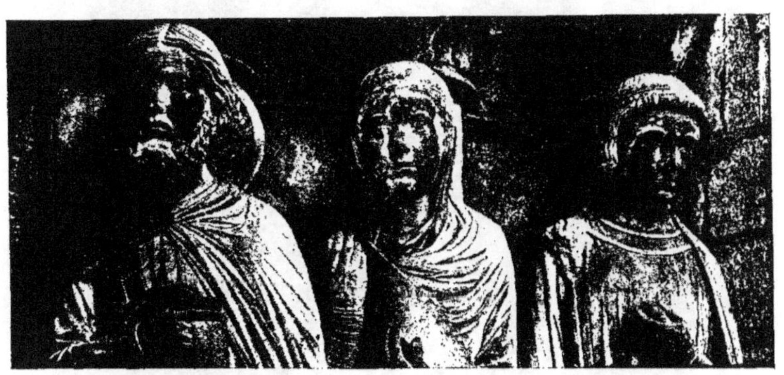

FIG. 214. — JÉSUS DE SIRACH, JUDITH, JOSEPH (DÉTAIL).
Portail Nord. Baie de droite à gauche. Cathédrale de Chartres.
(D'après Ét. HOUVET. *Portail Nord*, I, p. 12.)

fut-il jamais entreprises plus considérables que les circonstances qui précédèrent, entourèrent ou suivirent l'établissement de la religion chrétienne?

Nous devons pour le moins constater le don prodigieux d'observation dont furent doués les grands sculpteurs des cathédrales qui surent donner aux principaux personnages de l'Ancien et du Nouveau Testament les traits qu'ils avaient pu constater chez les audacieux, les remueurs de foules, les chefs de grandes entreprises, leurs contemporains.

L'égalité des trois étages de la face : supérieur : front; moyen : nez; inférieur : bouche et menton, caractérise le type musculaire qui se distingue par le développement du muscle. Curieuse constatation, ces formes sont surtout données aux soldats (fig. 217).

La prédominance de l'étage supérieur qui correspond au front se voit chez ceux qui vivent surtout par le cerveau, chez les intellectuels. Et c'est saint Jean-Baptiste qui, à Chartres, est doté de cette conformation (fig. 218). Le développement de l'étage inférieur caractérise le type abdo-

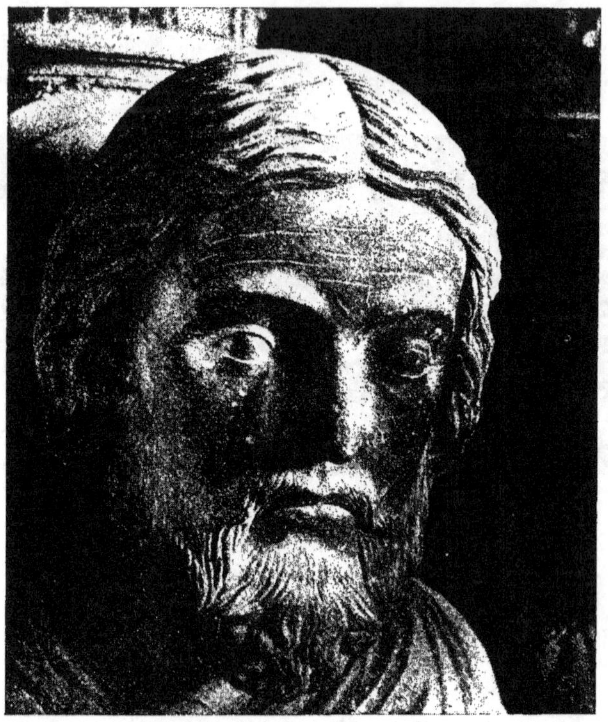

FIG. 215. — JÉSUS DE SIRACH (DÉTAIL).
Portail Nord, baie de droite, côté droit. Cathédrale de Chartres.
(D'après Ét. HOUVET. *Portail Nord*, I, p. 43.)

minal qui est le propre des gros mangeurs et des gourmands. Parmi les réprouvés du linteau du Portail Sud un moine présente ce type parfaitement accentué (fig. 219).

Si nous jetons maintenant un coup d'œil sur le détail des diverses parties du visage, nous constaterons des progrès manifestes sur le siècle précédent.

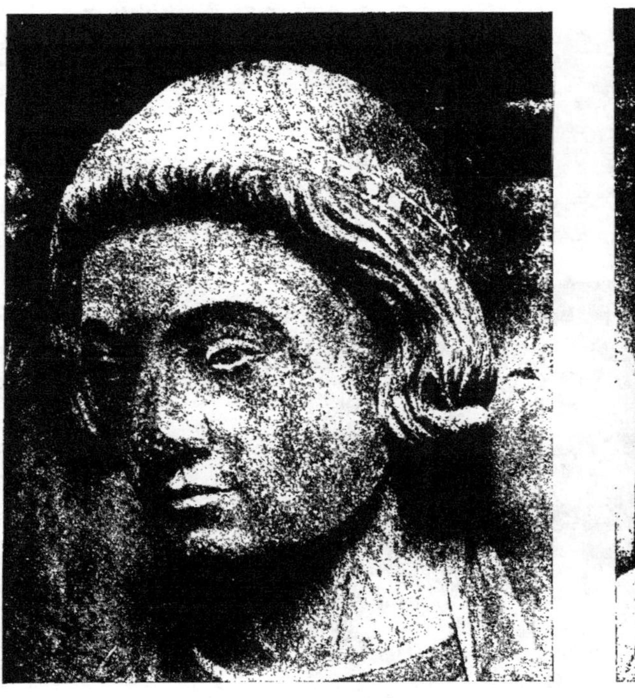

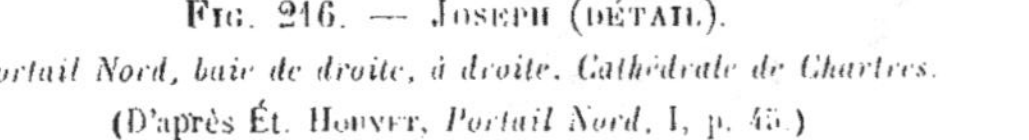

FIG. 216. — JOSEPH (DÉTAIL).
Portail Nord, baie de droite, à droite. Cathédrale de Chartres.
(D'après Ét. HOUVET, *Portail Nord*, I, p. 45.)

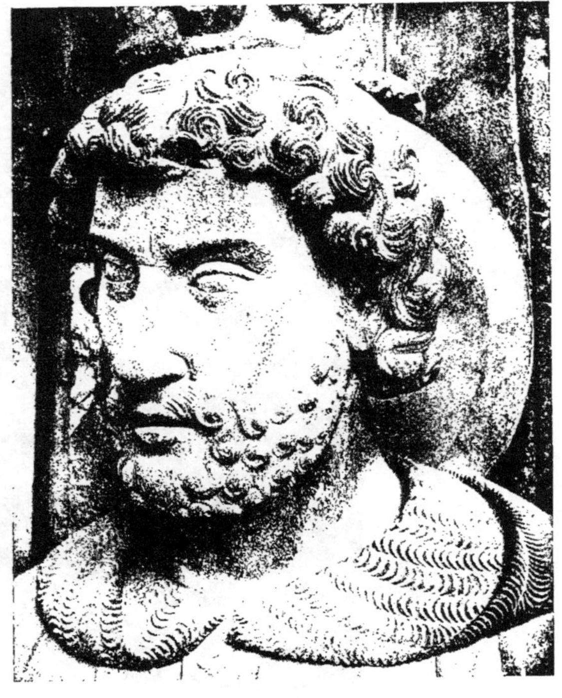

FIG. 217. — SAINT GEORGES, TRIBUN ROMAIN.
Portail Sud. Baie de gauche, côté droit. Cathédrale de Chartres.
(D'après Ét. HOUVET, *Portail Sud*, I, p. 24.)

Ainsi l'œil se fait plus exact, plus naturel. L'ouverture des paupières est le plus souvent, comme il convient, plus arquée à la paupière supérieure et plus droite à la paupière inférieure. Cette ouverture, suivant l'expression de la figure, est plus fermée ou plus ouverte. La caroncule lacrymale apparaît. Timidement indiquée sur beaucoup, elle est parfois parfaitement reproduite (fig. 220), pendant que l'angle externe de l'œil est marqué par le sillon oblique qui continue le bord de la paupière supérieure.

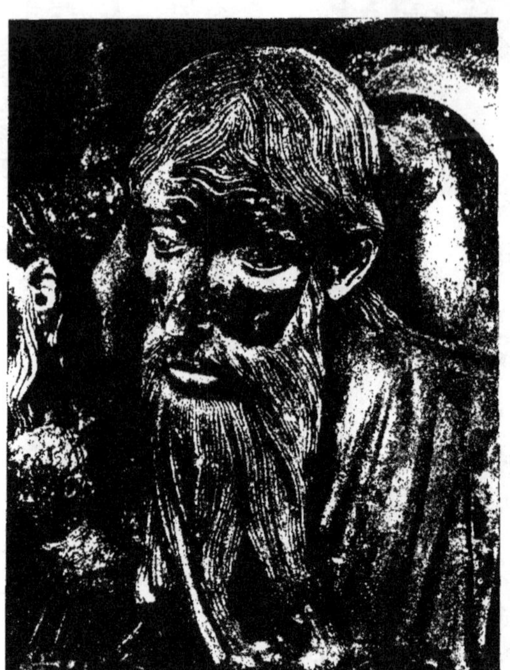

FIG. 218. — SAINT JEAN-BAPTISTE (DÉTAIL).
Portail Nord. Cathédrale de Chartres.
(D'après Ét. HOUVET, *Portail Nord*, I, p. 37.)

Les autres détails des paupières déjà notés au Portail Occidental de Chartres, sont bien indiqués dans leur variété, rapprochement ou éloignement du sourcil, pli tarsal, sillon nasal de la paupière inférieure, etc.

Ces fins détails de morphologie oculaire ne s'observent pas que sur les têtes de la cathédrale de Chartres ainsi qu'on pouvait s'y attendre : on les voit également ailleurs. Par exemple : la caroncule lacrymale, sans être aussi bien modelée que sur la figure 220, est bien sentie à Reims sur la Vierge de la Visitation, sur saint Simon, etc. ; à Notre-Dame de Paris, sur une tête d'ange au fin sourire, sur une autre tête d'ange, sur une tête de prophète...

Quant aux plis palpébraux on les voit un peu partout, mais en particulier sur les têtes de Clovis et de Clotilde de Notre-Dame de Corbeil où ils

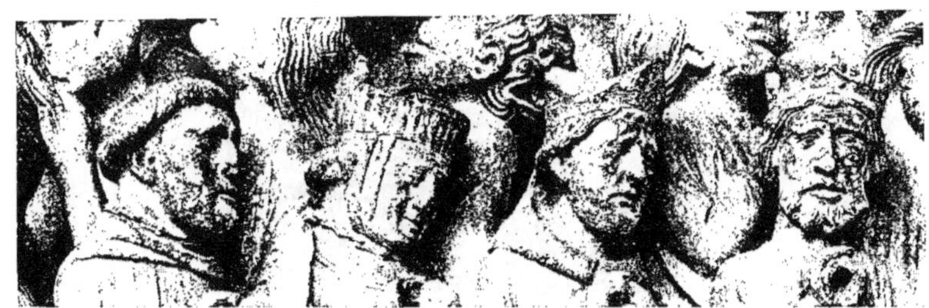

FIG. 219. — RÉPROUVÉS CONDUITS EN ENFER (DÉTAIL).
Portail Sud. Cathédrale de Chartres.
(D'après Ét. HOUVET. *Portail Sud*, I. p. 81.)

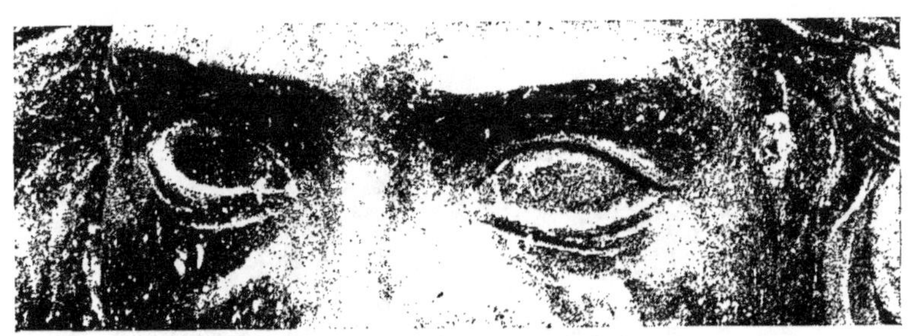

FIG. 220. — ROI DE JUDA (DÉTAIL).
Personnage assis à la naissance des gables. Portail Nord. Cathédrale de Chartres.
(D'après Ét. HOUVET. *Portail Nord*, I. p. 70.)
La caroncule lacrymale est exactement reproduite.

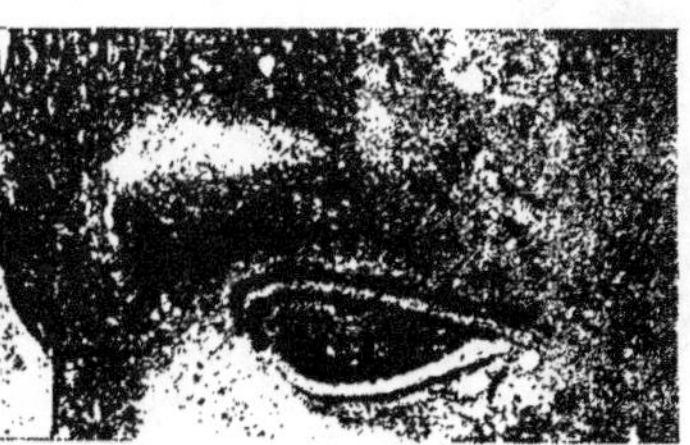

FIG. 221. — DANIEL (DÉTAIL).
Baie de gauche, à droite. Portail Nord. Cathédrale de Chartres.
(D'après Ét. HOUVET. *Portail Nord*, I. p. 26.)
Pli tarsal de la paupière supérieure.

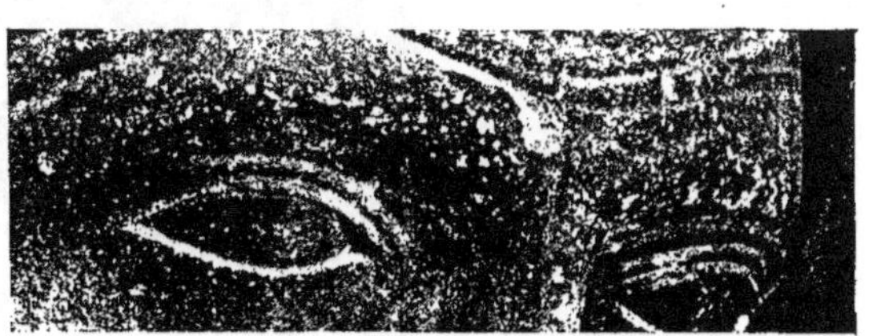

FIG. 222. — ISAÏE (DÉTAIL).
Baie centrale, côté droit. Portail Nord. Cathédrale de Chartres.
(D'après Ét. HOUVET. *Portail Nord*, II, p. 34.)
Double pli tarsal de la paupière supérieure.

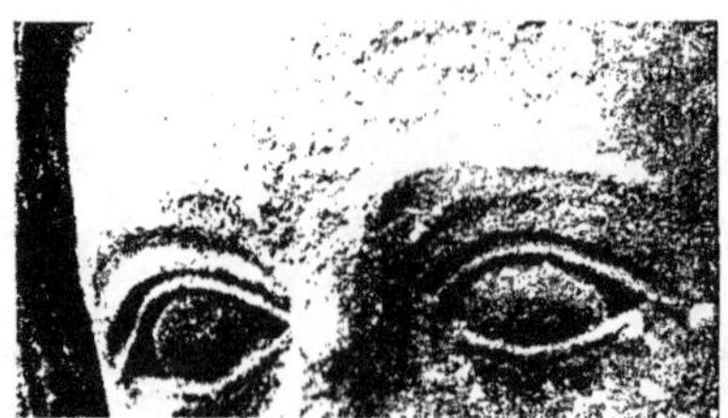

FIG. 223. — ROI DE JUDA (DÉTAIL).
Baie de droite partie avancée à gauche. Portail Nord de la cathédrale de Chartres.
(D'après Ét. HOUVET, *Portail Nord*. I, p. 53.)
Pli tarsal de la paupière supérieure.

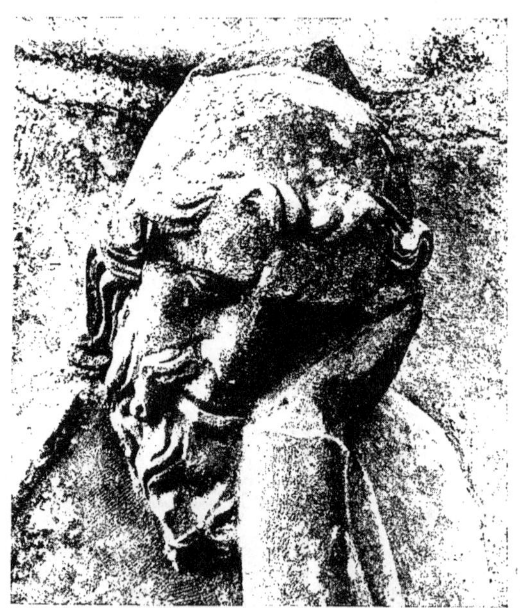

FIG. 224. — DIEU CRÉANT LE JOUR ET LA NUIT (DÉTAIL).
Portail Nord. Cathédrale de Chartres.
(D'après Ét. HOUVET, *Portail Nord*, II. p. 43.)
Expression de l'attention concentrée : horizontalité des sourcils, leur rapprochement de la ligne médiane et sillons verticaux médiaux.

sont même reproduits avec exagération, tout en maintenant la différence d'accent qui doit exister entre les deux sexes.

Les sourcils, souvent renflés à leur tête, sont séparés l'un de l'autre par le double sillon vertical et expriment alors l'attention. Ils ont une direction horizontale et s'accompagnent de rides frontales plus ou moins nombreuses.

Sur quelques figures, ces rides n'existent qu'au milieu du front. Elles expriment admirablement alors la douleur, lorsqu'elles s'accompagnent de l'élévation de la tête du sourcil qui entraînent son obliquité. Quelques têtes

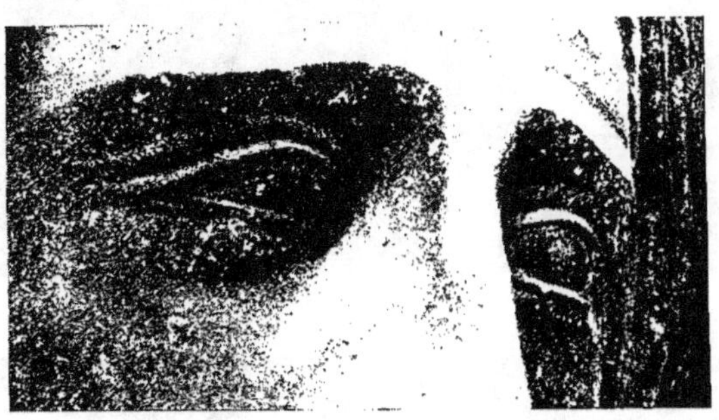

FIG. 225. — SAINT PHILIPPE, APÔTRE (DÉTAIL).
Portail Sud. Baie centrale, côté gauche. Cathédrale de Chartres.
(D'après Ét. HOUVET, *Portail Sud*, I. p. 27.)
Pli tarsal. — Obliquité des sourcils. — Expression de la douleur.

de réprouvés se distinguent par la réalisation de ces formes combinées et la vérité de l'expression qui en résulte est frappante (fig. 219). La bouche se précise. Les deux lèvres ont leurs caractères propres et leurs contours taillés avec fermeté retiennent la lumière.

C'est ainsi que nous pouvons noter nombre de traits de la plus exacte et vivante réalité que l'artiste médiéval a su reproduire avec un rare bonheur.

Par opposition aux visages de Chartres dont nous venons de parler, tous sévères, majestueux ou tragiques, il faut citer les visages de Reims qui ne connaissent point les mines renfrognées et revêches. Car la cathédrale de Reims n'est pas seulement la « cathédrale des anges », elle est aussi la cathédrale du sourire. « Toute cette famille de pierre, dit M. Moreau-Nélaton, a le sourire sur les lèvres, souriante la Vierge qui fait les honneurs

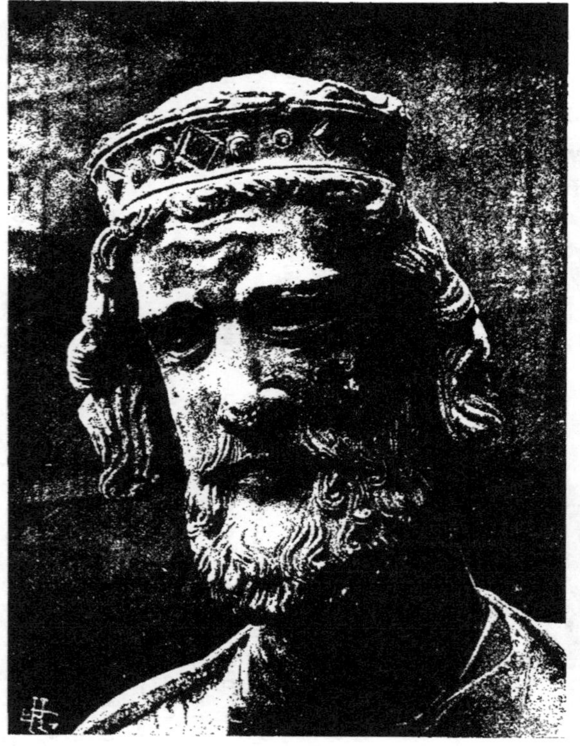

FIG. 226. — ROI DE JUDA, PERSONNAGE ASSIS A LA NAISSANCE DES GABLES.

Portail Nord. Cathédrale de Chartres.

(D'après Ét. HOUVET, *Portail Nord*, I, p. 72.)

Rides médianes frontales accompagnant les rides médianes entre les sourcils.

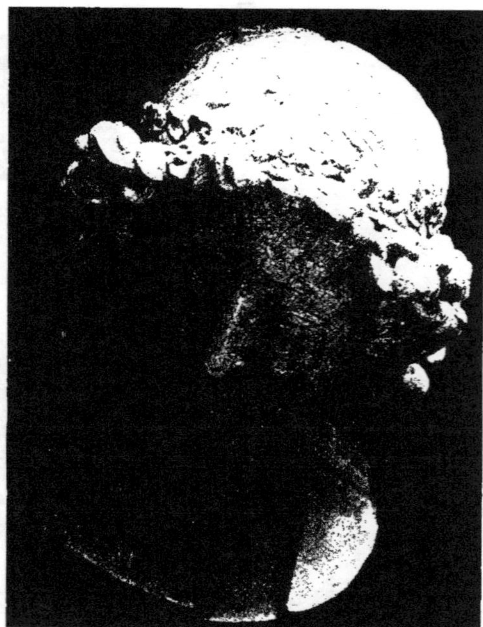

FIG. 227. — TÊTE DE L'ANGE AU SOURIRE.

Cathédrale de Reims.

de son temple avec une grâce familière et gentille. Souriants les saints personnages qui gardent à ses côtés la porte de sa demeure et l'aident à recevoir. Mais rien n'égale en charme le sourire des anges confondus dans cette humaine réunion (1) ».

Et ce sourire de Reims vaut d'être analysé. Sourire pointu et malicieux, dit-on généralement. Sourire caractérisé de la façon suivante :

Les yeux relevés en haut et en dehors : fente palpébrale peu ouverte : paupière inférieure gonflée : sourcils élevés ; nez mince et pointu, narines relevées ; bouche en arc de cercle, les commissures relevées ; sillon naso-labial incurvé, joues saillantes (fig. 227).

Tous ces traits empruntés à la réalité même composent le sourire le plus fin et le plus expressif. Ils constituent à Reims un type, une sorte de gabarit auquel tous les imagiers se conforment, ne différent d'un personnage à l'autre que par leur accentuation suivant le degré du sentiment exprimé.

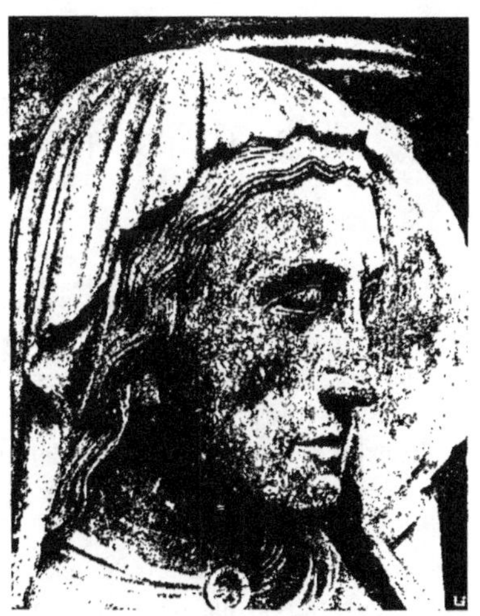

FIG. 228. — TÊTE DE SAINTE ÉLISABETH DU GROUPE DE LA VISITATION.
Cathédrale de Chartres. Portail Nord, baie de gauche, côté droit.
(D'après Ét. HOUVET, *Portail Nord*, I, p. 25.)

(1) MOREAU-NÉLATON, *la Cathédrale de Reims*, p. 14

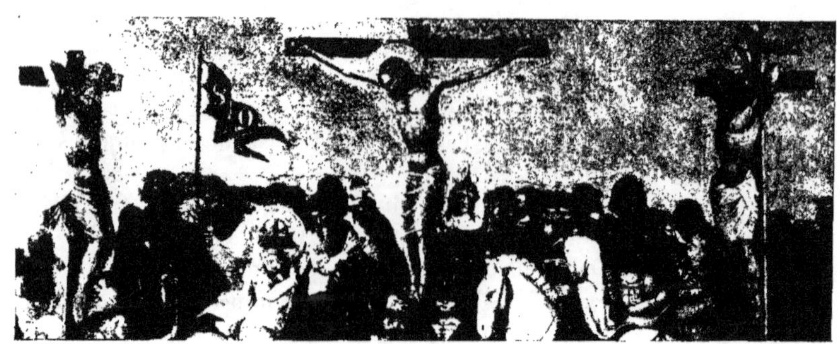

FIG. 229. — CRUCIFIXION.
Par SPINELLO ARETINO.
(Galerie des Offices, Florence.
(Phot. Brogi.)
Christ à taille de guêpe.

III. — FIN DU GOTHIQUE

Né au douzième siècle, l'art gothique a duré jusqu'au début du seizième siècle. Sa plus belle période, ainsi que nous l'avons vu, est le treizième siècle, le siècle des grandes cathédrales, Chartres, Paris, Laon, Amiens, Bourges, Reims, Rouen, Strasbourg, etc.

A ce moment, l'architecture gothique est complètement formée; elle n'a plus, au quatorzième siècle, qu'à s'orner, se faire plus fine et plus audacieuse, à s'embellir en un mot. Mais elle ne sut pas, dans le désir de s'orner, s'arrêter à temps. Les voûtes se couvrirent de nervures — exagération du principe des liernes et des tiercerons déjà en usage au treizième siècle, mais à la croisée des transepts seulement. Et dans les intervalles très réduits on ajoute même des motifs décoratifs. A l'arc brisé se superpose un arc en accolade qui devint bientôt un arc à contre-courbes brisées, pour arriver à l'arc déprimé surmonté d'une contre-courbe. Les meneaux des fenêtres se compliquèrent en affectant la forme sinueuse des flammes (style flamboyant). Enfin à l'intérieur il n'exista plus pour ainsi dire de paroi qui ne fût décorée, pas une surface calme où l'œil pût se reposer. A l'extérieur les lignes architecturales disparurent sous une véritable dentelle de pierre, accumulation d'arcatures, de pinacles et de petits arcs-boutants. Les crochets de feuillages devinrent énormes et contournés, choux-frisés ou chardons. Enfin l'art gothique finit par succomber sous le poids même de sa décoration au commencement du seizième siècle.

Au seizième siècle, on note sur le nu, ainsi que nous l'avons déjà signalé plus haut, des accents qui ne relèvent plus exclusivement de la nature ingénument, naïvement observée. On y sent l'influence d'un idéal puisé à d'autres sources.

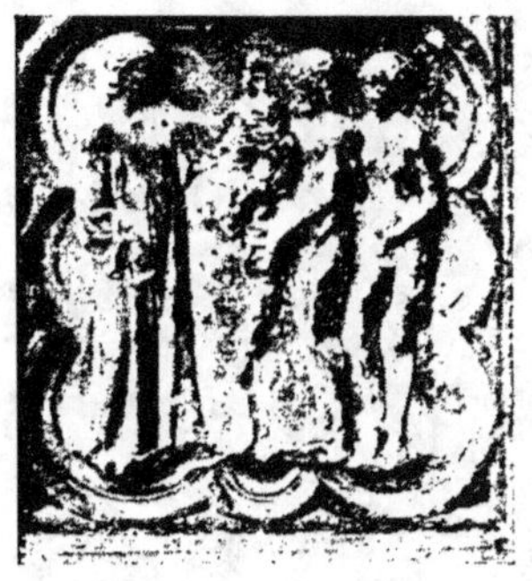

Fig. 230. — Adam et Ève.
Bas-relief du portail occidental de la cathédrale d'Auxerre.
(Phot. N. D.)

Alors que les sculpteurs toscans au treizième siècle retrouvent la forme antique et que plus tard, au commencement du quatorzième siècle, le peintre Giotto précédé par Cimabue délivre l'art des lisières byzantines et s'efforce de le ramener dans les voies de la nature et de la vie, décidant ainsi en Italie la révolution féconde qui devait aboutir à l'art de la Renaissance, cette révolution, dit M. Lafenestre, était déjà accomplie depuis un siècle en France, par les imagiers de nos cathédrales » (1).

Tout ce qui précède sur l'art roman et sur l'art gothique vient à l'appui de cette assertion et l'étude du nu donne un singulier relief à l'œuvre de nos grands anonymes français du douzième et du treizième siècles qui n'eurent pas besoin de l'influence étrangère pour orienter l'art vers la nature et vers la vérité. Nous avons vu, en effet, comment les artistes romans, en maintes circonstances, avaient su saisir sur le vif tel mouvement, telle forme conformes à la réalité et émailler leur œuvre d'accents personnels pleins de sincérité et de vie, comment au treizième siècle leurs successeurs étaient arrivés à créer des types originaux, puisés aux entrailles mêmes de leur temps, et frappés au sceau d'une forte personnalité, bien

(1) Lafenestre, *la Peinture italienne*, p. 66.

que. pour des raisons de haute discipline collective que la Renaissance n'a pas connues, elle soit constamment demeurée cachée. On peut même ajouter que cette influence étrangère, lorsqu'elle vint à se faire sentir,

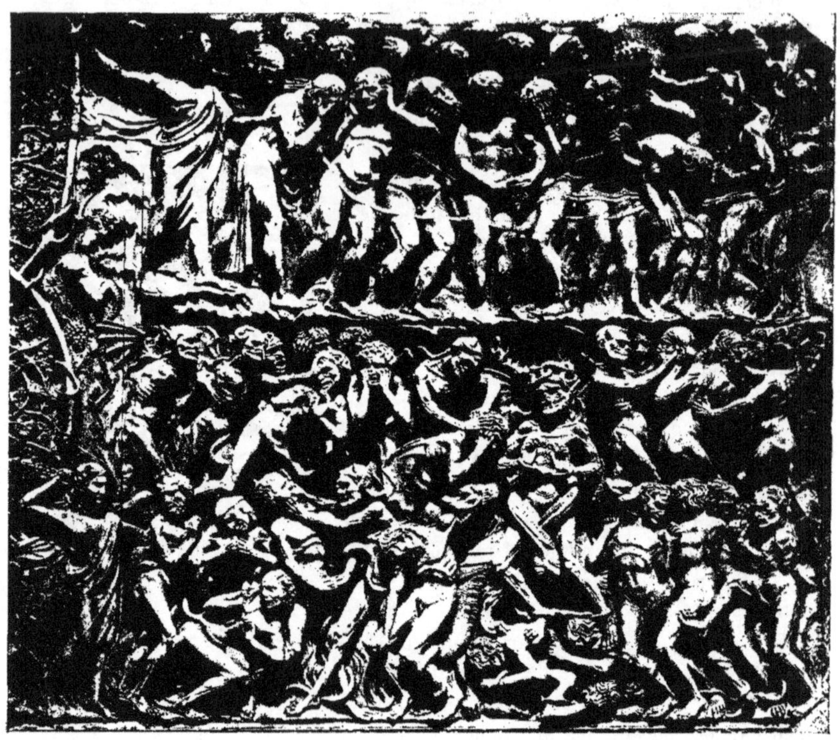

FIG. 231. — JUGEMENT DERNIER, LES RÉPROUVÉS.
Façade de la cathédrale d'Orvieto.
(Phot. Alinari.)

arrêta l'élan prime-sautier de nos artistes et dirigea l'art, à peine sorti de la tyrannie byzantine. vers une autre servitude; servitude heureuse peut-être, car elle produisit, à la suite des Italiens, des manifestations hautement appréciées dans la suite sous le nom de « Renaissance française », servitude néanmoins. Mais saura-t-on jamais où seraient arrivés nos grands imagiers, s'ils étaient restés livrés à eux-mêmes, à leur seul génie fécondé par l'amour de la vie et de la vérité, dont ils avaient déjà donné de si nombreuses et si belles marques pleines de promesses?

C'est à Auxerre que cette action en retour des artistes italiens commence à intervenir.

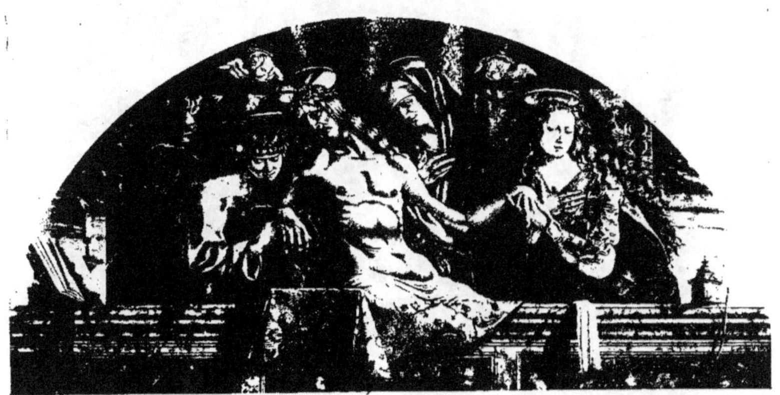

FIG. 232. — JÉSUS DÉPOSÉ AU SÉPULCRE.
Par CARLO CRIVELLI.
Pinacothèque de Milan.
(Phot. Alinari.)
Plein-cintre thoracique exagéré.

Au soubassement du portail occidental de l'ancienne cathédrale d'Auxerre, une série de petits bas-reliefs racontent les scènes de la Genèse inscrites dans des quatre-feuilles.

Les figures d'Adam et d'Ève s'éloignent des types jusqu'alors observés. Les figures sont longues et élégantes, soigneusement modelées, avec de grandes jambes; suivant un type qui s'affirmera à la pleine Renaissance, ils n'ont pas moins de huit têtes de haut (fig. 230). On constate exceptionnellement sur un torse d'Adam du panneau de la Création de l'homme, les signes manifestes de la formule byzantine : côtes sous-mammaires coïncidant avec les raies sternales et les divisions de l'abdomen. Il est curieux de constater la persistance de l'ancienne formule, exceptionnellement il est vrai, sur une figure qui d'autre part porte les signes d'un style tout à fait différent. Mais ce qu'il importe de signaler, c'est l'apparition de

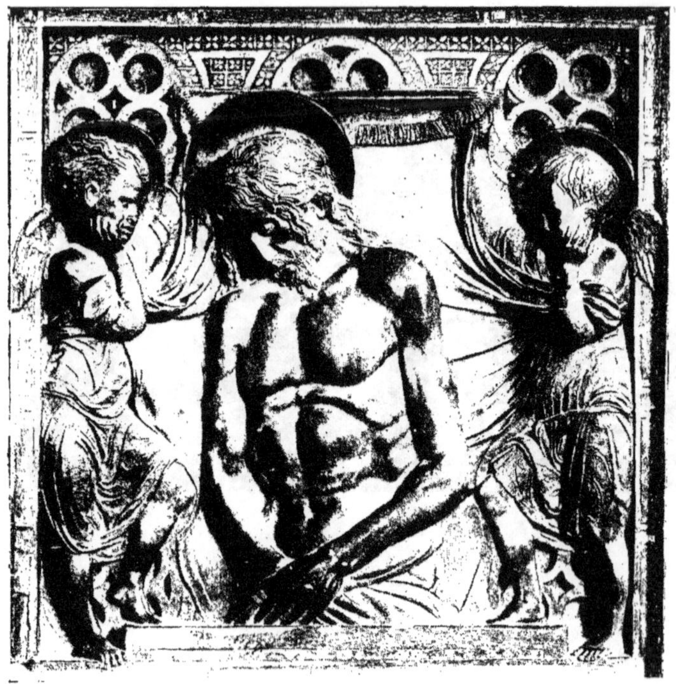

Fig. 233. — Christ mort entre deux anges.
École de Donatello.
Basilique Saint-Antoine de Padoue.
(Phot. Alinari.)
Plein-cintre thoracique exagéré.

ces formes manifestement empruntées à l'art gréco-romain. Par exemple sur Adam, le plein-cintre thoracique, les plans des muscles droits de l'abdomen ; sur Ève, le thorax étroit, le développement du bassin et des cuisses et, caractères particuliers à la Renaissance italienne touchant cette dernière, les épaules tombantes, les seins petits et haut placés.

D'autres panneaux à la même cathédrale complètent ces observations. Formant le soubassement du Portail central (façade occidentale), ils retracent l'histoire de Joseph. Un grand personnage nu, vraisemblablement allégorique, placé entre les scènes de l'Ancien Testament, laisse voir, malgré les détériorations de toute cette partie du monument, un torse où se distinguent très manifestement le plein-cintre thoracique, les plans des muscles droits et les flancs bien distincts et saillants, autant de signes que nos nationaux n'ont pas mis dans leurs œuvres.

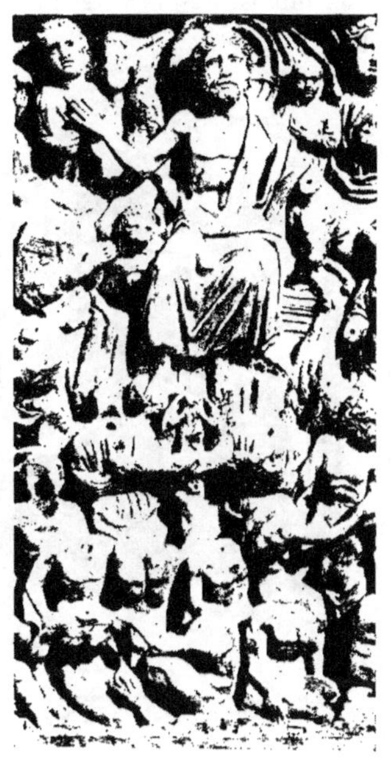

FIG. 234. — LE JUGEMENT DERNIER (DÉTAIL).
Chaire de la cathédrale de Pise.
NICOLA PISANO.
(Phot. Alinari.)
Forme antique accentuée de tous les torses.

Mais c'est naturellement sur les façades des églises italiennes que ces tendances s'accentuent. Le souvenir et les formes de l'antiquité pénètrent les nus de cette époque.

A Pise, dans les panneaux qui décorent la chaire, Nicola Pisano, malgré les proportions courtes qui lui étaient peut-être imposées par l'espace qu'il avait à remplir, témoigne de l'influence qu'a eue sur son génie la vue de modèles gréco-romains. Un Christ en croix en particulier en est une preuve frappante.

A la cathédrale d'Orvieto, Giovanni Pisano, dans les scènes du Péché originel et du Jugement dernier, a sculpté des nus fort curieux. Aux traditions des cathédrales françaises comme la disproportion générale des têtes trop grandes, l'horrible grimace des démons avec les bouches en gueule de four, leur anatomie d'écorché, s'ajoutent des traits manifestement empruntés à l'Antique comme le plein-cintre thoracique très accentué, le modelé des muscles de l'abdomen et l'anatomie exagérée des membres (fig. 231).

Nous constatons ici, de la façon la plus frappante, ce retour à la forme grecque qui est un des traits les plus saisissants du nu dans la première Renaissance. Mais ce caractère est loin d'être le seul dont se compose le nu de la Renaissance italienne primitive. On peut relever d'autres traits non moins significatifs que l'on retrouve d'ailleurs en France et dans les pays du Nord.

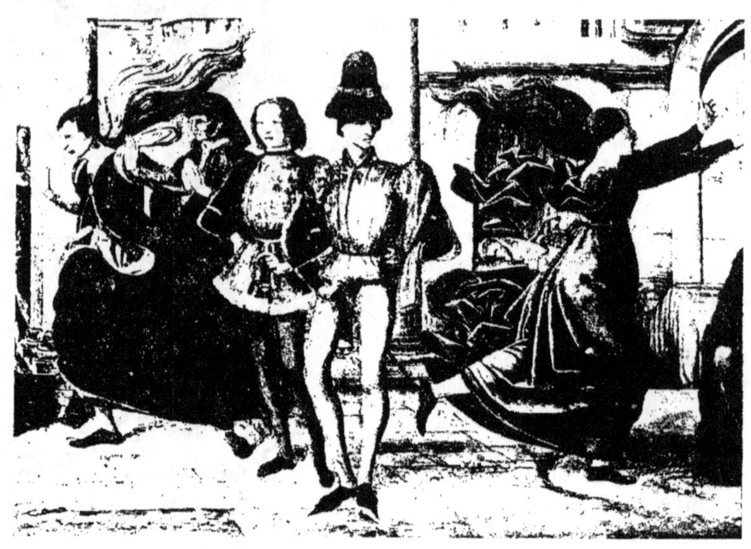

FIG. 235. — MIRACLE DE SAINT HYACINTHE (DÉTAIL).
Par FRANCESCO COSSA (trav. de 1460 à 1480).
Pinacothèque du Vatican.
(Phot. Alinari.)
Remarquer l'étroitesse du costume masculin serré à la taille opposé à l'ampleur des robes féminines serrées sous les seins.

En dehors de l'influence qu'a eue sur les artistes la vue de ces statues des anciens dieux dont la radieuse nudité exhumée chaque jour semblait sortir vivante du tombeau, il faut noter aussi l'esprit d'observation, de recherche et d'analyse qui fit naître les sciences et en particulier l'anatomie à laquelle les artistes demandèrent le secret des formes extérieures du corps humain.

Enfin le goût de la nature devait conduire les artistes à l'usage du modèle vivant, dont ils ne craignirent pas parfois de copier les imperfections. Mais les usages et les coutumes d'une société peu habituée à la vue du

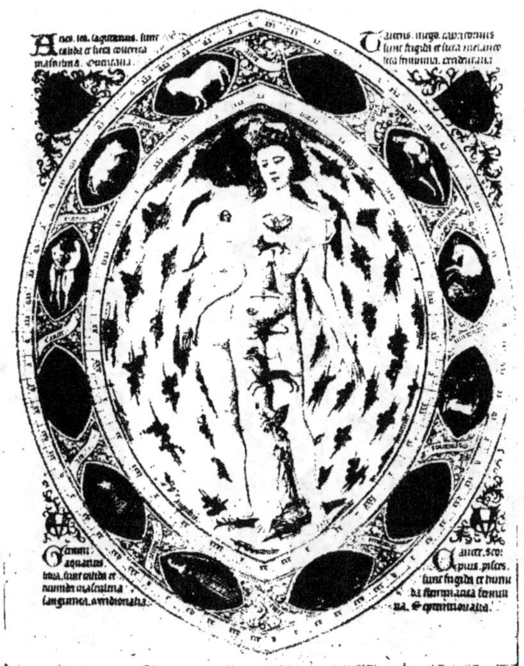

FIG. 236. — L'HOMME ASTROLOGIQUE.
(Très riches Heures du duc de Berry.)
Le personnage vu de face est reflété dans une glace qui montre le dos. Ce nu lisse et presque sans accent est remarquable par l'étroitesse de la taille.

« nu » firent, tout au moins dans les commencements, obstacle à cette pratique et l'on vit l'art copier le nu comme au travers des vêtements.

Au point vue de la figuration du nu, on peut donc relever dans les œuvres de la première Renaissance, qui a suivi l'art médiéval, les éléments suivants

L'influence de l'Antiquité,

L'influence de l'anatomie.
Enfin l'influence des vêtements.

Influence de l'Antiquité. — Les formes antiques retrouvées devaient bien souvent hanter l'imagination de l'artiste lorsque, le pinceau ou l'ébauchoir

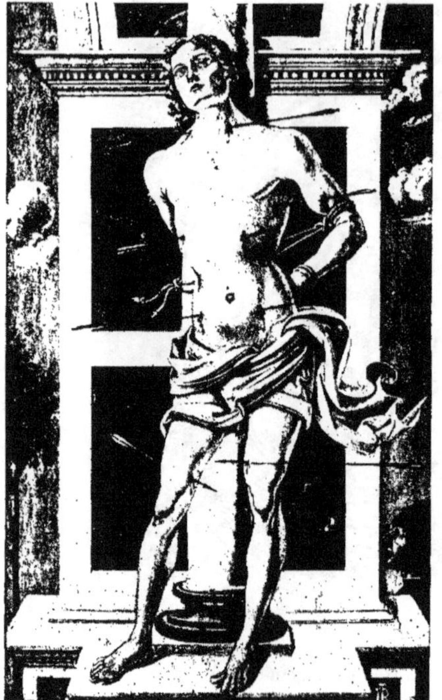

FIG. 237. — SAINT SÉBASTIEN.
Par FIORENZO DI LORENZO.
Pinacothèque Vannucci, Pérouse.
(Phot. Alinari.)
Torse étranglé à la taille.

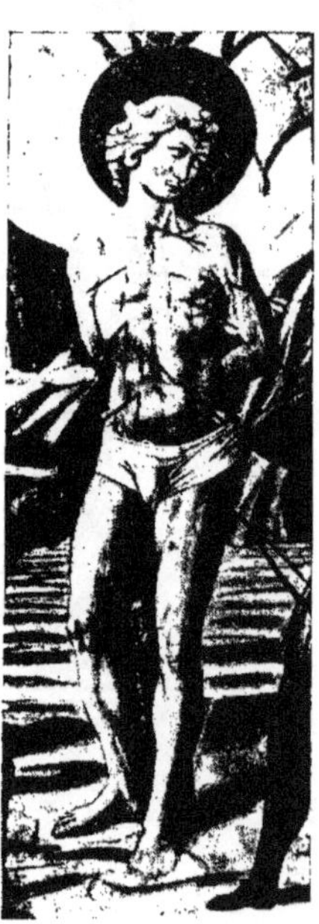

FIG. 238. — SAINT SÉBASTIEN.
Par BENOZZO GOZZOLI.
Église de Saint-François Montefalco.
(Phot. Alinari.)
Exagération des indications musculaires nu anatomique.

en main, il tentait le dessin de la figure humaine. Et il est aisé de reconnaître, dans de nombreuses œuvres, ces souvenirs de l'Antiquité. Nous en avons déjà donné des exemples auxquels il serait aisé d'ajouter d'autres, tels, par exemple, le plein-cintre thoracique figuré jusqu'à l'exagération sur une peinture de Carlo Crivelli (fig. 232) et sur un bas-relief de l'École de

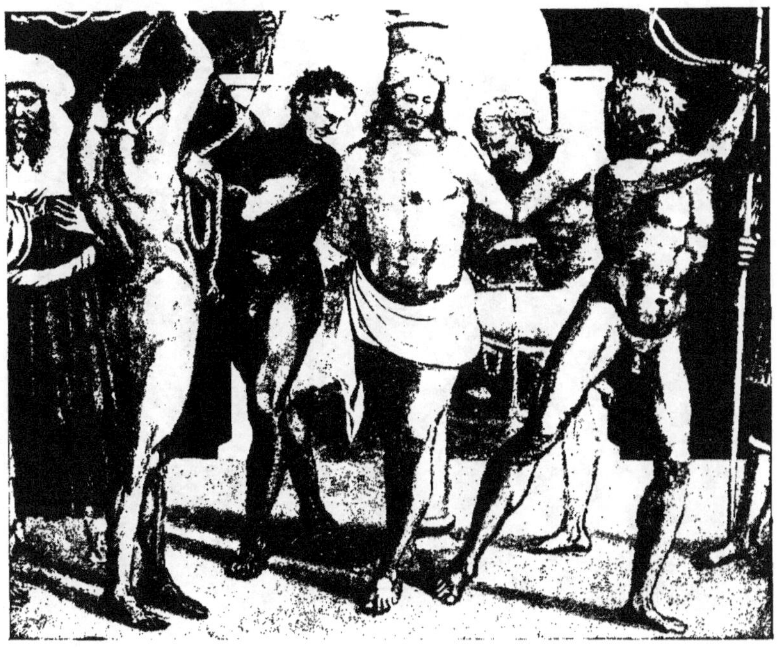

FIG. 239. — LA FLAGELLATION DU CHRIST.
Par LUCA SIGNORELLI.
Détail : *Galerie antique et moderne, Florence.*
(Phot. Alinari.)
Nu anatomique.

Donatello (fig. 233); tels encore les torses du Jugement dernier à la chaire de Pise par Nicola Pisano (fig. 234).

En opposition avec le torse d'une venue cher à l'art antique, la Renaissance reproduisit une forme opposée pour ainsi dire, le torse étranglé à la taille qu'on observe dans la nature et qu'exagère le port de certains vêtements.

Un tableau de Francesco Cossa, le miracle de saint Hyacinthe à la Pinacothèque du Vatican, montre au premier plan de jeunes seigneurs sveltes

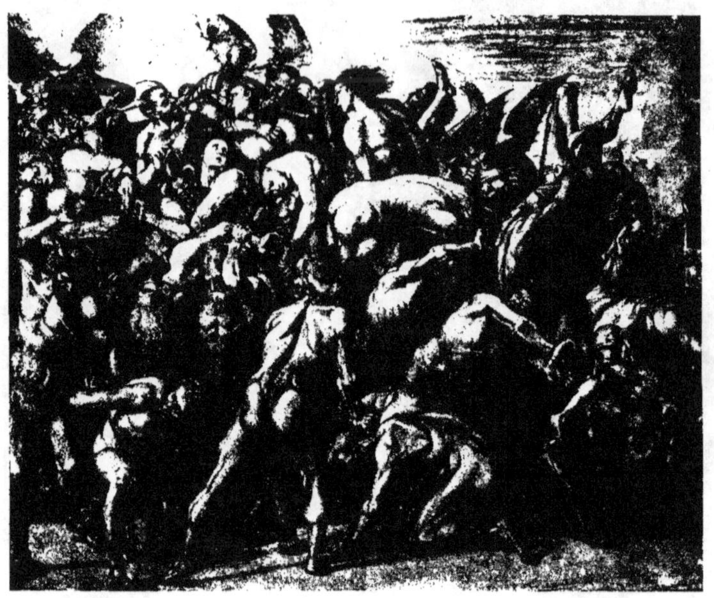

Fig. 240. — Les Réprouvés (détail).
Fresque de Luca Signorelli.
Chapelle San Brizio. Cathédrale d'Orvieto.
(Phot. Alinari.)
Tous les personnages semblent être des écorchés anatomiques.

et élégants avec leur pourpoint serré à la taille (fig. 235). Il a pu naître de cette mode une esthétique particulière qui a influencé les artistes dans la reproduction du torse masculin dont nous trouvons de nombreux exemples, témoin l'homme astrologique des Très riches Heures du duc de Berry, figure longue serrée à la taille et répondant absolument aux figures des jeunes gentilshommes habillés des mêmes miniatures (fig. 236).

Nous parlerons plus loin de la forme féminine habillée et nue que l'on trouve dans ce même manuscrit.

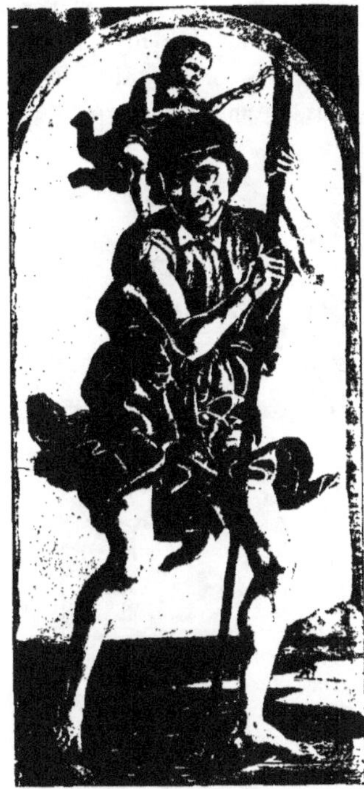

Fig. 241. — Saint Christophe.
Par Cosimo Tura. *Berlin.*
(Phot. Hanfstaengl, Munich.)
Exagération de la brièveté du corps charnu des muscles. Muscles courts.

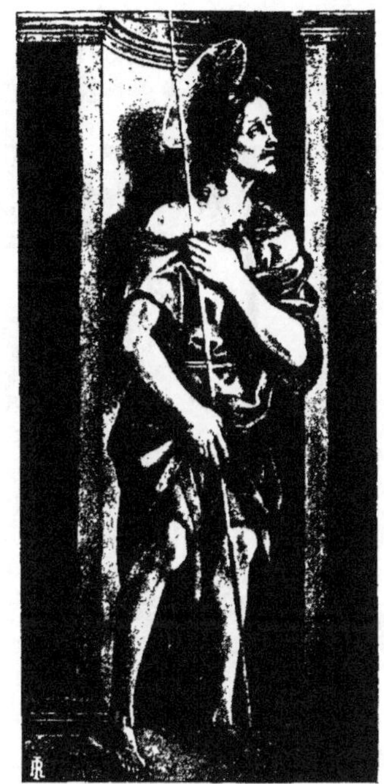

Fig. 242. — Saint Jean-Baptiste.
Par Andréa del Castagno.
Galerie antique et moderne, Florence.
(Phot. Alinari.)
Exagération de la brièveté du corps charnu des muscles. Muscles courts.

Le nu d'un saint Sébastien par Fiorenzo di Lorenzo se rattache au même nu influencé par la constriction des vêtements (fig. 237).

L'étranglement du torse sur certains Christs en croix mérite une mention particulière, car elle y est poussée à l'extrême et semble découler d'une autre idée que l'influence du costume, ce serait celle de figurer le Christ maigre et décharné (fig. 229).

Le médecin, en effet, en présence de cette forme si spéciale ne peut pas ne pas songer à une maladie dont elle semble une illustration. Les artistes italiens ont-ils eu sous les yeux un de ces malheureux myopathiques dont l'atrophie parfois effrayante des muscles et le « torse à taille de guêpe » a pu les frapper et n'ont-ils pas pensé qu'ils ne pouvaient avoir de meilleur

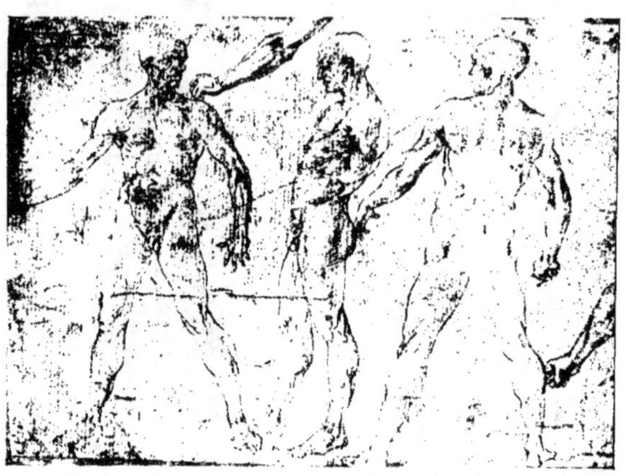

Fig. 243. — Dessin.
Par Pollajuolo.
Hyperextension modérée du membre inférieur.

modèle pour figurer la souffrance et la misère voulues de l'homme-Dieu qui s'était sacrifié pour sauver le monde ?

Influence de l'anatomie. Le nu anatomique. — Une forme de nu bien spécial, inconnu à l'antiquité, est née à la Renaissance sous la main de certains artistes par l'abus qu'ils firent des connaissances nouvelles dues à l'anatomie naissante.

On sait que les premières dissections du cadavre humain, seuls fondements sérieux et logiques de l'anatomie, eurent lieu en Italie vers le début du treizième siècle et de combien de difficultés de toutes sortes, sans compter les obstacles nés des préjugés sociaux, furent entourés ces débuts. Mais les

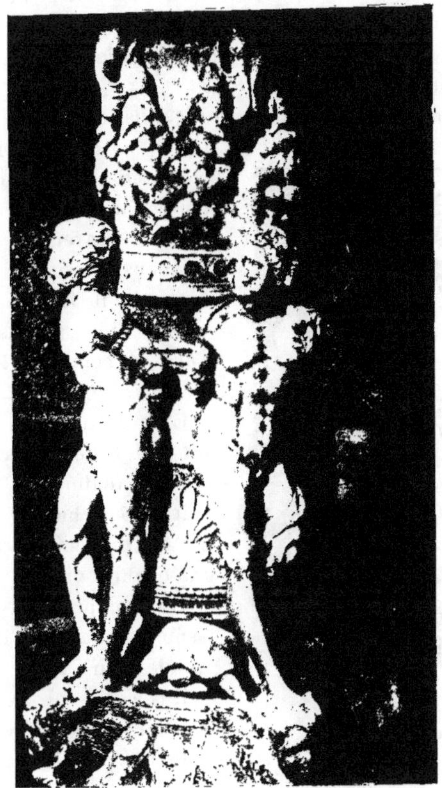

FIG. 244. — PIED DE BÉNITIER.
Par ANTONIO FEDERIGHI.
Cathédrale de Vienne.
(Phot. Alinari.)
Hyperextension du membre inférieur.

premiers anatomistes trouvèrent dans les artistes, leurs contemporains, le secours le plus précieux.

Marc Antonio della Torre, éminent philosophe qui enseignait à Pavie et un des premiers à étudier l'anatomie, fut, au dire de Vasari, « admirablement servi par le talent de Léonard pour faire un livre de dessins au crayon rouge rehaussé à la plume; on y voyait représentée toute l'ossature, sur laquelle étaient disposées, dans leur ordre, toutes les parties nerveuses et musculaires. »

Nous ne connaissons pas le livre de dessins dont parle Vasari, mais par les manuscrits de Léonard qui ont été publiés, nous constatons que son œuvre anatomique est considérable.

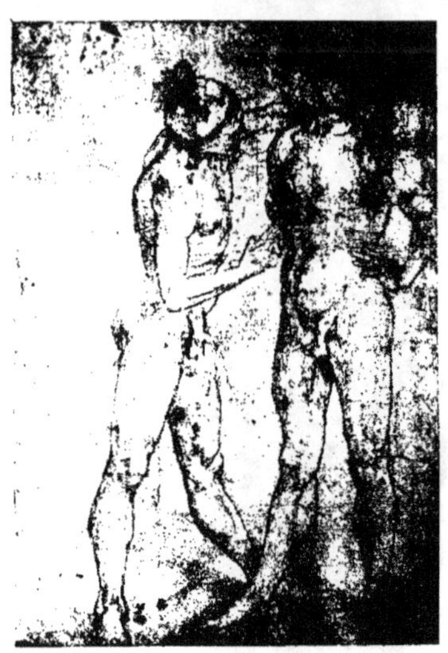

Fig. 245. — Dessin.
Par Luca Signorelli. Louvre.
(Phot. Giraudon.)
Hyperextension exagérée du membre inférieur.

C'est Benvenuto Cellini lui-même qui nous apprend, dans ses *Mémoires*, combien il fut lié avec les anatomistes Vidus Vidius et Bérenger de Carpi, et comment il partageait leurs travaux.

Enfin la tradition attribue au Titien les fort belles planches du Livre du célèbre anatomiste André Vésale. On sait aujourd'hui qu'elles sont d'un de ses élèves, Jean Calcar, et n'en ont pas moins une grande valeur artistique.

On comprend avec quel empressement les artistes de la Renaissance, que le « nu antique » ressuscité poussait vers les problèmes de la forme humaine, accueillirent la science nouvelle qui devait leur en donner la clé. Aussi beaucoup s'adonnèrent-ils aux pratiques de la dissection. Mais il advint que quelques-uns dépassèrent le but. Ils oublièrent que l'anatomie n'est qu'un moyen pour donner la raison des formes extérieures et crurent que l'écorché qu'ils avaient découvert était l'*ultima ratio* du nu. Alors on vit, à cette époque d'ignorance de la nudité, des artistes fiers de leur science désireux de la montrer. Et, dans leurs œuvres, des figures animées et vivantes se revêtirent des formes du cadavre.

L'on constate sur ces figures les formes d'un écorché imparfait, souvent plus ou moins conventionnel, car l'anatomie était une science neuve en voie de se constituer. C'est ainsi que, sur le saint Sébastien de Benozzo Gozzoli (fig. 238), les formes anatomiques se dessinent à la manière d'un écorché destiné à la démonstration de l'anatomie.

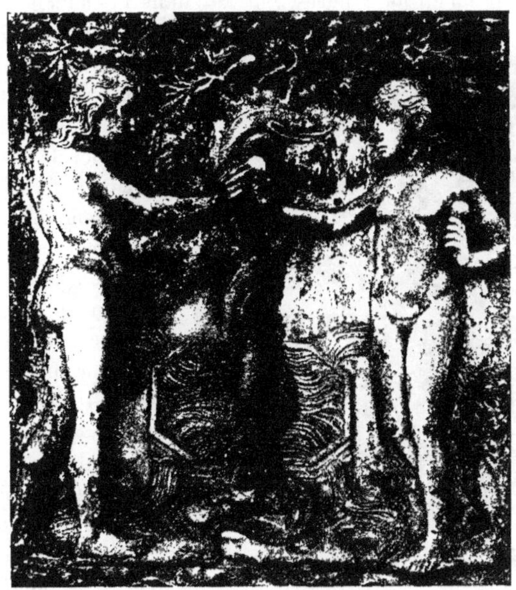

Fig. 246. — Adam et Ève.
Par Giovanni Pisano.
Bas-relief de la façade de la cathédrale d'Orvieto.
(Phot. Alinari.)
Forme antique épurée.

Luca Signorelli s'est également livré à ces outrances anatomiques, ainsi qu'en témoignent ses fameuses fresques de la cathédrale d'Orvieto. On peut, dans son œuvre, signaler en outre des exemples de dérogation les plus flagrants aux lois les plus élémentaires de la physiologie. Dans son tableau de la Flagellation du Christ (fig. 239), un des bourreaux, vu par derrière, lève les deux bras presque verticalement et le modelé de la région scapulaire est dans le désaccord le plus complet avec ce mouvement.

C'est ce nu que j'ai proposé d'appeler le nu anatomique et qui est la conséquence de l'excès des études anatomiques et surtout de leur fausse application.

On raconte qu'un jour Ingres, entrant dans la chapelle San Brizio de la cathédrale d'Orvieto, fut tellement frappé à la vue des anatomies vigoureuses qui en couvraient les murs, qu'il conçut le projet de les copier. Il se mit à l'ouvrage, mais bientôt pris de dégoût pour ces formes qui sentaient le cadavre (fig. 240), il renonça et quitta la chapelle pour n'y plus revenir.

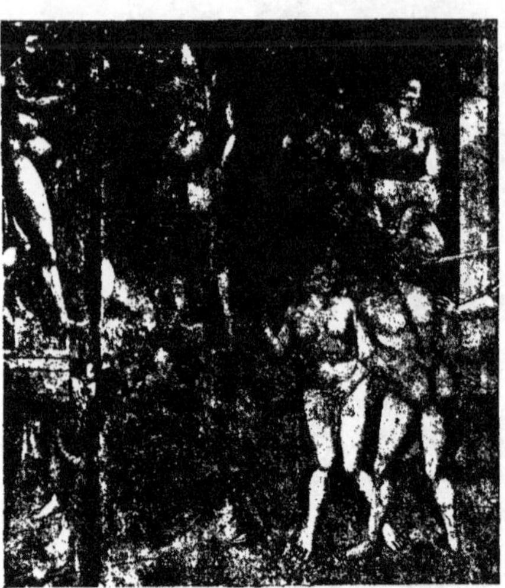

Fig. 247. — La Création (détail).
Fresque du Campo Santo de Pise.
(Phot. Alinari.)

Avec la Renaissance, les membres prennent des caractères qui les séparent complètement des formes de l'antiquité, en particulier au point de vue de certains modelés musculaires et de leur direction générale.

C'est d'abord ces formes de l'écorché dont j'ai déjà parlé au sujet du torse et qui se manifestent aussi aux membres.

En outre la première Renaissance affectionna une forme musculaire bien spéciale, celle du muscle court en opposition avec celle du muscle long.

Le fait mérite d'être signalé. L'on sait ce qu'il faut entendre par muscle court et muscle long. Le premier est celui dont le corps charnu est plus court relativement aux fibres aponévrotiques qui composent les tendons d'insertion; le second répond à une disposition inverse. Cette conformation des muscles retentit sur les formes extérieures.

L'homme à muscles longs se reconnaîtra par l'atténuation générale des formes malgré le volume musculaire, par l'absence des heurts violents au niveau des insertions, par l'aspect fuselé des membres L'homme à muscles courts, au contraire est pour ainsi dire tout en bosse et en creux; le ventre du muscle plus court est plus saillant et de larges dépressions avoisinent ses extrémités. La forme générale est heurtée, elle a moins d'harmonie.

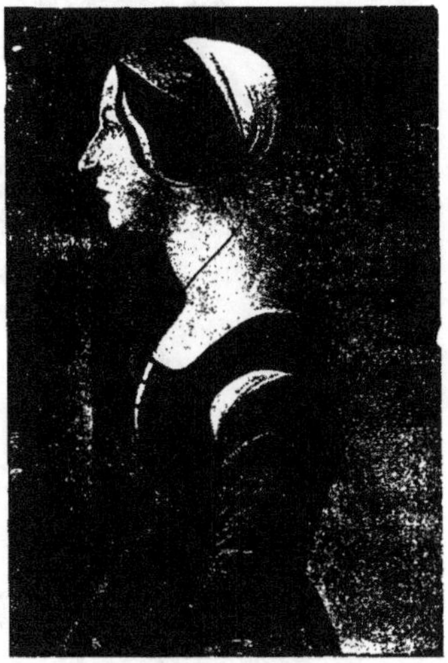

Or il arrive que, contrairement à l'antiquité qui a affectionné particulièrement le muscle long, les artistes, à la première Renaissance, ont donné la préférence à la forme heurtée du muscle court.

A voir sur le nu du saint Christophe de Cosimo Tura par exemple aux membres supérieurs le biceps petit et volumineux, et aux mollets le jumeau court et rebondi, on ne saurait avoir de doute sur la raison profonde de ces formes singulières occasionnées par le muscle court (fig. 241).

Un autre peintre, Andrea del Castagno, a dessiné sur son saint Jean-Baptiste des formes analogues (fig. 242). D'autres artistes également jusqu'à Verrochio.

FIG. 248. — PORTRAIT DE LA BELLE SIMONETTA.
Par BOTTICELLI.
Palais Pitti, Florence.
(Phot. Anderson.)

Aux observations qui précèdent nous pouvons en ajouter quelques autres au sujet du membre inférieur. Nous avons vu que l'Antiquité n'a pas craint de rompre quelquefois avec la rectitude du membre inférieur et dans quelques-unes de ses meilleures statues d'athlète, d'incurver le membre portant en dehors (p. 314, vol. V ; sur *Le nu dans l'art : l'art grec,* fig. 441, 442, 130, 131).

Ce qui n'est guère qu'une exception dans l'art antique devient très fréquent à la Renaissance au point d'être pour ainsi dire la règle et comme l'assiette normale d'une figure qui se tient debout. On peut en voir des exemples frappants sur les dessins de Pollajuolo (fig. 243) qui semblent annoncer ceux de Léonard et de Raphaël. On peut faire une remarque analogue pour l'hyperextension du genou qui n'existe pas dans l'art grec mais est une forme très fréquente dans les figures de la Renaissance dont elle constitue

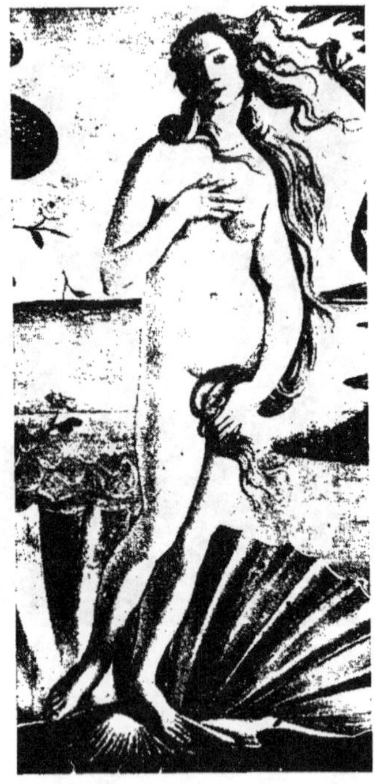

Fig. 249. — La Naissance de Vénus.
Par Botticelli.
Galerie des Offices, Florence.
(Phot. Anderson.)
Nu féminin de la Renaissance italienne.

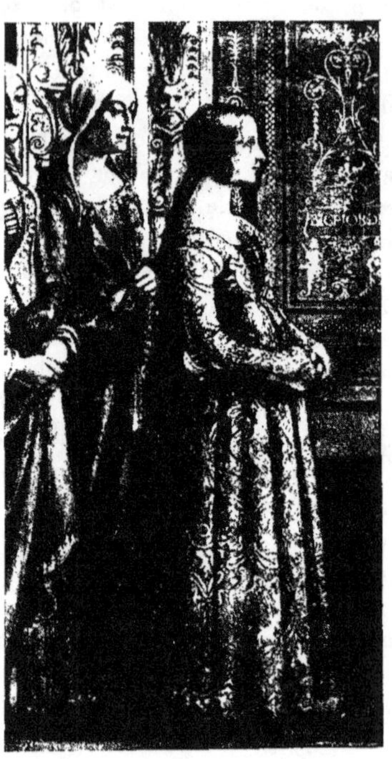

Fig. 250. — La Naissance de la Vierge (détail).
Par Ghirlandaio.
Santa Maria Novella, Florence.
(Phot. Anderson.)

comme un caractère obligé, témoin la sculpture de Federighi (fig. **244**), forme qu'exagéra encore plus tard Benvenuto Cellini dans son célèbre Persée, et les dessins de Signorelli qui pousse cette conformation jusqu'à la déformation (fig. **245**).

Forme féminine. Influence du vêtement. — Dès la première Renaissance, un souci de la forme inconnu jusque-là se manifeste en peinture et en sculpture. Sur la façade du dôme d'Orvieto. Ève revêt des formes jeunes et pures et aux murs du Campo-Santo de Pise, on voit modelés amoureusement les corps d'Adam et d'Ève. Adam a des formes pleines et massives d'un modelé encore incorrect, Ève a des seins haut placés bien arrondis et des hanches puissantes, presque voluptueuses (fig. 247). Mais bientôt sous le ciseau du sculpteur revivent les formes des Vénus antiques. Jacopo della Quercia les modèle dans les bas-reliefs du portail de San Petronio, à Bologne.

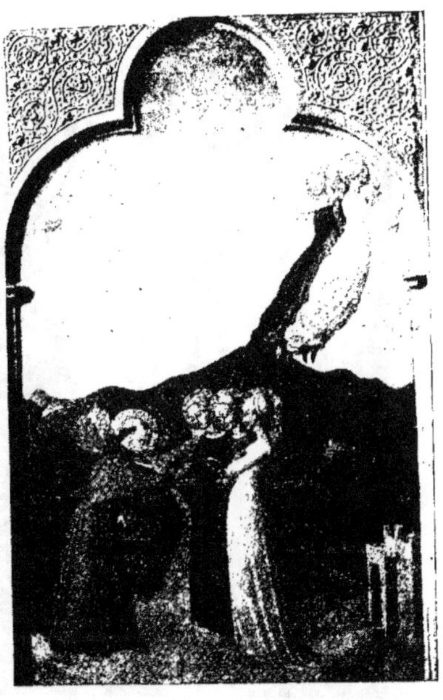

FIG. 251. — MARIAGE MYSTIQUE DE SAINT FRANÇOIS D'ASSISE AVEC LA CHARITÉ, LA PAUVRETÉ ET L'HUMILITÉ.
Pietro di Sano.
Musée Condé à Chantilly.
(Phot. Giraudon.)
Formes féminines ordinaires chez des personnages idéaux.

Un siècle plus tard, c'est le même nu féminin renouvelé de l'antique que peint Bronzino dans son tableau *Hercule couronné par les Muses* (voir fig. 306, p. 239 du volume précédent, *Le nu dans l'art : l'art grec*).

Mais, à côté de ces formes issues du souvenir de l'antiquité, la Renaissance créa bientôt un nouveau type essentiellement différent qui n'appartient qu'à elle et dont nous allons dégager peu à peu les grands caractères.

D'abord l'harmonie qu'a créée l'antiquité entre les moitiés inférieure et supérieure du torse est détruite. La Renaissance donne la prédominance à la partie inférieure accentuant ainsi le type abdominal qui est le propre de la femme.

Mais à côté de cette opposition entre les deux moitiés du torse qui peuvent être considérées comme normales, on voit naître un abdomen volumineux accompagné d'une sorte d'affaissement de tout le corps caractérisé par une voussure dorsale, le thorax rentré, les épaules tombantes, signes manifestes de déchéance physique. La belle Simonetta, qui servit de modèle à Botti-

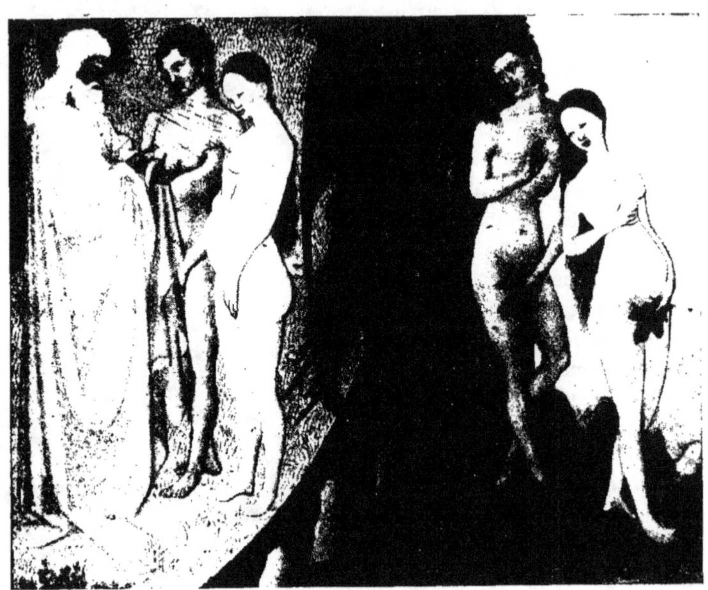

FIG. 252. — LE PARADIS TERRESTRE (DÉTAIL).
(*Très riches Heures du duc de Berry.*)
(*Phot. Giraudon.*)

Ève est remarquable par le développement abdominal ; les seins petits et haut placés, le ventre volumineux et saillant reproduisent la silhouette de la femme habillée. Voyez figure suivante.

celli et dont il nous a laissé un très beau portrait (fig. **248**), présentait tous ces caractères et nous n'avons pas lieu d'en être surpris, puisque nous savons que cette jeune beauté est morte phtisique à l'âge de vingt-deux ans.

C'est évidemment près d'elle que Botticelli puisa ce charme de jeunesse étrange et langoureuse qu'il répandit dans son tableau *le Printemps*, dont la figure habillée au centre résume les grands traits : épaules tombantes, petits seins, saillie de l'abdomen.

Tous ces caractères se retrouvent plus accentués encore dans sa Vénus du Musée des Offices, pour laquelle on raconte que la belle Simonetta lui servit de modèle (fig. 249). Mais si le charme d'une nature maladive a pu séduire

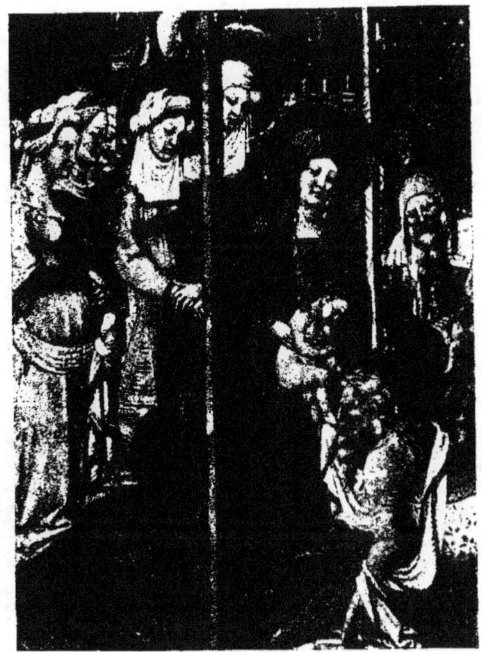

FIG. 253. — ADORATION DES MAGES (DÉTAIL).
(Très riches Heures du duc de Berry.)
(Phot. Giraudon.)
Formes de la femme habillée se rapportant exactement au nu de la figure précédente.

Botticelli et le conduire vers cet idéal particulier, il faut ajouter que la mode en usage au quinzième siècle imprimait au torse féminin une conformation générale qui inclinait dans le même sens. En effet, les costumes que portaient à cette époque les dames italiennes montraient une taille courte et serrée, une poitrine réduite et un développement très marqué de l'abdomen. C'est d'ailleurs des costumes analogues que l'on portait en

France sous les premiers Valois, les hommes le torse fortement serré par le « jaquet », sorte d'étroite camisole placée sur un pourpoint, les femmes avec des robes très ajustées, au corsage très court, au ventre saillant avec des ceintures sous les seins.

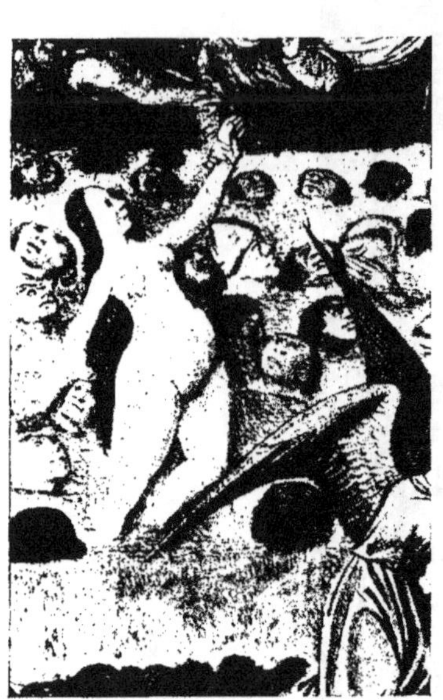

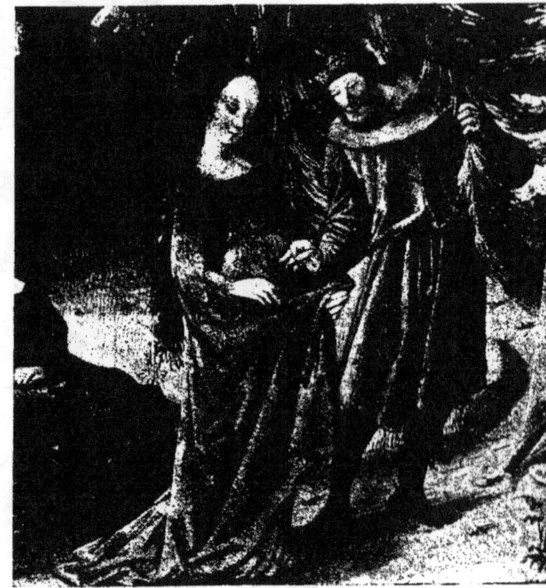

FIG. 254 et 255.
(Très riches Heures de duc de Berry.)
(Phot. Giraudon.)
Femme nue et femme habillée reproduisant exactement le même habitus.

Presque tous les tableaux du temps en donnent des exemples, il suffit d'en citer quelques-uns : de Ghirlandaio, *La naissance de la Vierge*, Santa-Maria Novella. Florence (fig. 230) ;

— Francesco Cossa. Miracle de Saint Hyacinthe (fig. 235), et les Très riches Heures du duc de Berry (fig. 236).

Cette apparence de la femme vêtue correspondait-elle à une réalité physique et les vêtements moulaient-ils une conformation spéciale qu'auraient eue toutes les femmes de cette époque? Bien qu'il existât dans la nature, alors comme aujourd'hui, au milieu des nombreuses variations de la morphologie féminines, un type que j'ai décrit ailleurs (vol. II. p. 237, *Morphologie : La Femme*), caractérisé par le bassin droit et la projection abdominale, on ne peut admettre qu'il fut généralisé à un tel point. Il y eut là certainement une affaire de mode.

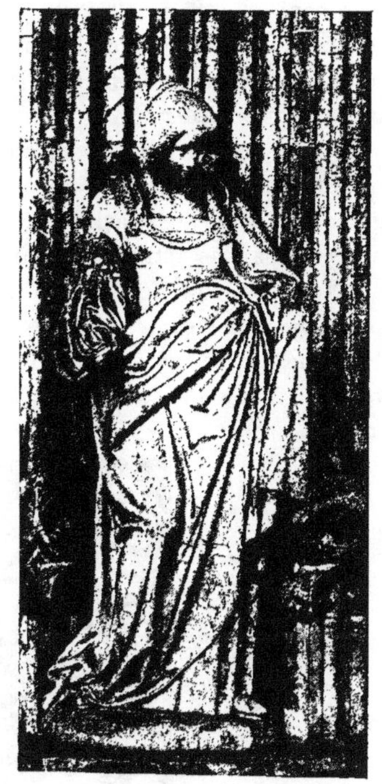

Fig. 256. — Figure du Mausolée de Marguerite de Bourbon.
Détail : *Église de Brou.*
(N. D., phot.)
Forme féminine de la Renaissance française.

On a dit qu'à cette époque troublée par des querelles et des guerres continuelles, les grands seigneurs ayant besoin de soldats cherchaient par tous les moyens à multiplier le nombre des naissances et demandaient à leurs femmes de prêcher d'exemple. Et il fut bientôt de mode, chez les grandes dames et jusque dans le peuple, de faire montre de leur intervention dans les affaires de l'État, en se donnant tout au moins l'apparence de la maternité. A défaut de la réalité, l'ingéniosité féminine n'était pas en reste pour y suppléer par des artifices de costume. Dès lors, la généralité des gros ventres sous la robe s'explique aisément grâce au pouvoir souverain de cette fée qu'est la mode.

Quoi qu'il en soit, on comprend que l'esthétique des artistes en reçut le contrecoup et l'on vit sur les tableaux cette forme féminine singulière donnée aux personnages même les plus éthérés, comme les anges et les saintes (fig. 254).

En dehors de l'Italie, une mode analogue se répandit et le même type féminin est alors reproduit sans la moindre modération, sans les qualités de mesure qui distinguent l'art italien.

Les Très Riches Heures du duc de Berry, magnifique monument de l'art français au quinzième siècle sont ornées de miniatures qui nous offrent de bien curieux exemples de la forme féminine habillée ou dépouillée de ses vêtements (fig. 252, 253, 254, 255). Malgré les seins petits et haut placés sur un thorax étroit qui complète ici la ressemblance avec la formule italienne, nous sommes bien loin de l'harmonie pleine de charme que l'art italien avait su lui donner.

En passant en Allemagne au seizième siècle, cette conformation féminine ne fit que s'exagérer encore avec Albert Dürer, et tourner même au grotesque avec Cranach. Par contre, en France, cette forme féminine acceptée par les artistes rayonne avec grâce et ajoute un charme de plus aux formes de la Renaissance française (fig. 256). Mais cette question du nu Renaissance exige, pour être traitée comme elle le mérite, de longs développements que nous ne saurions entreprendre en cette fin de chapitre. Et nous arrèterons ici ce volume sur l'art chrétien.

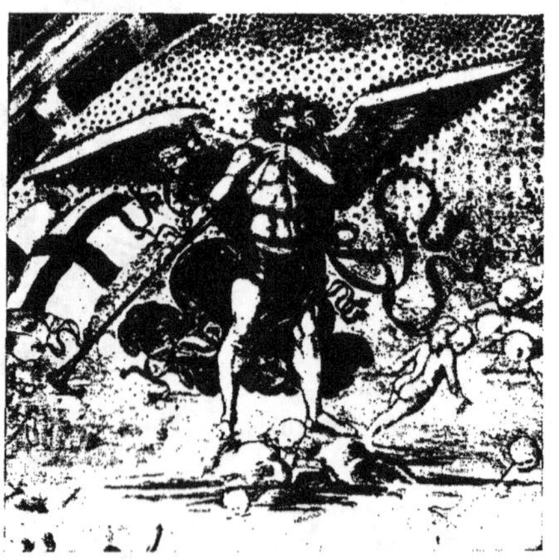

FIG. 257. — LE JUGEMENT DERNIER (DÉTAIL).
Par LUCA SIGNORELLI.
Fresque chapelle San Brizio. Cathédrale d'Orvieto.
(Phot. Alinari.)
Nu anatomique.

CONCLUSION

Au cours du long chemin que nous venons de parcourir, il nous faut bien convenir que l'Art n'a pas toujours eu son compte. Que de fois, hélas, nous avons vu le brillant foyer se voiler et s'obscurcir! On dira que notre point de vue trop exclusif néglige, dans l'appréciation de l'œuvre d'art, des manifestations qui n'en restent pas moins magnifiques et puissantes. On conviendra cependant qu'il manquera toujours quelque chose au tableau, lorsque sera défectueuse ou absente la forme humaine elle-même reflet de l'idéal divin, faîte et sommet de l'édifice que l'humanité anxieuse tente d'élever à la Beauté.

A défaut de la satisfaction du sentiment esthétique, peut-être avons-nous trouvé alors l'intérêt qui s'attache toujours aux trouvailles archéologiques, si menues soient-elles, et à la solution de quelques-uns des problèmes de l'histoire. Nous avons pu constater en effet que, pendant toute sa période primitive, l'art chrétien ne fut qu'une longue décadence de la radieuse forme grecque qui, après avoir jeté quelques vifs éclats par instants, finit par disparaître entièrement.

Sur la table rase ainsi créée, l'art byzantin construit son étrange formule, combinaison singulière des traits classiques grecs et des formes de l'Assyrie, mélange de l'Occident et de l'Orient. Cette formule pèse d'un poids si lourd sur la figuration de la forme humaine que l'art médiéval n'arrive à s'en dégager qu'à grand'peine et qu'elle le traverse tout entier pour dominer encore les manifestations de la première Renaissance italienne. Toutefois en France, si l'art roman y reste encore soumis, l'art gothique s'en dégage peu à peu entièrement. Et pour accomplir cette magnifique résurrection de l'art, les grands sculpteurs de nos cathédrales n'ont pas eu à chercher l'aide d'un passé aboli, tout glorieux qu'il fût. Dans leur œuvre, le nu qui renait ne porte pas le sceau de la Grèce. Les très grands artistes qu'ils furent tirèrent tout de leur propre fonds dans tous les domaines et, pour ce qui est de la forme humaine, n'eurent qu'un maître, celui dont Albert Dürer plus tard reconnaissait la suprématie et la puissance lorsqu'il disait à son élève : « Applique-toi à observer la nature et ne t'en laisse pas détourner pour suivre ton bon plaisir en te figurant que tu trouverais mieux toi-même... Tu te garderas bien de penser faire quelque chose de plus parfait que l'œuvre que Dieu a forgée. » Et il conclut que personne ne peut exprimer la beauté de son propre sens et par sa seule pensée et qu'il est nécessaire que cette beauté ait été mise en lui par l'étude et par une soigneuse et diligente imitation de la nature. C'est ainsi que notre art médiéval est demeuré isolé et inégalé. Il atteignit rapidement son apogée au cours du treizième siècle et au commencement du quatorzième, bien avant la Renaissance italienne, qui doit son réveil à l'influence de la forme antique retrouvée. Cette forme s'impose d'ailleurs tellement aux artistes qu'ils ne purent s'en délivrer qu'après de longs efforts et par un retour à l'étude de la nature, aidés sur ce point par la naissance d'un renouveau scientifique.

C'est ce que nous étudierons dans un prochain volume consacré à l'évolution de la forme humaine à l'époque de la Renaissance.

TABLE DES FIGURES

TABLE DES MATIÈRES

PARIS

TYPOGRAPHIE PLON

8, rue Garancière

1929

www.ingramcontent.com/pod-product-compliance
Lightning Source LLC
Chambersburg PA
CBHW050201230526
45470CB00001B/190

9782329275307